话说内蒙古

乌拉特中旗

兰建忠◎主编

内蒙古人民出版社

图书在版编目 (CIP) 数据

话说内蒙古·乌拉特中旗 / 兰建忠主编. -- 呼和浩特 : 内蒙古人民出版社, 2017.8
ISBN 978-7-204-14950-6

Ⅰ. ①话… Ⅱ. ①兰… Ⅲ. ①乌拉特中旗—概况
Ⅳ. ①K922.6

中国版本图书馆 CIP 数据核字 (2017) 第 217748 号

话说内蒙古·乌拉特中旗
HUASHUO NEIMENGGU WULATEZHONGQI

丛书策划 吉日木图 郭 刚
策划编辑 田建群 张 钧 南 丁 王 瑶 贾大明
本册主编 兰建忠
责任编辑 王 曼 贾大明
责任校对 李向东
责任监印 王丽燕
封面设计 南 丁
版式设计 安立新
丛书名题字 马继武
蒙古文题字 哈斯毕力格
出版发行 内蒙古人民出版社
地 址 呼和浩特市新城区中山东路 8 号波士名人国际 B 座 5 楼
印 刷 内蒙古恩科赛美好印刷有限公司
开 本 710mm×1000mm 1/16
印 张 23
字 数 340 千
版 次 2017 年 12 月第 1 版
印 次 2017 年 12 月第 1 次印刷
印 数 1—4000 册
书 号 ISBN 978-7-204-14950-6
定 价 91.00 元

图书营销部联系电话: (0471) 3946267 3946269
如发现印装质量问题,请与我社联系。联系电话: (0471) 3946120 3946124
网址: http://www.impph.com

《话说内蒙古·乌拉特中旗》编纂委员会

总策划：徐茂龙　闫永春
策　划：张文彪
编委会主任：刘广星
编　委：胡美玲　王建军　兰建忠　周旭明　刘　斌
　　　　郑晓东　刘海侠　宝　迪　纳·苏力德

主　编：兰建忠
撰稿人：（按姓氏笔画为序）
　　　　王建军　艾力布　付宝清　兰建忠　邢满宽
　　　　任德全　刘　超　刘　俞　刘　斌　刘广星
　　　　刘世英　刘晓平　李欣蓉　李海兵　张秀勇
　　　　张智俊　张艳伟　张计发　纳·苏力德
　　　　岳　耀　宝　迪　周旭明　周永亮　赵　俊
　　　　赵　敏　皇甫义　侯双清　常玉红　梁震英
　　　　渠嘉凝　甄生联　窦茂林　照日格巴特尔
摄　影：支茂盛　乌日更　包长明　兰建忠　刘　斌
　　　　刘广星　李　鹏　樊明成
编　务：郑晓东　那日苏　周永亮　高　娃

总序

内蒙古自治区是我国第一个省级少数民族自治地区。全区共划分为9个地级市、3个盟、2个计划单列市，下辖52个旗（其中包括鄂伦春、鄂温克、莫力达瓦达斡尔3个少数民族自治旗），17个县，11个盟（市）辖县级市，23个市辖区，共103个旗、县、市辖区，首府呼和浩特市。

内蒙古东西直线距离2400千米，南北跨度1700千米，土地总面积118.3万平方千米。广袤的土地蕴含着丰富的自然资源：从东到西的森林、草原、沙漠等地形地貌，天然地形成了独特的旅游资源；丰富的煤、铅、锌、稀土、风力等矿产资源和清洁能源，为煤化工产业、有色金属产业、清洁能源产业的发展提供了支撑；地跨“三北”（东北、华北、西北），毗邻八个省区，与俄罗斯、蒙古国接壤，国境线长达4200千米，有建成我国向北开放的重要桥头堡和充满活力的沿边经济带的天然区位优势；依托于气候、优质土壤和草场、水源充足等优势，农牧业的发展已融入现代化建设当中。

这是一方自然资源丰富的沃土，它是北方少数民族生息和发展的中心地域，孕育了游牧文明、草原文化，在与农耕文化的不断碰撞中，相互融合，相互促进，共同谱写了中华文明的恢宏乐章。仰韶文化、红山文化是中华史前文化的一部分，战国时期赵武灵王着胡服、学骑射，两汉与匈奴交往、和亲，两晋南北朝的鲜卑建立了雄踞北方的北魏王朝，隋唐与突厥建立了宗藩关系，契丹民族建立了辽代政权，蒙古民族创立了疆域广阔的大元王朝，明清与鞑靼、瓦剌等民族建立了藩属关系——历史上，北方少数民族或雄踞一方与中原交好，或入主中原，在不断风起云涌中铸就了内蒙古丰富、厚重的历史文化魂魄。进入近现代以后，内蒙古也走在抗敌御侮的前沿，为新中国的成立做出了巨大贡献。

这份丰厚的历史积淀当中，涌现了诸多杰出人物，他们或是一方霸主，统领一域；或是一代天骄，建万世之基；或是贤良能臣，辅助建国大业；或是时事英雄，救人民于水火；或是在各自领域内创造历史价值的名人雅士。这些人有耶律阿保机、成吉思汗、忽必烈、哲别、术赤、耶律楚材、乌兰夫、李裕智，尹湛纳希、玛拉沁夫、纳•赛音朝克图等等。

物华天宝，人杰地灵。广袤的土地除了养育了一代代的草原人，也成就了它丰富的地域文化：马头琴音乐、呼麦、长调等民族音乐，好来宝、二人台、达斡尔族乌钦等曲艺，安代舞、顶碗舞等民族舞蹈，刺绣、剪纸、民族乐器制作、生活用具制作等传统工艺，蒙医药、正骨术等传统医药医术，婚丧嫁娶等独特的礼仪习俗。内蒙古在音乐舞蹈、民间艺术、文学史诗、传统医药、手工技艺、民俗风情等方面都创造了独有的成就。

悠久历史文化滋养下的内蒙古，在党的领导下，迈向新的历史征程。内蒙古自治区成立以来，党和国家一直重视内蒙古的发展，也给予各类政策和经济支持，内蒙古也不负众望，各项事业均取得了令人瞩目的成就：经济保持平稳增长，人民的生活水平不断提高；民主法治得到有效推动；建立了具有民族特色的教育体系，民族教育水平不断提高；民生改善工作成绩斐然；生态文明建设取得较大成就；四通八达的立体交通网，把内蒙古与世界各地拉近……

纵观几千年历史，内蒙古在历史的长河中扮演了重要的角色，这不仅源于自然条件的得天独厚，也源于草原儿女的自立自强。虽然这片沃土上的民族大多以口耳相传的方式传承着自己的文化，但是仍有不少历史的碎片撒落在当地的史籍当中，这些史料汇集成册，将成为向世人介绍内蒙古的名片。为此，我们组织全区103个旗县（市区）的有关部门和专家学者，借助各地的丰富史料，把散见于各种资料中的人文历史、民俗文化、民间艺术、壮丽风光、当代风采、支柱产业等等汇编在一起，编纂出一套能够代表内蒙古总体面貌、能够反映时代特色和文化大区风范的大型读物——《话说内蒙古》，以展示我区经济发展、文化繁荣、民族团结、边疆安宁、生态文明、各族人民幸福生活的六大风景线。

一本书，一支笔浓缩的仅仅是精华中的精华，万不足以穷尽所有旗县（市区）的方方面面。若本书为你敞开一扇了解内蒙古之窗，那么，读万卷书不如行万里路，内蒙古将以最大的热情迎接你：

赛拜侬——

欢迎你到草原来！

序

为庆祝内蒙古自治区成立70周年，中共乌拉特中旗委员会、乌拉特中旗人民政府组织有关专业人员，经过8个多月的艰辛努力，编印了《话说内蒙古·乌拉特中旗》一书。

编写《话说内蒙古·乌拉特中旗》，以推进乌拉特中旗旗域经济社会各项事业持续健康发展为主旨，以乌拉特中旗重大历史事件、重要人物以及由游牧文化到游牧与农耕文化相融合而衍生出的故土风情、家园建设的客观环境和实际为主要内容和主线，以简练朴实通俗的语言，采用图文并茂的形式，客观地反映给读者，增强信心，凝聚共识，为建设富裕、文明、美丽、开放、幸福、和谐的乌拉特中旗提供强大合力。

乌拉特中旗，地处祖国正北方，是自治区向北开放的桥头堡，连接欧亚大陆的大通道。辖内甘其毛都口岸与蒙古国南戈壁省的嘎顺苏海图口岸相对应，属国家一类陆路口岸，境内有184.4公里的边境线。全旗总面积2.3万平方公里，总人口14.68万人，其中蒙古族2.79万人，是一个以蒙古族为主体、汉族居多数、多民族聚居的边境旗。按自然条件划分，乌拉特中旗分为山前灌区、牧区和山旱区三个不同类型的经济区。乌拉特中旗相邻的蒙古国南戈壁省拥有世界级超大煤矿和铜矿，其中塔本陶勒盖煤矿、奥云陶勒盖铜矿分别距甘其毛都口岸190公里、70公里。改革开放特别是党的十八大以来，乌拉特中旗各族干部群众凝心聚力，共谋发展，牢记习近平总书记“守望相助、团结奋斗”这一谆谆教诲，主动适应、把握、引领经济发展新常态，统筹推进“五位一体”总体布局和协调推进“四个全面”战略布局，全面落实“绿色崛起、赛过江南”战略，为把祖国北部边疆这道风景线打造得更加靓亮丽而奋力拼搏。

依托独特的区位优势和资源优势，乌拉特中旗绿色农牧业、工业经济、现代服务业和口岸贸易迅猛发展，成为巴彦淖尔市的经济重要增长极和向北开放的“桥头堡”。随着农业供给侧结构性改革深入推进，为现代农牧业插上了腾飞的翅膀，国家生态保护政策力度的不断加大，草原生态环境得到持续好转，城乡面貌的大幅改观，基础设施的逐步完善，民生和社会事业的全面进步，大大提升了人民群众的幸福指数。现代服务业的蓬勃发展带来了更多的就业岗位，商贸、旅游文化产业运势良好，教育、医疗卫生事业均衡发展……

乌拉特中旗，文化底蕴深厚，自古就有人类在这里繁衍生息。闻名中外的阴山岩刻，记载了先人狩猎生存的时代图腾；夕阳下的秦汉古长城，见证了边塞长烟号角峥嵘；历尽沧桑的千年古榆，诉说着草原亘古不变的冷暖阴晴；当日本侵略者把战火烧进百年村乌镇，乌不浪口阻击战气贯长虹；更有那“抗日女王”巴云英，巾帼将军驰骋草原留美名；安荣昌将军东大沟血战日本军，刘万春将军高台梁粉碎日军大“扫荡”……承载着先辈的光荣与梦想，勤劳勇敢的乌拉特中旗人民，在中国共产党的正确领导下，走上了建设美丽家园的新征程。

乌拉特蒙古部自清初由呼伦贝尔西迁已360多年，而今乌拉特中旗——鸿雁起飞的地方，《鸿雁》唱响大江南北，中国蒙古族民歌之乡，蒙古文长篇小说的摇篮……生活在这块热土上的草原儿女，用勤劳朴实的双手、聪明智慧的头脑以及热情好客的情怀，谱写出一曲曲雄浑壮美的民族长调，在辽阔的杭盖久唱不衰。

“大道无壅塞，壮行天地间。”已故著名诗人、曾任乌拉特中旗人民政府旗长的杨介中先生生前写下一篇气势恢宏的《乌拉特赋》，赋曰：“中旗之谓，中坚之旗，中旗之称，中兴之旗”，“领任于复兴，受命于民生。”“道平山原阔，风正一马先。”描绘了乌拉特中旗的现实与未来，今后，我们要全力做精农牧、做大工业、做强三产、做活口岸、做美城乡、做优环境、做实民生，弘扬“工匠精神”，奋力推动旗域经济社会又好又快发展。《话说内蒙古·乌拉特中旗》一书的问世，既是向更多的人讲述乌拉特中旗的历史渊源、发展脉络，也是我们自我鞭策、不断前行的明鉴之书。

巴彦淖尔市政协副主席 中共乌拉特中旗委员会书记

乌拉特中旗人民政府旗长

2017年4月5日

目录 Contents

草原风云人物录

乌拉特蒙古族民俗文化

鸿雁起飞的地方欢迎你畅游

“鸿雁故乡”乌拉特文化

乌拉特传统美食

乌拉特民间故事

当代风采

古今乌拉特诗词选录

守望相助 靓丽北疆

后 记

沧桑草原

HUASHUONEIMENGGUwulatezhongqi

沧桑草原

CANGSANGCAOYUAN

悠悠两千年，转眼已是沧海桑田。如今站在内蒙古西部阴山乌拉特这片辽阔的土地上，匈奴、鲜卑、突厥、柔然、回纥的马蹄声已经淹没在滚滚的历史尘埃之中。但时间带走的是历史的过往，留下来的却是刻骨铭心、永难遗忘的记忆。

在乌拉特这片神奇的土地上，千百年来，东往西来、南融北汇的先民在这里生存、繁衍、交流、融合，形成了一部草原文明史。据考古发现证明，大约在距今一万年的旧石器时代晚期，阴山以北地区就有人类活动；在乌拉特中旗呼勒斯太苏木达格图嘎查发现有原始人的石器制造场，同时，在这一地区有人类早期岩画，这足以证明，至少在新石器时代早期，乌拉特中旗境内就有游猎先民生息和繁衍。根据《史记》《左传》等史书中的零星记载，阴山南北和河套地区生活的应当是游牧部落戎狄。

春秋战国时期，阴山以南的东部地区为林胡、楼烦游猎部族，阴山以北为匈奴。公元前5世纪末，中原地区进入战国时期。公元前4世纪，战国七雄之一的赵国实施改革，赵武灵王实施“胡服骑射”，向北方游牧民族学习和引进先进的骑术和简化的服装，赵国由此强大，地界拓展到阴山以南的河套地区。公元前300年，赵国开始沿阴山南麓筑长城至狼山西端，这段长城自河北蔚县，经内蒙古阴山南麓，西至今乌拉特中旗二狼山口，并在隘口筑高阙塞。在乌拉特中旗境内的阴山南的台地上发现多座烽火台遗址，便是赵长城的附属设施遗迹。

秦汉时期，境内广大地区是匈奴牧地，公元前215年秦始皇派蒙恬北征匈奴夺得阴山以南地区，并修筑长城、设立郡县，将战国时期的燕、赵、秦长城连接，但仅7年之后便退回内地。

到西汉武帝（公元前127年）时期，汉武帝派卫青征匈奴，夺得河套地区，并在套内设置五原、朔方两郡，修复沿阴山北麓的秦长城，公元前102年又派徐自为修筑“汉

外长城”，东起武川县，中经乌拉特中旗北部，西至额济纳旗居延泽。农耕民族从西汉中期一直到东汉后期在长达300年的时间里都生活在这里，直到140年（东汉顺帝永和五年）朔方郡长史被匈奴所杀，中原势力才又一次退往内地。

南北朝时期，这里是北魏的辖地。386年，鲜卑拓跋部建立北魏王朝，为了防御柔然民族南侵而建立北方六镇，其中沃野镇就在乌拉特前旗苏独仑东南的大佘太圐圙补隆境内，其属城高阙戍就设在乌拉特中旗狼山口的城圪卜。另外，这个时期新忽热古城也为鲜卑人所用。

隋唐时期，这里是突厥、柔然、薛延陀等民族活动的地方。唐初，唐军大败薛延陀，在今乌拉特中旗新忽热地区，改扩建受降城，置燕然都护府。后唐朝加强对河套地区的控制，708年曾派张仁愿修筑东、中、西三个受降城，其西受降城就设在乌拉特中旗乌不浪口西侧的乌加河境内。

宋辽金元时期，乌拉特中旗地域由北方契丹、女真、党项、蒙古等民族建立的辽、金、西夏、元等政权更替管辖，当时主要为党项人和蒙古汪古部人聚居区，新忽热古城为西夏黑山福威军司属边城。

明朝时期，中国历史又一次出现以长城为界的局面，长城以南为明朝，长城以北为北元。乌拉特地区长期为北元势力所控制，成为鄂尔多斯、土默特蒙古右翼

乌拉特草原

乌拉特生态牧场

三万户活动的地区，这个时期新忽热古城为北元蒙古人控制，史称“兀剌海城”。

清朝初期，清政府对乌拉特三部论功封赏，设立乌拉特三公旗，并由呼伦贝尔迁往阴山南北，驻防守边，时至今日已有360多年的历史。

在乌拉特地区有文字记录的2000多年的历史长河中，曾经有匈奴、鲜卑、突厥、党项、蒙古、汉等多个民族在此生存和发展。其中农耕民族在乌拉特地区前后有500多年的农耕民族文化历史，其余1500多年是以北方游牧民族历史文化为主体的发展过程。在游牧民族占据的1500多年历史中，蒙古民族在乌拉特地区的时间长达800年，而在这800年的蒙古历史中，乌拉特部占有360多年的历史，因此乌拉特蒙古人的历史文化在整个乌拉特地区的历史中占有非常重要的地位。

千秋史迹　雄浑边塞
乌拉特中旗文物史迹考略

乌拉特中旗地处我国北疆，历史悠久，文化遗存众多，是巴彦淖尔市主要文物分布旗，截至目前，乌拉特中旗普查到的文物保护单位

石板墓

西山古代祭祀遗址

有 150 余处，单体文物遗址 500 余处，其中有古长城遗存 3 条，分别为秦汉长城、汉外长城和西夏长城，3 条长城长度约 516 千米，有烽火台 300 座，障塞 80 座。旗境内还遗存有古城址 4 处；岩画较为集中的遗址 12 处，古代祭祀遗址 1 处，较大古墓葬群 20 余处，突厥石人墓 3 处，寺庙 20 余处，抗日英雄烈士陵园 1 处，东公旗王爷坟陵园 1 处，抗日军事设施旧址 5 处，古生物化石保护区 2 处。此外还有敖包、王爷府旧遗址、驿站、重要建筑等多处文化遗存，在这些众多的文物遗址中，有属国家级保护单位的秦汉长城、阴山岩画、新忽热古城 3 项；有西山古代祭祀遗址、奔巴台庙、杭盖戈壁突厥石人墓、乌不浪口烈士陵园、奋斗古城、希热庙、千里庙等自治区级文物保护单位 14 处；有温更乌兰敖包石板墓、郜北窑子城堡、德岭山黑石胡炮台等市级重点文物保护单位 21 处；有毕其尔庙、甘其毛都会晤站、川井文化站、德岭山大后店烂营盘驿站等旗级重点文物保护单位22处。

在乌拉特中旗的历史长河中，先民们在这块土地上创造了灿烂的历史文化，留下了宝贵的文化遗产。从旧石器时代晚期到 17 世纪，乌拉特草原是北方游猎和游牧等先民及少数民族进出的舞台，从石器时代的游猎先民到公元前 3 世纪的匈奴和后来的柔然、铁勒、鲜卑、突厥、党项、蒙古等民族都曾在这块沃土上生息繁衍，他们留下了许多珍贵文化遗迹，创造了灿烂的历史文化。

翻开乌拉特中旗的历史画卷，犹如走进了史诗般的世界，那些草

秦长城墙体及烽燧

海其沟岩画

阿日古城障

原往事，那些大漠雄魂，都历历在目。一个个鲜活而又真实的历史文化遗存，积淀起厚重的乌拉特中旗历史文化。漫漫历史长河中，乌拉特中旗这块土地曾是北方少数民族和汉民族的重要活动区域。匈奴的铁骑曾无数次进出阴山南北，大汉的军魂也多少回踏遍漠南漠北，这里有秦时明月，这里有汉时雄关。那蜿蜒于乌拉特中旗境内阴山北坡的秦汉长城、北部草原地带的汉长城南北线，那些从秦汉时期就幽幽伫立的烽火台，2000 多年的沧桑，那些分布旗境各地的 20 多组古墓葬群，都在娓娓地诉说着历史的演变、民族的融合和王朝的更迭。旗境内的新忽热古城，巴音乌兰苏木的东、西乌兰圐圙，台郭勒古城，川井苏木的温布尔古城、阿日古城，乌加河的奋斗古城，呼勒斯太的城圪卜古城等古迹，向你展示着草原沧桑、边塞雄浑。已在乌拉特中旗境内发现了近 200 个上万幅岩画群组，像俊海勒斯太岩画、赛很毛都岩画、鬼谷岩画，都是世界岩画史中较为著名的岩画群组，这里的岩画储量之大、内容之多都是罕见的。这些先人们凿、磨、刻在岩石上的图画，形态各异，有动物的，有反映狩猎的，有反映图腾内容的，有反映生产和生活的，有的似乎更像是一种心灵的传递，一种祈盼的内心诉求，它犹如一部波澜壮阔的生活画卷，真实地反映了历史的社会风貌。

毕其尔庙旧址

古代历史风云人物

蒙恬

蒙恬（约公元前259—公元前210年），齐国（今山东省临沂市蒙阴县）人，秦朝著名将领。公元前221年，蒙恬被封为将军，攻破齐国，拜为内史，深得秦始皇信任，当时与其弟蒙毅号称“忠信”。秦统一六国后，蒙恬率30万大军北击匈奴，收复河南地，率军修筑万里长城，今遗存于乌拉特中旗阴山北麓的秦长城，就为蒙恬所修。公元前210年，秦始皇病死，中车府令赵高同丞相李斯、公子胡亥暗中谋划政变，胡亥即位后，赐死蒙氏兄弟，蒙恬吞药自杀。蒙恬曾驻守九郡十余年，威震匈奴，被誉为“中华第一勇士”。据传蒙恬曾改良过毛笔，因此也被誉为“笔祖”。他是中国西北地区最早的开发者。

卫青

卫青(?—公元前106年)，字仲卿，河东平阳（今山西临汾市）人。西汉名将，汉武帝第二任皇后卫子夫的弟弟，官至大司马大将军，封长平侯。卫青的首次出征是奇袭龙城，揭开汉匈战争反败为胜的序幕，曾七战七捷，收复河朔、河套地区，击破单于，为北部疆域的开拓做出了重大贡献。元封五年（公元前106年），卫青逝世，起冢如庐山，葬于茂陵东北1000米处，谥号为“烈”。

收复河朔　元朔二年（公元前127年），汉武帝派遣卫青、李息率兵出击匈奴，自云中出兵，西经高阙，再向西直到符离（今甘肃北部），收复了河套以南原秦王朝的辖地（通称“新秦中”），并在阴山以南的河套地带设置了朔方郡和五原郡，朔方郡治朔方县（今内蒙古杭锦旗北）。

奇袭高阙　元朔五年（公元前124年）奇袭高阙，包围匈奴右贤王，俘虏小王十余人、男女1.5万余人，牲畜达千百万头。卫青官拜大将军，汉军所有将领归其统辖。

冒顿单于

冒顿单于（公元前234—公元前174年），姓挛鞮氏。冒顿于公元前209年（秦二世元年），杀父头曼单于而自立。他是匈奴族中第一个雄才大略的军事家、军事统帅。公元前209年至公元前174年在位。

冒顿单于即位不久，东胡王乘其立足不稳，遣使索要头曼单于的千里马。为麻痹东胡，冒顿不顾群臣反对，将千里马送给东胡王。东胡王得寸进尺，又提出索要单于一阏氏。冒顿左右皆非常愤怒，请求出兵攻东胡，但冒顿仍满足了东胡王的要求。东胡王认为冒顿软弱可欺，不再将其放在眼里。冒顿单于则乘机稳固统治，扩充军备，发兵突袭东胡。东胡猝不及防，东胡王被杀,其民众及畜产尽为匈奴所得。不久，冒顿单于又乘胜西攻河西走廊雍州的月氏，迫其西徙。从而解除了两面威胁。

随后，匈奴征服了楼兰、乌孙、呼揭等20余国，控制了西域大部分地区。向北则征服了浑窳、屈射、丁零、鬲昆、薪犁等国，向南兼并了楼烦（今山西东北）及白羊河南王之辖地，重新占领了河套以南地区。匈奴有了南起阴山、北抵贝加尔湖、东达辽河、西逾葱岭的广大地区，号称将“诸引弓之民并为一家”，拥有控弦之士三十余万，成为北方最强大的民族。

公孙敖

公孙敖(?—公元前96年)，北地郡义渠县人，最初以骑郎的身份侍奉汉武帝刘彻。公孙敖与汉武帝宠妃卫子夫的弟弟卫青关系很好，建元三年（公元前138年），卫子夫怀有身孕，引起汉武帝皇后陈阿娇的嫉妒。陈阿娇的母亲馆陶大长公主刘嫖意图杀害正在建章宫当差的卫青。公孙敖听到消息后，率领壮士赶去救下卫青，使得卫青免于一死。汉武帝从此重用公孙敖，公孙敖因而显贵。太初元年（公元前104年），公孙敖担任因杅将军，在塞外修筑受降城，汉受降城位于秦汉长城以北，今乌拉特中旗新忽热一带。受降城是为接受匈奴左大都尉投降而筑，是自西汉以来在文献所载的受降城中，唯一一座真正为接受敌人投降而建的受降城。北魏时称比干城，在北魏与柔然汗国的边界上，448年拓跋晃随其父北魏太武帝讨伐柔然，至汉受降城，不见柔然人，于是积粮于城内，置兵戍而班师。

徐自为

徐自为，西汉边将，光禄塞的营造者。汉武帝元鼎六年（公元前111年），他与李息率十万大军，兵分两路夹击羌人。汉武帝太初三年（公元前102年)，徐自为担任光禄勋，在五原郡以外兴筑长城。汉武帝时期修筑的汉长城位于今内蒙古阴山以北的塞外。《史记·匈奴传》载，太初三年，“汉使光禄徐自为出五原塞数百里,远者千里，筑城障列亭至卢朐”。后人把光禄勋徐自为出五原塞所筑的长城，称为“塞外列城”，光禄城的起点五原塞，即五原郡北境的边塞，其终点卢朐山。卢朐山在今内蒙古狼山西北，汉长城亭障依山而筑。

《汉书·武帝本纪》载，太初三年，“遣光禄勋徐自为筑五原塞外列城，西北至卢朐，游击将军韩说将兵屯之”。五原塞就是五原郡北境的长城，五原郡治今包头市西，其北的塞垣即卫青所缮秦代古长城。“塞外列城”的起点在今呼和浩特市武川县西部，与五原郡境的长城衔接。自此向西北伸出两道并列的墙垣，经固阳县北部、达尔罕茂明安联合旗西南，又过乌拉特中旗、乌拉特后旗北部，向西北伸出国界线，延伸于蒙古国南部。南面一道墙垣转向西去，复转南进入阿拉善盟，与居延塞联结；而北面一道据说在蒙古国境内一直伸向阿尔泰山中。

张仁愿

张仁愿（？—714 年），原名仁亶，华州下邽（今陕西渭南临渭区）人，唐朝宰相、名将。张仁愿文武全才，曾任殿中侍御史，后任肃政台中丞、检校幽州都督，击退突厥默啜可汗的进犯，兼任并州大都督府长史。唐中宗继位后，张仁愿被召回，授左屯卫大将军、检校洛州长史。景龙元年（707 年），张仁愿被任命为朔方军大总管、御史大夫，屯边防御突厥。张仁愿到达朔方后，突厥已退兵而去，他乘胜追击，夜袭敌营，大破突厥。当时，朔方军与突厥以黄河为界，而在黄河北岸有一拂云祠。突厥每次出兵，都要在祠中祈祷，然后再发兵南下。景龙二年（708 年），默啜统率全军西攻突骑施（西突厥部落），后方兵力空虚。张仁愿便上奏朝廷，请求乘机夺取漠南之地，并沿黄河北岸修筑三座首尾相应的受降城，以断绝突厥南侵之路。奏疏送至京城后，最终得到唐中宗同意。筑城军民尽心尽力，只用了两个月的时间便将三城全部筑成。三座城池中，西受降城在乌拉特中旗境内。

张仁愿在漠南突厥之地建立三受降城是唐朝建立的进攻型军事重镇体系，使突厥汗国的根据地，政治、军事、经济的中心地区成为唐朝北疆内的军事地区，被唐朝控制。后突厥默啜可汗无力返回漠南，不得不返回漠北。自张仁愿建立三受降城体系夺取漠南后，后突厥汗国的国力大为削弱，最后被唐朝与回纥联合攻灭。后突厥汗国的衰弱与灭亡，与唐朝张仁愿建立三受降城有重要的关系。

天垂之象 阴山岩画

阴山岩画——草原山地文化明珠

阴山岩画作为古代北方草原山地文化的一颗明珠，被誉为“古代游牧艺术精品”，是远古游牧民族生产、生活、精神的写照，而乌拉特中旗是阴山岩画存量最多、分布最多的地区。

乌拉特中旗位于自治区中西部，面积2.3万平方千米，阴山山脉横贯旗境东西，跨度约200千米。在这条绵延的山脉上遗存着众多的阴山岩画，这些岩画像一部波澜壮阔的史诗，生动地描述了古代先民们的生产、生活、风俗习惯以及自然等社会风貌。阴山山脉是一座岩画艺术的宝库，阴山岩画也以其特殊的蕴含，跻身于世界岩画之列，它同西伯利亚岩画、蒙古岩画一样，在世界岩画中享有盛名。乌拉特中旗地处阴山中西段，是阴山岩画分布最密集的地方，在东西约200千米，南北纵深60千米的山脉上，发现有几十个分布群，岩画单幅储量达上万多个。这里的岩画发现之早、储量之大、内容之丰富、年代之久远，可与世界上任何国家的岩画媲美。

万字形

阴山岩画首次发现于乌拉特中旗

著名的阴山岩画是在乌拉特中旗首次发现并由此推向世界的。20

阿其山岩画

赛很毛都岩画——舞者

世纪70年代，现代阴山岩画研究集大成者盖山林教授，在乌拉特中旗韩乌拉山峰发现了第一幅岩画，由此揭开了阴山岩画的研究序幕。此后三四十年间，各地的研究者和观赏者慕名而来，阴山岩画备受人们的关注，其中岩画数量和内容比较突出的有：温更西南的俊海勒斯太岩画、赛很毛都岩画、呼勒斯太地里哈日沟岩画、海其沟岩画、韩乌拉岩画、温更西的巴仁呼都格岩画、海林忽都格岩画、温更希日朝鲁的东五队岩画、呼仁敖包岩画、新忽热的公忽同岩画、甘其毛都镇的鬼谷岩画等；特别值得一提的是在2010年和2012年又在旗内发现了加布斯林阿木和查干高勒人类早期岩画，这两处岩画以变形人面为内容，图案清晰，形状怪异，实属早期岩画的精品。

双鹿图

乌拉特中旗的岩画从内容上可分为：人面像岩画、狩猎岩画、动物类岩画、生产牧羊类岩画、生活集会类岩画、符号图腾类岩画、宗教类岩画等。从时间上分为：第一代（人类早期岩画）、第二代（动物、狩猎）、第三代（生产、生活）、第四代（战争、舞蹈）等。

赛很毛都岩画——舞者

早期岩画——人面像

乌拉特中旗岩画最多的地方，在境内西南部呼勒斯太和温更的地里哈日、俊海勒斯太、巴仁海勒斯太岩画区一带的黑山上，东西延伸20多千米，岩画数量达几千幅以上。

乌拉特中旗的岩画题材从总体上看，取材于游牧民族的狩猎、游牧等活动。其中数量最多、凿刻最精的是动物岩画。画中动物有山羊、绵羊、盘羊、羚羊、岩羊、大角鹿、白唇鹿、赤鹿、麋鹿、驼鹿、狍子、马、骡、驴、驼、牛、野牛、羚牛、狗、龟、野猪、兔、狐狸、蛇、狼、虎、豹等。其次，是狩猎岩画，再就是早期人面像岩画和图腾类的符号岩画。

文字图

边塞雄浑 秦汉长烟

从公元前3世纪至2世纪，乌拉特草原在秦汉和匈奴的割据中，演绎了多少战与和的往事，记录了多少进与退的沧桑，形成了悠悠的边塞文化。这个时期在乌拉特中旗遗存的长城便是雄浑边塞的历史见证。

秦长城

秦长城前达门段长城墙体

秦长城，修筑于阴山北坡，有一部分为战国赵国所修。公元前221年秦统一六国后，于公元前215年派大将蒙恬北逐匈奴于漠北，收河南地，渡河居阴山、北假地，因险筑塞，修筑了长城。为巩固北部边防，借助原战国赵、魏、燕等国的北部原有边城，构筑了连接西起临洮（今甘肃岷县）、东至辽东长城万余里，以防匈奴的南进侵扰。

乌拉特中旗段秦汉长城位于旗境南部阴山北麓，东由乌拉特前旗小佘太镇至扎拉格河入乌拉特中旗，沿查石太山向西经色尔腾山、狼山向西进入乌拉特后旗，长约

秦长城乌拉特中旗段同和太墙体

164千米。包括新忽热苏木查干敖包段、同和太段，温更镇东希日楚鲁段、西希日朝鲁段、阿腾呼少段，呼勒斯太韩乌拉段、巴音吉拉嘎段、前达门、哈拉呼鲁、包德尔段等长城遗存，全线包括157段墙体，273个烽火台和马面，9处障塞遗址。特别是查干敖包段、同和太段、韩乌拉段、前达门段（德岭山水库段和塔本陶勒盖段）的长城遗址大都保存较好，一般残高在1～5米间，有烽燧及城障遗址。其中同和太段的第20至26段长城、乌不浪口长城、德岭山水库长城、希日朝鲁的塔本陶勒盖长城离公路及海流图较近，且又与同和太牧场和奇石林、呼仁敖包岩画、冰臼地质遗

秦长城乌拉特中旗韩乌拉段墙体

秦长城希日朝鲁西段长城墙体

迹公园、水库相邻，保护利用的价值极大，2006年乌拉特中旗人民政府已将此列为重点文物保护和旅游开发工作之中，并以此举办“爱我家乡，修我长城”的重大修复工程活动。2008年、2010年分别实施了乌不浪口公路东段750米德岭山水库段1258米的抢险修缮工程。2011年国家中央资金下拨500万，2013年开始实施德岭山水库西段20千米抢险修缮工程，2015年完工，并通过国家文物局阶段性验收。2001年，秦汉长城被列为全国重点文物保护单位。

秦长城乌拉特中旗希日朝鲁西段塔本陶勒盖长城

汉长城

汉长城由达尔罕茂明安联合旗进入乌拉特中旗，经新忽热、巴音乌兰、川井等地向西进入乌拉特后旗，长约170千米，包括67个障塞，25个烽火台，包括莫仁嘎查段、那日图段、乌兰格日勒段、怒呼日勒段、哈拉图段、沙如拉段、呼格吉勒图段，墙体大部分是土夯筑，遗留于旗境北部草原上。由于历经了2000多年的风蚀雨剥，今大部分地段已成为土垄状，有一部分地段基本上没有长城踪迹了。汉长城在新忽热、巴音乌兰苏木山峦中的一段长城是石砌长城，遗

汉长城墙体

汉长城小障塞遗址

汉长城烽燧

存较好，障塞较多，巴音乌兰和新忽热苏木有的地段长城残高能达到1.5—2米。这段长城初为汉代所修筑，到11—12世纪时，西夏又将其利用并重新修缮加固，作为边墙来守卫。

西夏长城

西夏长城东由达尔罕茂明安联合旗进入乌拉特中旗境内，西经桑根达来、巴音乌兰、川井进入乌拉特后旗，全长约181千米，有4个障城遗址，包括巴音查干段、阿日呼都格段、新乌素段、乌勒吉图段、额和布拉格段、呼勒斯段、巴音宝日段、东达乌素段、德尔斯段、额和音查干段，墙体大部分以土夯筑而成，遗存于旗境北部草原上，由于经历了1000多年的风蚀雨剥，今大部分地段已成为土垄状，有部分地段已基本上没有了长城踪迹，在旗境东北部的巴音乌兰苏木有一段土垄状墙体，在日本侵华时被日军当作公路使用，当地人称“日本路”，这是当年日军侵华时为进出乌拉特草原利用长城墙体遗迹所修缮的，这段长城过去一直被有关部门和专家认为是汉外长城，后经2010年长城资源调查，认定为西夏长城。

唐宋遗风 古城古韵

7—11世纪，乌拉特中旗经历了唐、宋两个朝代经略，新忽热古城、奋斗古城、台郭勒古城障等遗址便是这时期的主要文化遗存。

新忽热古城

位于乌拉特中旗东南部，新忽热苏木政府所在地往北1千米处，于20世纪20年代发现。1956年全国第一次文物普查时，内蒙古的一些考古专家考察过此城。1987年，全国第二次文物普查之后的第二年，巴彦淖尔盟（2004

城圪台古城障

年撤盟建市）和乌拉特中旗文物管理部门对古城进行了全面的考察。2006年申报为自治区第四批重点文物保护单位，2007年旗文体广电局组织区内外专家对古城进行考察和论证，通过对城内采集到的汉代陶片、唐代钱币、西夏陶器残片等物分析，发现古城应当始建于西汉时期，历经南北朝、隋唐、宋、西夏、元、明等历史阶段。根据对现存墙体遗存物碳14的检测及资料推断，现存的古城在唐朝时期应是燕然都护府，但仅存在15年后就迁往今蒙古国的肯特山。到宋朝时期，这座古城又被西夏人利用并加以修缮扩建，形成了现今的形制，这个时期此城应是西夏黑山福威军司所属边城。据《蒙古黄金史》记载，成吉思汗西征西夏时，首攻之城便是此城，到蒙元时期，新忽热古城为北元蒙古人所用，即兀剌海城，是中原地区到漠北的驿道之一。古城最兴盛的时候是元代，到明代逐渐衰落，这座古城曾是阿拉坦汗仅次于板升（今呼和浩特）城的军事、经济、贸易重地。2013年，新忽热古城被国务院公布为第七批全国重点文物保护单位。

关于新忽热古城的几种说法和故事：

1. 受降城之说

20世纪50年代到70年代，区内外的文物机构和有许多专家都对古城进行了考察，并撰写了考察文章。80年代以后，内蒙古文物考古所的专家，市文物站的火鹰、

新忽热古城（局部）

新忽热古城鸟瞰

王德荣、胡延春先生，乌拉特中旗史志办、文管所的兰建忠、刘斌等人，都对古城进行了较细致的调查，并查阅许多资料，大都认为此城初建于汉武帝太初元年（公元前104年），为汉因杅将军公孙敖所建。据《汉书》等史籍记载：武帝初年，匈奴乌维单于死，其子乌斯庐继位，乌斯庐年少，故称儿单于。史书记载，“儿单于年少，好杀伐，国人多不安。左大都尉欲杀单于，使人闻告汉曰：‘我欲杀单于降汉，汉远，即兵来迎我，我即发。’初，汉闻此言，故筑受降城”。“令因杅将军敖筑受降城……”结果是“左大都尉欲发而觉”，也就是投汉之事被发觉，左大都尉被儿单于杀了，后至宣帝时，放弃了外长城驻兵，此城逐渐被废弃，但由于此城筑于塞外，是一座连接汉与匈奴的孤城，因此时而为汉所占，时而为匈奴所占。到公元前54年，匈奴呼韩邪单于被他哥哥郅支单于打败，南迁至长城外的光禄塞下，同西汉结好，曾三次进长安入朝，并向汉元帝请求和亲，汉嫁女昭君。呼韩邪单于曾居住的光禄塞就在新忽热古城南20千米外的长城南，据《汉书·匈奴传》记载：“单于自请愿留居光禄塞下，有急可保受降城。”由此可见，昭君自西安出行，至光禄塞下住了一段时间，再由乌拉特草原的受降城北上漠北单于庭。

2. 西夏边城及成吉思汗首攻之城之说

从新忽热古城内发现的大量西夏陶器，以及2013年对古城做碳14探测结论为11—12世纪的遗存，古城的确与西夏有关，根据资料和在旗境发现的西夏多处文物古迹推断，乌拉特中旗在宋代曾是西夏领地，而古城作为一座塞外军事治所，由于地理位置的重要性，曾为历朝沿用，至宋代、西夏时，这里更是其加强边疆的重要之地，因此将此城加以扩建，今遗存的新忽热古城就是西夏时期所修建。此城作为西夏边城，为其黑山威福军司管辖驻扎。

据《蒙古秘史》记载，成吉思汗西征西夏时首攻的是兀剌海城，而兀剌海城恰恰就是元明时新忽热古城的称谓。史料记载，当年蒙古军西征西夏时，是借道时属金朝的汪古部而西进的，汪古部的都城阿伦斯木古城位于现在的达尔罕茂明安联合旗，与新忽热毗邻，现在新忽热北有一条古道，可直通阿伦斯木古城，在这条古道上，有一处地方伫立着许多石头桩子，当地人传说是成吉思汗西征时曾在这里屯兵休息，命属下栽起的拴马桩子。

新忽热古城北依阴山、南控河套平原，位于南北战略要道上，是重要的交通枢纽，而位于达尔罕茂明安联合旗敖伦苏木古城为蒙古汪古部落的城池，恰与新忽热古城形成对角之势。当年，汪古部曾为金朝守关，金与西夏分别在宋朝的东北、西北建立两个少数民族政权，根据在乌拉特中旗遗存的西夏古城障和达尔罕茂明安联合旗的金界壕判断，这两个地区正好是两朝的边界地带，此处才是成吉思汗首攻西夏之城池。而首攻城池被确定后，成吉思汗的西征路线也就得到了解密，这一重要发现对于最终揭晓成吉思汗从漠北到漠南的通道起到至关重要的作用。

新忽热古城城墙

3. 其他民间传说

兰建忠先生20世纪80年代曾采访当地老乡，有老乡说：过去每当晨曦，城墙上总蒙有一层雾气，人们可以听鸡鸣之声。据说有人曾目睹一对金鸡在城墙上起舞。也有人看到城内有金环闪闪发光。但是无论猎奇者怎样追逐，总是不及靠近就消失得无影无踪。还有人说在二十世纪三四十年代，日本人曾对此城有过关注。1935年和1940年两小批日本人到过白云鄂博，其时也到过新忽热，当地老者亦多闻此事。20世纪50～60年代曾在新忽热城西南十数千米的公乌素村，居住着一位叫薄仁的老人，此人讲过其曾被日军强迫开挖新忽热城壕，在挖到一定深度时，日本人便在城墙下围起白布圈，不准民夫靠近，只有日本人在内操作，最后用汽车拉走了不少物品，日本人对此城进行过掠夺性“盗宝”，据说此后则不闻鸡鸣也不见金环光了。

奋斗古城

奋斗古城位于乌拉特中旗乌加河西南奋斗村奋斗二队东南300米（北圐圙补隆）。据第二次文物普查资料记载，该城平面呈方形，夯土筑，东西长450米、南北宽350米，残高1.2米、底宽3.5米，由于历史和自然原因，该城基本上成土垄状，城址被农民用作耕田，但城址轮廓清楚，并立有保护标志。

据有关方面的专家考证，奋斗古城即唐朝西受降城，是唐代三受降城之一，建于唐景龙二年（708年），为唐代军事家张仁愿修筑。西受降城坐落在今石兰计狼山山口南，黄河北岸渡口，控扼南北交通要冲，在三受降城中军事地位至关重要。建城伊始，安北都护府就自河西走廊的西安城（今甘肃民乐西北）迁入此城，至721年安史之乱时，又随天德军都防御使被迁移至西受降城。727年起，唐朝在西受降城设有互市之所，唐朝与突厥在此进行绢马交易。713年，因西受降城南临乌加河，长期受河水冲刷而损坏；722年，张说遂弃旧城，在其东侧另筑新城，张说督造的新西受降城，即奋斗古城，沿用至813年，后其西南城边再度遭黄河侧蚀而崩毁，唐朝将天德军治所迁移至天德军旧城（乌梁素海）。

受降城作为唐代边塞重要的军事设施，为许多诗人所描述，其中唐朝诗人李益《夜上受降城闻笛》一诗尤为著名。诗中描写了边塞风光和戍边战士的思乡之情，诗里描述的回乐峰即乌加河北岸的韩乌拉山峰，受降城即乌加河奋斗古城。

史迹余晖 草原记忆

数千年以来，乌拉特地区历经沧桑变迁，它是一个源于石器时代的传承，滥觞于古代少数民族的兴盛，生成于秦汉、隋唐、宋元等历史王朝的更迭嬗变，余晖绵延于当代新型文明的文化体系。

名胜古迹

乌拉特地区有着得天独厚的地理环境和人文资源，这里有草原、平原、山地、荒漠、湖泊，大自然多姿多彩。草原与平原对话与碰撞的特殊形式，多民族的长期交流与融汇，造就了乌拉特中旗独特的历史文化和绚丽多姿的民俗风情。这里的山河大川凝聚了乌拉特人民的聪明才智，印证了民族血脉的延续和传承。

这是一片古老神奇的土地，这是一方秀色怡人的土地，这里民风淳朴、景色独特；这里物产丰富、遍地是金。当你走进乌拉特这片古老神奇的草原时，当甘醇的马奶酒四溢飘香时，当悦耳的牧歌唱响草原时，你会被这里淳朴厚重的民风、民情深深打动，这里尽管不是山清水秀，但它却粗犷豪放，这里可能没有小家碧玉，但却厚重宽广，这里是乌拉特各民族和谐相处的富饶美丽的家园。

1. 阿日呼都格城障

位于乌拉特中旗巴音乌兰苏木东部原桑根达来队西北15千米处，北距汉外长城480米，属长城附属防御障城，该城平面呈方形，为土夯筑，南、东两面有城门，整体已坍塌，墙体土垄高1.5~3米，宽10~15米，城宽150米，长150米，表面散见有陶片，城障遗址远望去像几座小山包围起的天坑一般，坐落在戈壁草原上。与北边的长城共同形成壮观的边塞景观。

阿日呼都格古城障

2. 城圪台城障

城址位于乌拉特中旗德岭山镇水泉村东北15千米的莫楞河山口南1千米处，城西临莫楞河，北靠大山，这座古城障扼守莫楞河山口，是秦汉时期北通漠北的主要要

城圪台古城障

塞，地理位置十分重要，平面呈方形结构，长、宽各65米，四面城墙均有遗存，南城门有瓮城一处，四角有角楼，墙体为土夯筑，残高一般在0.5~5米，夯层12~18厘米，这座城障为汉代光禄将军徐自为修筑塞外列城之一。一说，当年呼韩邪单于向汉朝请住光禄塞即为此城，而迎娶王昭君出塞即是由此而出发,经莫楞河岸向北至单于庭。

3. 西乌兰圐圙城障

城障位于原乌兰苏木西南努呼日勒嘎查金花牧户西汉长城南侧，是汉长城附属军事设施，平面呈方形，边长约135米，夯土筑，残基宽4米，高0.81~1.5米，东墙半部开门，门址宽约6米，外加筑瓮城，四角设有角台，南墙保存较好，还能看出夯土层，西南角台还有所保存，发现有汉代陶片。障城东与嘎登敖包（烽燧）相望，共同构成汉长城防御体系。这里是人们进一步了解汉长城及塞外列城之地。

西乌兰圐圙

4. 阿日古城障

该城址位于川井苏木西敖川公路50千米路北250米处，平面呈方形，边长128米，为土夯筑，南有城门，城门10米宽，现东、西墙已坍塌，南墙较为完整，北墙尚有墙体遗存，墙体残高1 ~ 2.2米，四角有角楼，有瓮城，这是一座长城的附属军事障塞城址。从型制和城内发现的器物判断，此城在西夏时被其利用，但城址内未发现遗留物。

5. 杭盖戈壁突厥石人墓

突厥石人墓在旗境内发现很多，牧民们称石人墓为“浑楚鲁”，意为石头人。普查到有同和太小学

阿日古城障

杭盖戈壁突厥石人墓

校石人墓、杭盖戈壁北石人墓、乌兰红光石人墓、巴音乌兰努忽热石人墓等几处。

杭盖戈壁突厥石人墓，位于呼勒斯太苏木杭盖戈壁嘎查正北15千米的万亩草库伦上，一条南北向自然路路东200米处，墓葬呈长方形，长宽为6米×4米，四边用石块围砌，在东北角立一突厥武士石人像，石人高1.6米，脸部轮廓清晰，腰挎一兵器，除头部有一小块被分化外，其他部位保存尚好。其墓葬年代应为六七世纪的隋唐时代，为突厥民族遗留。

6. 草原石板墓

在乌拉特中旗境内分布有许多隋唐时期的石人造像墓和石板墓。石板墓也称之为草原方形墓，这一类墓葬多有发现，像乌不浪口石板墓群、温更乌兰敖包的石板墓群、海流图西山石板墓群、温更脑干布尔多石板墓群、哈太石板墓群等，都是比较大的墓群遗址，单体墓都在10座以上，呈零星状分布的石板墓就更多了。可以说，在草原上只要你留神，石板墓随处可见，在川井南到海流图的公路两侧，在西山电视塔附近，在温更东五队等地都有石棺墓葬，这些墓葬分布广、数量大，是旗内文物古迹的一个亮点。

7. 西山古代祭祀遗址

位于阴山以北乌拉特草原南部的丘陵地带，即乌拉特中旗海流图镇西侧的小山东缘。坐西向东，是古代北方草原游牧部族祭天、祭祖、祭神之地。这处祭祀遗址形制独特，颇具景观色彩，先民们利用冰川地形的神秘，将祭祀遗址建于独特的巨石之下，使祭祀更具神秘性。

草原石板墓

西山古代祭祀遗址

这个遗址坐西朝东，顶端是一向前伸出的凌空巨石，犹如蛟龙出海，俯视苍穹，遗址前端有两条祭祀石柱。过去有专家认为这是突厥石人墓，后经多方调查考证，认为这是一座古代游牧民族祭拜天地、祈求祥瑞的祭祀场所。由于冰川的作用把一块天然巨石推举于山体崖坡边缘，形成了一个自然崖洞，巨石之下有一空间可容数人遮风避雨，崖洞西南另有多块巨石环其旁侧，但远不及洞顶之石体巨大醒目。因此，古人选此奇特景观来当作祭拜、供奉神灵之地。在巨石南、北、东砌以石墙，在东墙中部竖立两根石柱以作入口，另在前方修一平台作为活动区，平台之外向东便是低谷，地势十分险峻。自然界的鬼斧神工和古代人类巧夺天工的创造力让人惊叹不已。其实，对于我们今天的人类来说，它是一座古墓还是一个祭祀场所，似乎已不那么重要了，重要的是它所传递的信息和它所连接起来的古人和今人的历史情结。

8. 狼山石刻

位于乌拉特中旗狼山南口西侧，立有一块刻有诗文的石碑，诗文的内容为“统领五千兵，纵横万里路，踏平金积堡，调防扎金驻，忽逢重九日，登高于此处，只见蒙古包，不见村与树”。落款“同治

狼山石刻

壬申　金运昌”。落款即清朝同治十一年（1872 年）。资料记载：同治六年（1867 年），金运昌随郭宝昌的“卓胜军”到陕西征剿回民军，金率部打败回军，移师后套缠金地（今河套永济渠一带），驻防至狼山下，适逢重阳节，金将军按九九重阳的习俗在于此处登高望远，感慨中写下这首诗，叫人刻于石上，立于狼山半坡，留于后世。此碑高 1.6 米、宽 0.6 米。2010 年，乌拉特中旗旅游局将其整合修缮后，开辟为旅游景点。

9. 希热庙

位于乌拉特中旗海流图东南 12 千米的希热山中，占地 50 万平方米。希热蒙古语意为“桌子”，因这里山的顶部较开阔平坦，远眺形似桌状，故此得其山名。这是史前的地质遗迹，山体岩石主要由片麻岩、石灰岩、页岩等组成，是山体长期受到干燥剥蚀和抬升而形成。

希热庙初建于清朝康熙年间，为乌拉特西公旗庙梅力更庙的分

希热庙

寺，传说是亚满达各佛的化身呼勒庆贵禅师主持修建。呼勒庆贵禅师原系梅力更庙小喇嘛，从小聪明好学，相传，他为了得到喇嘛教义的深邃和较高学位，专程到西藏拜师学佛数载，学成而归后，在家乡乌拉特地区选中位于希热山的希热洞作为自己修炼念禅之地，他在洞里坐禅修炼六年后，修炼成亚满达各佛化身。

庙旁山中有三眼泉水，被称之为希热神泉，呼勒庆贵禅师因饮用山泉而修炼成佛，他还指引信徒共用此泉，为百姓造福，于是，三眼清泉有了神的色彩。从科学的角度看，这三股泉水其实是天然优质饮用矿泉水，三眼泉水各有妙用：一能治眼病，二能治胃病，三能治心血管病。几百年来求泉水治病的人源源不断。为了保全这泉水，在东、西两侧山顶上各建有白塔一座。西面一座塔叫亚满达各白塔，高9米，塔顶设有太阳造型；东面一座塔叫时轮塔，高9米，塔顶设有月亮造型。这些建筑大都在“文化大革命”时期被毁。20世纪80末开始恢复重建，先后申报为区、市等级重点文物保护单位。这里自然风光优美，已开发为乌拉特中旗的旅游胜地。

10. 千里庙

千里庙位于乌拉特中旗呼勒斯太苏木，是原乌拉特西公旗梅力更庙属庙，建于清朝乾隆八年（1743年），因该庙原址水草丰美，蒙古语将水草丰美之地称为“车力”，所以不久后便被叫成“千里庙”了。

千里庙

千里庙的第一世活佛为芒来，是乌拉特西公旗旗庙梅力更庙的禅师。年轻时曾到塔尔寺、拉卜楞寺、拉萨等地游历、学习。有一年，他率两位弟子西游，来到如今呼勒斯太苏木境内前达门三峰山南麓的草原，见到一个叫“陶日木昆迪”的地方，该地方圆数里，比周边地方高很多，东侧不远处有一条小河。芒来禅师便想到在此地建一座庙。这时，自西面赶来一乘骑之人，身穿蟒袍，头戴官帽，骑黄马。此人是西公旗管旗章京乌兰，是台吉、章京，还是朝廷御封的“陶桑”，牧民称其为“乌兰陶桑”。他家产万贯，驼马近千，牛羊数千，佣人近百。芒来禅师站在路旁向乌兰问安，乌兰也认识芒来禅师。芒来禅师趁机向乌兰陶桑提出在此建庙，获乌兰陶桑支持与资助。芒来禅师回梅力更庙后，向活佛汇报了建庙事宜。此后，芒来禅师请来工匠，在陶日木昆迪动工，建起三座大殿（大雄宝殿、学部大殿、哲理大殿）及活佛住所、喇嘛住所。主庙梅力更庙从青海请来吉祥天母神像为该庙的主供神，让芒来禅师当了第一世活佛。数年间，乌兰陶桑将大部分财产用于建庙，还动员西公旗其他牧户资助建庙。芒来活佛兼通藏文、蒙古文的经文，每次法会开得很生动，香客逐渐增多。梅力更庙的莫日根活佛为该庙取名“广乐寺”，民间俗称“千里庙”。

该庙在“文化大革命”中遭到破坏。20世纪90年代，牧民自

巴特尔敖包

浩雅日宝格达敖包

行小规模地在其原址地以南建庙，2003年由苏木组织进行改扩建，2006年列为旗级重点文物保护单位，2008年申报为自治区级重点文物保护单位。

11. 巴特尔敖包

位于乌拉特中旗巴音乌兰苏木南25千米的海乌公路南3千米。这座敖包据传建于清末，是为了纪念打击土匪、保卫草原安康的当地英雄巴特尔所建。每年五月十三都要进行祭奠活动。因英雄的名字叫巴特尔，故敖包也叫巴特尔敖包。

12. 浩雅日宝格达敖包

浩雅日宝格达敖包有着悠久的历史。据传，大约在公元前3世纪时，匈奴人就在此建起穹庐式的灵石堆进行祭祀活动。当时的浩雅日宝格达灵石堆建在二狼山正南15千米处的查干敖包高坡上。后匈奴南迁、西迁，狼山所属地区经历了突厥、铁勒、回鹘、西夏等北方游牧民族，但这里的祭祀活动依旧。

17世纪40年代，乌拉特蒙古部迁徙至此，乌拉特人将灵石堆改建为浩雅日宝格达敖包进行祭祀。原乌拉特中公旗还把浩雅日宝格达敖包命名为旗直属十三座敖包之一。当时千里庙负责东狼山敖包祭祀，查干高勒庙负责西狼山敖包的祭祀活动。

清朝中期，班禅大师回西藏路经此地，千里庙活佛拜见班禅大师时询问了敖包的佛缘，大师观看敖包位置并观察浩雅日宝格达敖包山脉后道：敖包神坐骑有受惊征兆，应把敖包改建在浩雅日宝格达北麓。其后，千里庙活佛占卜选址，把浩雅日宝格达敖包建在现在之位置上。后由于年久失修，敖包整体损坏严重。至2013年仲夏，乌拉特中旗呼勒斯太苏木宝格达嘎查牧民为传承蒙古族祭祀文化和祈福草原，集资近万元，重新修缮并扩建了浩雅日宝格达敖包，主体敖包底座直径10米，高8米。它与山体、高地、水库、平原相融合，集祥瑞

新忽热芒很敖包祭奠

与风水于一体，成为一处重要的祭祀地和亮丽的自然风景区。

13. 新忽热芒很敖包

位于乌拉特中旗新忽热苏木北1千米古城东北300米，敖包坐落在一山坡上，高6米，底部直径 12米，敖包南望新忽热古城和新忽热苏木，坡下有一条南北走向的公路，这座敖包是乌拉特东公旗的旗敖包 ，从20世纪40年代至今，每年六月都要举办大型祭祀活动。

14. 鸡爪形恐龙足迹

位于温更镇哈日楚鲁嘎查，西山电视塔西南3千米的坡地上，20世纪90年代末发现，2008年第三次全国文物普查中，旗文管所进行了详细调查。这是一处远古地质遗迹，由大小60多个恐龙脚印和嬉戏拖痕组成，脚印形状像鸡爪，大的脚印约20厘米，深痕为1~2厘米，呈不规则列状分布在约20平方米的花岗岩平面上，遗迹清晰可见，其年代约为侏罗纪晚期。可以想象，在风和日丽的远古，一群史前动物，在一小河边戏耍，由于突然的地壳变故，瞬间将它们的印记变成永恒，站在这块遗迹地上，看着鸡爪形印记的走向，让我们产生和侏罗纪零距离的接

鸡爪形恐龙足迹

触之感。

15. 火山地质遗迹

由于地质构造的原因，乌拉特中旗境内遗存有多处火山遗迹，像巴音哈太东南的红格尔塔拉火山口、希热庙的火山颈等，都是比较明显的地质遗迹火山，有活火山、休眠火山和死火山三种类型。旗内的塔拉火山口即是死火山口，这类火山是指史前曾发生过喷发，但有史以来一直未活动过的火山。此类火山已丧失了活动能力。有的火山仍保持着完整的火山形态，有的则已遭受风化侵蚀，只剩下残缺不全的火山遗迹，火山遗迹呈凹形塌陷状，远看像马鞍形状。火山颈是整个火山大部分被破坏之后，幸存的剥蚀残余部分，而构成火山颈的岩石抵抗风化作用的能力又强于周围的岩石，因此经过长期侵蚀，剥露地面，成为孤立突兀的柱状山，称为火山颈残山。位于希热庙的火山颈即是这类遗迹。

红格尔塔拉火山口遗迹

16. 哈日楚鲁洞穴址

洞穴位于乌拉特中旗海流图西南哈日楚鲁嘎查，北距西山石板墓遗址群1千米，遗址为自然石室，上面有一巨大石板覆盖，石板下有

希热庙火山颈

洞穴遗址

乌拉特石林

数根人工凿刻的石柱顶立，石室长宽（深）为 4 米 ×8 米，室前有面积为 30 多平方米的人工搭建的平台，该遗址受雨水冲刷，自然破坏十分严重。该处人居遗址大约年代为蒙元至清。

景观园区

1. 乌拉特石林

位于同和太牧场南 5 千米处，占地面积约 3 平方千米，是一处远古时期的史前遗迹，为地球造山运动时和冰川期留下的花岗岩奇石林，这里的石头怪异突凸，形状多种多样，有的犹如蛟龙出海，有的却似神牛卧地。走进这个奇石林，每每都能触发人的灵感，勾动人的种种情趣，影视作品《我叫王土地》《白马飞飞》《文成公主》《铁骑》等多部影片的外景都曾在这里拍摄，被誉为“塞上奇石林”。

石林主要由花岗岩组成，石林的形成主要是因为地球的造山运动中褶皱、裂纹、地下岩浆的发育，并经过了多次地质变迁和

乌拉特石林

大自然漫长岁月的雕琢及第四纪冰川叠加作用而形成。成岩于偶然，成景于必然，堪称世界奇观。奇石林已被列入乌拉特中旗人民政府重点旅游开发区。

2. 水库景观——德岭山水库

乌拉特中旗境内有大型水库10多座，这些水库像颗颗明珠，镶嵌在乌拉特中旗广袤的土地上。经过多年的整治、修理、加固，大部分水库在为农牧业、渔业、经济发展发挥着重要作用，像德岭山水库、狼山水库、红格尔水库、韩乌拉水库、乌不浪口水库均是旅游的好去处。特别是德岭山水库，它与同和太牧场、怪石林、秦长城遗址距离很近，形成了一个旅游金三角区，每年都吸引很多游客到这里观赏游玩。现在，水库与长城、牧场旅游区已被旗人民政府列为重点旅游开发区。

德岭山水库位于乌拉特中旗海流图镇东南25千米处，北边为广袤的同和太草场，南边是阴山山脉，蓝天、白云、山水与草原交相辉映，是一处休闲度假、草原旅游观光的理想避暑胜地。来这里旅游，可以领略蒙古族祭敖包、那达慕、蒙古族婚礼、赛马、摔跤、射箭、长调、呼麦、马头琴等草原风情表演，享受草原篝火晚会的惬意，让你感觉似畅游在天堂草原的仙境中。景区面积62.29平方千米、水域面积4.16平方千米，是内蒙古西部草原库容量最大的水库之一。水库扼阴山北坡的两座山峰夹谷，东南山体上有属秦汉长城系列的“当路塞”（汉军修建于山谷之中，用于阻断对方进攻的短墙或城障之类军事设施）遗址，气势雄伟，历史底蕴深厚。德岭山水库，已被内蒙古自治区农牧业厅授予“内蒙古自治区无公害渔业产品产地”，同时被内蒙古钓鱼协会指定为自治区垂钓基地，被巴彦淖尔市指定为龙舟训练基地。2014年9月24日，被国家水利部授予“国家水利风景区”；2016年11月，被国家农业部授予“农业部水产养殖示范场”。

德岭山水库

水库景区内主要景点有秦汉长城、当路塞、国家风蚀冰臼地质公园、阴山岩画、自然奇石林、同和太草原、旅蒙商道、蒙地汉租水利工程遗迹等。

景区总体规划建设100顶蒙古包，今已经建成55顶，可同时容纳600人就餐、200人住宿的富有民族特色的蒙古包群，在这里人们可以享用特色美味的蒙餐和别具风味的全鱼宴餐。水上娱乐项目有摩托艇、飞鱼、快艇、竹筏、水上自行车等。

起初这里是一处自然河道，河水在两山夹谷前形成了一个红泥潭，潭水清澈，山水相连，河道进入山中，沿河谷南下，直通山南平原地区，河岸碧草茵茵，景色优美。秦汉时期，这条河道便是匈奴人进入汉家领地的通道之一。相传，由于这里地势险要，水草丰美，既是游牧最佳之地，又是驻防和出进阴山的必经之路，匈奴人在这里建起了匈奴王城，据说公元前3世纪的头曼城就建在这里，还有一说这里是呼韩邪单于请住光禄塞下的塞下之地。至19世纪中期，乌拉特蒙古王爷学习汉族治水的经验，进行局部生态治理，在“红泥潭”上游河槽两侧冲击形成的河滩地上修建了水坝拦截地表径流，开发成可灌溉的肥沃土地。蒙古王爷拉森甲坝将开发出的土地租给汉人耕种，汉人用所种粮食缴付地租，并将秸秆送给当地牧民，既解决了蒙古族牧民的口粮问题，又提供了牲畜过冬的饲草，这就是史籍上所称的“蒙地汉租”，又叫甲坝地。不管传说真假，山上的塞城和烽火台的确存在，像在风中诉说着那段遥远的历史。

另，1927年8月，中国西北科学考察团成员黄文弼先生向该团理事会报告：5号，至黑柳图河（海流图河）一带发现了一座汉代兵营遗址，发掘获得铜铁器240件，骨器42件，瓦类766件，杂项21件。其中有铜箭头、弩机等古代兵器，还有古币、鎏金铜器、带钩、铁片、陶片等文物。以发现器物证之，确为汉代兵营在此。东北尚有古时烽火台，为当时设戍卒处，则此处之为兵营，更为可能。又此地当为五原北境，汉时出兵攻击匈奴，由五原者，道必由此。则西利山为汉之要塞，此处即汉屯兵之所，无可怀疑者，故弼谓汉军营也。尚待日后查证发掘物再考证。**（兰建忠补记）**

3. 阿其山叉枝圆柏生态保护旅游区

阿其山（阿尔其山）位于乌拉特中旗政府驻地东北方向约54千米处，地处新忽热苏木境内。阿其山绵延几十里，山势险峻，山体独特，气候凉爽，风景秀丽。山中集中生长着我国稀有树种——叉枝

阿其山叉枝圆柏自然保护区

圆柏，俗称爬地柏（因枝蔓匍匐地面生长而得名），占地约20万亩，葱葱茏茏，四季常青。山中有多种野生动植物资源，还有具有代表性的阴山岩画，品位极高。伴生有杜松、山榆、蒙古扁桃、黄刺梅小叶荆棘和一些耐旱草本植物，野生动物种类也较多。

4. 风蚀冰臼地质公园

该园区位于乌不浪口桥北，占地面积18万平方米，以“奇、巧、怪、灵”为特色，被评为国家AA级景区。园区内自然景观独特，石头造型千奇百怪。该区的花岗岩石林，是属于华力西晚期侵入岩中的花岗闪长岩或闪长岩，是由红旗店期闪长岩和玛尼吐庙期花岗闪长岩岩体经冰川及风化剥蚀作用而形成的石林奇观，这是一种介于花岗岩石林与石蛋地貌之间的过渡型低石林。

花岗岩石林，是指由于暴露地表的花岗岩在冰川作用、断裂、流水、冻裂、差异风化、重力崩塌及风蚀等地质作用下形成的一种水平节理和垂直节理高度发育、顶部参差不齐的地貌。花岗岩石林是最近几年新发现的一种花岗岩景观。由于最早发现于赤峰市克什克腾世界地质公园，且该区的石林规模最大，范围最广，保存最完整，最具典型性，故称之为“内蒙古石林”，也有学者称之为阿斯哈图花岗岩石林。

此外，该区位于北纬42°左右的盛行西风带上，年大风日数平

风蚀冰臼公园

均为53～74天，其中年沙尘暴日数平均为6～27天，主要集中在春季，所以花岗岩石林在形成过程中会受到长时间、强气流的吹蚀。风蚀主要表现为对石林形态的修饰作用，使原来沿节理面发育的棱角状的顶部磨蚀成浑圆状，形成奇巧多姿、形态各异的怪石。风蚀作用还使迎风面分布的凹坑磨蚀并不断加深扩大，形成直径30～50厘米，深15厘米的椭圆形风蚀洞穴，有的甚至会被磨穿成孔洞，形成魅力独特的风蚀景观，这里可以说是山有山形，岩有岩相，让人们尽情领略造物主的鬼斧神工的奇妙，感受这山风徐来、如天之语、环胸绕耳、美妙绝伦的大自然的恩赐。

5. 牧羊海湿地

牧羊海，也有“牧鸭海”之称，位于乌拉特中旗西南阴山南麓，地处东经108°23′～108°35′，北纬41°15′～41°33′，北靠阴山，南邻黄河，是黄河退水和阴山泄洪形成的一处天然淡水湖泊湿地，也是我国西部五省区同一纬度唯一一处湿地，亦是乌拉特中旗境内唯一的一处淡水湖。这里地势平缓，坡度小，地貌简单，由于地势低洼，是天然的一处泄洪区，加之这里是黄河故道，历史上黄河曾经北距阴山很近，现在的河套平原就是黄河冲积扇所形成的，黄河逐渐南移后，在原来河道低洼地留下许多积水，久而久之这些积水和阴山洪水相互作用，就在这里形成湖泊、沼泽、湿地，原来由大大小小20多处天然海子组成。有名的如刘铁海子、王八海子、大汉海子等，所有这些海子，组成了牧羊海整体，在洪水大的年份连为一体，水枯年份又形成附属于牧羊海的各个小的湖泊。湿地占地面积约4000公顷。二十世纪六七十年代，这里曾是广大兵团战士和知识青年“戍垦边疆”“上山下乡”的地方，是他们的第二故乡，因此，牧羊海湿地公园可以说是具有得天独厚的自然资源和人文历史资源。

牧羊海湿地的地理位置优越，向东可以连接呼和浩特、包头、鄂尔多斯等地，向西可以连接临河、宁夏等地，向北可以开辟“牧羊海湿地公园—乌不浪口烈士陵园—风蚀冰臼国家地质公园—秦长城—奇石林—阴山岩画—海流图生态园—甘其毛都口岸—国门—界碑”黄金旅游线路。发展前景十分广阔。

6. 温根塔拉草原旅游区

温根塔拉草原旅游区位于海流图南12千米的草原地带，它是目前巴彦淖尔市最大的蒙古包群，集餐饮、住宿、娱乐、购物为一体的旅游区，温根在蒙古语里意为纯洁的处女地，塔拉是平坦的大草原之意，合起来意为圣洁的大草原。一片神奇的草原，一方祥瑞的土地。旅游区集草原文化、边塞文化、乌拉特蒙古族文化于一体，精心打造内涵深厚、特色鲜明的旅游项目。

旅游区的蒙古包群坐落在一片开阔的草场上，以“宝”字头加“八”字形排列，有招财进宝之意，形成了独特的蒙古包群文化。这种布局的蒙古包在战争时期更有利于

温根塔拉草原旅游区

牧羊海湿地公园

温根塔拉草原旅游区全景

士兵们快速集合、用餐和疏散，也有利于营区的防火。每个蒙古包是由10个哈那扇子、72根乌尼杆、1扇门、1个陶那和15块纯羊毛毯组成。旅游区开设有餐饮住宿、文艺演出、蒙古族赛马、摔跤、射箭竞技表演、野游、阴山探险等观光项目。

新近特别推出温根峡谷游项目，独特的地貌地形、秀美的山崖树木、奇特的山间瀑布、神奇的阴山岩画、长城古迹、珍稀的野生动物、美丽的传说，构成了这块土地的厚重与神秘；而峡谷游历则让游客直接体验圣泉瀑布、奇石景观、牧人生活、岩画寻古、索道探险等。

7. 海流图生态园

生态园位于海流图镇东北角，紧邻镇区，总面积10350亩。始建于2002年，园内建有一座高9.9米、直径30米的标志性建筑——“生态园敖包”。这个敖包共用石约4000立方米，它用石块堆砌成阶梯状，敖包顶端插有神树，神树上插有彩条，又叫“神幡”，“神幡”共有5种颜色——红、蓝、白、绿、黄。红色代表红火，蓝色代表蓝天，白色代表白云，绿色代表草地，黄色代表大地。敖包作为蒙古民族文化的代表形式之一，已不再是单纯的石堆、路标了，它已融入了更多的文化内涵，是蒙古民族祭祀文化的载体形式之一。

每年8月18日，这里都会举行一年一度的草原圣会“祭敖包”。这个时候，牧民从四面八方云集在敖包下，用五彩花卉、彩条将敖包装饰起来，举行祭祀活动。祭敖包的传统方式有四种：一种是“火祭”，是在敖包之前点燃篝火；一种是

海流图生态园——敖包

“食祭”，是在敖包前摆设食品、糕点、全羊等；一种是“石祭”，是边走边把脚边的石子抛到敖包之上；还有一种是“玉祭”，即旧时蒙古王公贵族祭祀时，一边围绕着敖包转，一边把随身携带的银币和玉石抛到敖包之上，以表达自己的祈福之心，当然这种祭祀方法现在已经不再流行了。人们围着敖包顺时针转三圈，然后焚香许愿，祭奠完毕之后，还会举行各种各样的文体活动，像蒙古族传统项目赛马、射箭、摔跤等。

园内还有多尊雕塑，像《吉祥三宝》小品像、《大地五体雕塑》《憩一会儿》《巨石阵——史前遗迹》等。

经过十几年的打造建设，至2016年末海流图生态园已完成基础设施建设和绿化美化工程，被誉为乌拉特中旗的动植物“博物馆”。

8. 乌不浪口烈士陵园

乌不浪口，位于阴山西段的狼山段东端，是河套平原与乌拉特草原的重要隘口和天然屏障。抗战时期，这里点燃抗日的烈火，绥西抗战中乌不浪口守军对入侵之敌进行了英勇抗击，留下了可歌可泣的抗日史话。1940年1月31日，配属国民党傅作义将军指

海流图生态园一角

烈士陵园全景

挥的宁夏马鸿宾部马腾蛟三十五师守军，在乌不浪口与侵华日军进行了一场殊死阻击战，阵亡官兵1000余人，后有148名烈士的遗骸安葬在这里。

陵园位于乌拉特中旗乌不浪口南口西300米处，乌不浪口抗日烈士陵园初建于20世纪40年代，初为抗日烈士公墓，经过多年的风蚀雨剥，到20世纪90年代，这处烈士公墓已满目疮痍。1995年，乌拉特中旗人民政府投资50万元重新修缮这处抗日英雄烈士公墓，并改名为乌不浪口抗日烈士陵园。陵园由烈士墓地、纪念碑、照壁、纪念广场、周边绿化带组成。穿过镌刻着“乌不浪口抗日烈士陵园”10个金色大字的园林大门之后，展现在人们面前的是气势宏伟的“抗日民族英雄纪念碑”和纪念碑广场。纪念碑仿汉白玉建筑，碑身下部的碑基四周是汉白玉浮雕，从几个侧面再现了烈士们英勇杀敌的壮烈情景。其后对称新建两个大型仿汉白玉浮雕照壁，背面为大理石刻碑记及工程简介，纪念碑四周及墓群之间新建500平方米的纪念碑广场。俯瞰整个烈士公墓，背靠阴山，庄严肃穆，纪念建筑气势宏伟，建筑风格迥然不同。这是一处彰显西北地区抗战历史的基地，是纪念为国捐躯先烈的净地。加强陵园的保护和维修，对我们记忆和收藏那段壮烈岁月，进行爱国主义教育有着极大的意义和价值。2006年，乌拉特中旗人民政府将其列为旗级文物保护单位和爱国主义教育基地。同年经申报列为自治区级重点文物保护单位。

9. 黑石胡军事设施

该遗址位于乌拉特中旗乌不浪口西3千米五海路北侧200米的阴山南麓的台地高坡处，平面呈圆形结构，用黑褐色的卵石堆砌而成，现已全部塌倒。上、下两个炮台，上面的是大炮台，直径约为20米，残高1米；下部为分炮台，直径12米，残高1米。这处炮台是20世纪中国抗日部队在修筑防御工事

黑石胡炮台

东公旗王爷坟陵园

时，利用古烽燧遗址所建。炮台南俯河套平原，东与乌不浪口抗日遗址相连，共同构成防御体系。

10. 东公旗王爷坟陵园

该陵园位于石哈河镇东南部北境内的乌拉特中旗、乌拉特前旗及固阳县三地交界处。王爷坟修筑于20世纪30年代，是东公旗札萨克贡嘎色楞、巴云英和额尔克色庆等王爷家族的墓地。2007年，乌拉特中旗人民政府对其进行了修缮，建成东公旗王爷坟陵园。陵园地势特别，风水地理为东、西、北三面环山，南为佘太川和东西走向的村级公路。

11. 宝格达王爷府旧址

该遗址距乌拉特中旗海流图直线距离34千米，东距温更镇25千米。旧址坐落于四面环山的平台高地上，西面由一条山间小路通向这里，地势隐蔽。旧址由32座蒙古包地基组成，分布面积为1.5万平方米，残高0.3～0.5米，大包全部石基直径为6米。据考证，这处王爷府旧址建于20世纪40年代末，是为逃避战乱而迁居于此，1949年初西迁至阿拉善，1949年末迁回中公旗境内西北部。

12. 窑子土城堡

该土城围子位于石哈河镇，城址坐北向南，南有城门，门宽5米，围子平面呈长方形，墙体为土夯筑，南墙与西墙尚有墙体遗存，墙体残高1～2米，东墙大部已坍塌，北墙部分坍塌。土城南北长220米，东西宽200米，墙宽1米。土城围子整体保存一般，整个建筑形制为土城堡类防御设施。据调查，此城堡建于20世纪30年代初，主要是为防御战乱和土匪骚扰而建。当时这一地区的农耕业经过几十年

宝格达王爷府旧址

石哈河窑子土城堡

的时间，在晋、陕、冀等地“走西口”移民的劳作下，农业得到了空前的发展，“村落乡里”的农耕文明的生活习俗模式已基本形成。为保一方平安，当地村公所筹集粮款，修建了这个土城围子。它从一个侧面反映了20世纪30年代这一地区的社会风貌，对于研究清末民初乌拉特地区的社会发展、农牧文化的融合、走西口移民的史实具有较大的价值。2008年全国第三次文物普查时，旗文物管理所对其做了详细的调查，2010年公布为巴彦淖尔市重点文物保护单位。

13. 烂营盘古道驿站遗址

遗址位于德岭山大后店村西3千米处的固查线路北，占地面积约1200平方米，平面呈方形，遗迹明显可见，由围墙和房屋等组成，围墙残高1～2.5米，堆积层1米多高，堆积有砖、陶、瓦、瓦雕等物件，当地老乡称之为“烂营盘”，据说是二十世纪三四十年代的地方武装的一个营盘遗址。根据遗存物及实地调查，初步判断它不是一个军队营房遗址，大量的砖、瓦、瓦雕、瓦当等器物表明，它具备民居建筑风格，而且，其建筑构建的年代也绝不是20世纪。判断它是一处黄河故道渡口遗址，随着黄河河道渐渐南移，这处遗址到清代中后期时，成为联通东西绥新线的古道驿站，它东接乌镇和包头，南临黄河旧道，地理位置重要。至二十世纪三四十年代时，成为西北军部队及地方武装的营房。后来因为绥新

烂营盘驿站

温根山谷鸟瞰图

线的改道，东边的商贸集散地乌镇也被日本侵略者烧毁，这处驿站在二十世纪四五十年代渐被废弃，后坍塌。故此，当地群众称其为“烂营盘”，虽然具体定位还在进一步调查评估中，但对它的进一步调查考证，可对我们寻找绥新线旧道、研究黄河故道、河套地区的历史风貌会有很大的帮助。

14. 温根山谷（温根峡谷）

山谷是深度大于宽度、谷坡陡峻的谷地，一般发育在构造运动抬升和谷坡由坚硬岩石组成的地段。而山谷则是两山间低凹而狭窄处，其间多有涧溪流过，与其说是温根峡谷不如说是温根山谷似更为恰当。

温根山谷位于温更镇希日朝鲁嘎查南10千米的阴山之中，呈Z字形，沿山向南而出，长约20千米，由花岗岩、玄武岩山体崖壁，以及瀑布、河床、绿地、沙滩、树木等组成山谷景观,这里地貌独特，景色宜人，有奇特的山泉瀑布，神秘的岩画怪石，珍稀的野生动物，美丽的传说故事,游历于山谷之中，让人有亲历自然、触及远古、探秘历史、品贤天工之感。

温根，蒙古语圣洁之意，温根山谷即是圣洁山谷之意，这里虽没有南方的那种秀美景色，但它有一种裸露的美，一种粗犷的美，山谷里小溪潺潺，怪石突兀，地质遗迹遍布，文物古迹遗存，它给人以宽广的想象空间,天蓝云淡,微风拂面，畅游谷中，有尽享自然、脱俗超然

昭君望乡石

之感。

游览于山谷深处，四周的悬崖绝壁齐刷刷地直插大地，斑驳的色彩更是风雨侵蚀、地质运动的结果。石无语，岩可言，这一块块不言语却饱含时光印记的石头，让花岗岩、玄武岩给人们讲述阴山与草原的故事："牧童守羊、女娲遗石、母子情深、金蝉送福、埃及人面像、仙人指路、神雕侠侣……"正所谓一万个人心中有一万个哈姆雷特，一万个人心中也有一万个"温根山谷"。山谷内景点与传说：

"查布其"马蹄泉

此泉银光闪闪，犹如牧马人的银白骏马蹄踏而成，泉水清澈凉爽，涌流不断，是上好的矿物质泉水，置身泉边绿油油的草地上，眼见蹄印状的岩石缝隙中渗出水来，形成细细的泉流，潺潺下溅，泉眼名为"马蹄泉"，蒙古语为"查布其"。亲历山谷，你会看到许多奇异山石，造型别致，有埃及人面像、牧童守羊、昭君望乡石等景观，令人浮想联翩。

昭君望乡石

这一景观是将历史人物与奇石景观石联系起来，让人有睹景怀旧之感。传说，昭君出塞后，常思念家乡，每当这时她便来到山谷，站在高山之上，远望汉家山水，久而久之，石头有情，幻化成真影，永立于此，望乡思乡。

牧童守羊石

传说很早以前，谷中住着一户牧民，牧户的儿子牧羊童经常放牧于此，对这里的山水熟悉又感亲近，忽一日，暴雨狂泄，山洪大发，冲走牧童的羊，冲走山中的树与房，牧童想回家，但又担心父母责怪，他望着眼前的景象，伤心极了，于是，他就站在这里等着羊儿归来，等着树儿长起，等呀，等呀，后来他变成岩石，再后来，上苍感动，把羊变成卵石，让他们永久相守，于是，就有了牧童守羊的故事。

其他怪石

有一景观，犹如一对肝胆相照的蒙古族安达兄弟立于山间，他们的情缘感动天地，友谊万古长存。

纵深山谷，还会看到金龟石、鸡鸣石、圣女穴等景观。有道是“南有人根峰，北存圣女穴”，冥冥之中，大自然造化着天地间阴阳之道。

移步换景，秀色纷纭，大有曲径通幽之美。这时，你想象空间更会填充奇特之力，鬼谷子之背影，老鹰之狂大，神雕侠侣的故事更令人身心大振。

值得一提的是，山谷里的布日金石椅。在乌拉特草原，大力士布日金的故事广为流传，他是一个力大无比的蒙古汉子，是49个蒙古旗的头名摔跤手，他常常背着母亲和蒙古包游走，遇山开路，遇石架桥，草原上许多飞来石、风动石都是他抱起放下的，而且都有故事。据传，这对石椅是布日金经常背母亲时的座椅，有一天，布日金来到温根山谷，这里的景色令他兴奋不已，他将母亲和座椅放下，共赏美景，并想到河边戏玩，抬脚蹦上一块巨石，他二话没说，抱起巨石放到石椅之上，于是，当地就有了布日金石椅的故事。

还有女娲遗石，也是相当奇妙的景观，女娲娘娘在炼五彩石补天时，将一些小块碎石丢到阴山，于是，在阴山之中人们常能看到飞来石、风动石之类的奇异石体。当然，这是传说故事，其实，这些山体怪石的成形是几亿年前地球造山运动期和第四世纪冰川共同作用下的结果。随处见到的冰臼遗迹、乱石阵、

温根峡谷

龟背石等就是大自然的造化。

由山谷转道沿山向小路而行，你会看到另一种景色，先民居落遗址、长城烽燧、岩画古迹，会让你感受边塞的长烟、先民的遗风，及近谷顶，突然幽深曲窄，碎石遍地，只有一条石阶曲曲折折，深入绿荫云端。不禁拾阶而上，环顾四周，峡群山环绕，美丽得一发不可收拾。

山因水而祥瑞，水因山而灵动，山水因情意而缠绵厚重。温根山谷胜在三者兼得，怪异百态的石山，潺潺的溪流，动人的故事。山，峭壁成岭；水，奔流而下；友，汇聚草原。这里的原始让人感觉朴实，这里的青绿让人感觉亲切，这个时候，你会有种亲近大自然的冲动，掬一捧清泉，沁人心脾，让思绪飞翔，让性情放野，在这里把尘世遗忘，活脱脱的一个世外桃源，更妙的是，这里难得的清静，原生态阶梯一级级绕上山顶，路途劳累，一边歇息，一边贪看这层峦叠嶂的群山峻岭。

置身于幽谷之中，感觉天地浑然一体，仿佛所有纷扰躁动的灵魂都能得到平息，顿时心中一切忧心事不翼而飞，身和心在这里得到放松。

14. 千年古榆

古榆位于甘其毛都镇伊很查干嘎查境内，蒙古名叫布敦毛都。据林业部门检测，此树树龄约有千年，是一棵千年古榆树。该树躯干离地后分为两杈，其中粗杈需5人

千年古榆

合抱，细杈需 3 ~ 4 人合抱，总干粗 8 人未必能合抱。此树与陕西黄帝陵中的那棵柏树粗细相当，现在它已成为乌拉特中旗旅游风景线上的一个诱人的亮点。

15. 滨河水系景观工程

该项目以海流图北山口为起点，沿西北、东南方向斜穿新旧城区，终点进入温根河槽，总长度 3.3 千米，平均设计宽度 60 米，分为新区和旧区两段，该项目以水为轴，通过水系景观，沿岸绿化和蒙元文化特色的小品景观将水、绿、文化三位一体有机结合，打造海流图地区的城市绿色长廊、文化长廊。

水文章

充分利用洁源污水处理厂回用的中水，海流图滞洪区积蓄的雨水以及其他水源补充，在新旧城区形成 6.6 万平方米的景观水面，并通过水体蒸发形成的水汽和定期排灌绿化实现水系的良性循环，最终对周边气候环境起到改善和调节作用，进一步改善城区生态环境。

绿文章

沿水系两侧建设宽度分别为 20 米的绿化带，主要种植适应温更地区生长的杨、柳、榆乡土树种和油松、云杉、侧柏、桧柏等常绿树种，搭配山桃、丁香、玫瑰等灌木以及马莲、景天等地被植物，达到以乔灌木搭配花草绿地为背景的立体景观效果，形成一条城市绿色长廊。

蒙古族文化元素

沿景观水系建设有尚水园、礼宾园、休闲广场等景观节点，建设民俗博物馆、雕塑墙、马头琴、景观桥、哈达球、仿木凉亭、景观灯、图腾柱、石栏杆、黄河龙等一系列带有蒙元文化特色的小品和建筑，从而来体现乌拉特中旗的地域文化特色。

16. 哈萨尔公园

哈萨尔公园位于海流图镇新区，总用地面积 6 万平方米，是一个展示乌拉特部落历史、文化、民俗、民艺和集娱乐、游憩于一体的综合性民族公园。

公园采用对称式布局设计，严谨、活泼、和谐。整体由休闲区、纪念区、文化区三部分组成。

纪念区是整个公园的核心区，区中央为蒙古族英雄、乌拉特先祖哈萨尔的大型铸铜塑像，总高度 30 米；塑像南侧运用中国特有的“墙”文化艺术形式，展现乌拉特部落西迁后 360 多年发展史主题浮雕。北部为文化区，有为开展各种文化活动设置的“凸”形舞台。台

滨河水系景观

上整齐排列着8根图腾柱，象征着蒙古民族对强者和先祖的崇拜，寓意蒙古民族自强不息、奋发向上的精神风貌。舞台南侧是夏季音乐喷泉和蒙古象棋人物造型。

广场南部为休闲区，设有民俗、民艺雕塑园区、岩画艺术展区、奇石区和健身区，为广大居民提供了一个优美的休闲、游憩场所。

公园硬化部分采用不同形状、色彩的铺装材料，拼装成精美的蒙古族民间图案，与公园整体各种植物的绿化构图形成和谐统一、极具民族风格和特色的景观效果。

历史人物哈布图·哈萨尔

哈布图·哈萨尔(1164—?)也速该次子,成吉思汗铁木真胞弟。自幼善射，箭法超群。“哈布图”一词是契丹语射箭百发百中之意。青年时代哈萨尔协助铁木真参与统一部族、统一蒙古民族的伟大事业，为蒙古族各部的统一及建立大蒙古国立下了不朽的功勋。

1206年，铁木真建立大蒙古国，被推为蒙古大汗，尊称成吉思汗。成吉思汗打乱过去蒙古旧有的部落体系，将蒙古高原牧民组编成千户，分别授予家族成员。哈布图·哈萨尔被授予四千户属民，并以呼伦湖周围及额尔古纳流域为其领地。关于他去世的时间，一说是哈萨尔于1226年在随成吉思汗出征西夏王国的途中猝然去世。

哈布图·哈萨尔传奇

传说成吉思汗的大侄儿在与西夏军的战斗中不幸阵亡，圣主听到这个不幸的消息之后非常愤怒，于是亲自统率数十万蒙古铁骑，决心彻底消灭西夏王朝。随同圣主出征并担任先锋官的是他的胞弟哈布图·哈萨尔。大军行至牟纳山西山嘴时，由于河套地区黄河洪水泛滥，大军无法渡过，只能在西山嘴安营扎寨，等待黄河洪水退去。有一天早晨，一只红角鸮飞来，并在中军帐门口尖叫。古人认为红角鸮是不祥之鸟，加上因洪水耽搁其行军计划，闷闷不乐的成吉思汗就命神弓王哈布图·哈萨尔射死那只红角鸮。哈萨尔毫不犹豫地举弓射箭。然而，哈布图·哈萨尔射出去箭的一刹那，突然飞来一只喜鹊挡在中间中箭死去，而红角鸮却逃之夭夭。

看到此景的成吉思汗非常生气，于是以违抗军令的罪名下令逮捕了哈布图·哈萨尔。

第二天，成吉思汗命军士在西山嘴北坡挖了百丈深的枯井，把哈布图·哈萨尔囚禁在井里，并用

哈布图·哈萨尔雕塑

巨石掩盖了井口，只留下一个通风、送食物的小口子。成吉思汗还为了防备哈布图·哈萨尔的部下前来解救，派重兵把守在枯井周围，以防不测。

当成吉思汗的先锋军向西进发，并行至牟纳山西山嘴西面的一个土城时，突然狂风四起，在大黄风中跳出许多豺狼虎豹向成吉思汗大军猛扑过来。战马见状掉头就跑，军队不得不撤到原来的驻地牟纳山西山嘴，这时天空已变晴朗，那些虎豹怪兽们已经无影无踪。第二天，大军再次渡河西进，情况依旧。于是，先锋官把这一情况禀报给还没有启程的成吉思汗。成吉思汗命耶律楚材调查此事。

耶律楚材的调查结果出来了。原来，这个土城里住着一位会妖术的西夏国巫婆。每当成吉思汗部队前进时，她就爬上韩乌拉山，用神勺从黄河里舀出河水向来犯之敌抛洒。当她念咒语时，狂风四起，天空中出现无数的豺狼虎豹和妖魔鬼怪杀向成吉思汗的兵马。

成吉思汗问耶律楚材：“谁能制服那巫婆？”

耶律楚材回答：“除了哈萨尔神弓之箭，无人能与她匹敌！”

于是成吉思汗下令，解除了囚禁哈布图·哈萨尔的命令，并把射杀巫婆的任务交给哈布图·哈萨

尔，让他立功赎罪。

盖在囚禁哈萨尔的枯井井口的巨石有蒙古包那么大，众将士用多条牛皮绳把巨石挪开，再用百丈绳索把大吊篮放下去。

在枯井里已经被囚禁了几个月的哈布图·哈萨尔已经没有了昔日的神勇，他紧闭着双眼不回答人们提出的任何问题。

当耶律楚材向哈布图·哈萨尔传达成吉思汗的命令时，他用十分微弱的声音告诉耶律楚材："我的身体十分虚弱，射杀巫婆需要恢复体力。为了迅速恢复体力，需要每天吃一只无杂毛的黑绵羊的肉，并连续吃一百天，我的体力才能得到恢复，也就能执行汗兄的命令了。"

吃了一百天黑绵羊肉之后，哈布图·哈萨尔的体力得到恢复。于是他爬到牟纳山哈达门口北坡上，举起神弓，扣上神箭，拉弓拉了整整一天一夜，第二天早晨，向西放了一箭。这天清晨，西夏巫婆上了韩乌拉山，准备再用神勺从黄河舀水施展妖术，杀伤蒙古军。当她爬到山顶时发现从东边飞来一团火球。巫婆看到火球，心里想：是太阳出来啦还是飞来的哈布图·哈萨尔的神箭？

当她辨别出这是哈布图·哈萨尔射出的箭，并猜测到自己可能会被杀死时，便口念咒语："天下的汗王们不要活到五十岁，黑绵羊的数不要达到一百只。"

这时哈布图·哈萨尔的神箭已经射穿巫婆的咽喉，巫婆从山上滚下来。她倒在地上，想站起来，见眼前有一堆刺沙蓬草，便揪住刺沙蓬草。可刺沙蓬草草根浅，经她一拉，连根拔起。巫婆气得骂道："生长的时候还是要生长，根须不要扎得深。"据说，从此刺沙蓬草夏天长势很旺，到了秋天根系没有长全，等冬天时，就被连根拔起随风翻滚起来。

这时，巫婆发现跟前有一头骡子在吃草，她爬到骡子跟前，想抓住骡子站起来，可那个骡子不但不配合，还用后腿踢了她一蹄子。巫婆气得骂道："该死的骡子，今生可以生，来世断子绝孙。"

据说，巫婆的咒语很灵，从此骡子没有了生育的功能。

西夏巫婆被射死了，人们为了纪念这一历史事件，把哈布图·哈萨尔放箭壶的高山命名为"沙德盖山"（意为箭壶山）；把巫婆扔掉神勺的山叫"西那嘎山"（意为勺子山）；把被巫婆的血染红的山称为"乌兰乌拉"，即"红山"。

这些地名称呼沿袭至今。

乌拉特西迁 300 年 走向新纪元

HUASHUONEIMENGGUwulatezhongqi

乌拉特西迁300年 走向新纪元

WULATEXIQIAN300NIANZOUXIANGXINJIYUAN

岁月承载历史脚步，草原积淀文明精华。追寻乌拉特变迁记，越过360多年，你来自两千里之外的呼伦贝尔，1万多名乌拉特官兵与家眷完成了一场民族大迁徙。

乌拉特部

乌拉特部，蒙古部之一，元太祖成吉思汗胞弟哈布图·哈萨尔十四世孙布尔海嫡系后裔统领之部。“乌拉特”，在汉文史籍中又有乌喇特、乌拉忒、吴喇忒、吴拉忒等不同译称。“乌拉特”在《二十八卷本词典》中解释为“制造各种各样东西的人皆为匠”，“乌拉特”一词读音“Urad”便是蒙古语“工匠”（Uran）之复数读音，即“工匠们”（Urad）。另外，在《蒙古源流》一书中记载，金汪古部第三代首领囊古特乌兰昌贵因其精于手工技艺获头衔“斡冉”（Uran），“斡冉”即“工匠”之意，“斡冉”音转“乌拉特”（Urad）则是“能工巧匠”之意。因此，乌拉特部是“能工巧匠聚集之部”的意思。

另外，对“乌拉特”一词的来历有三种解释：一是“先锋”之意，二是“敖日古德”姓氏的后代，三是“能工巧匠”的意思。前两者没有有力的历史依据，学者仁庆嘎瓦先生解释道，乌拉特部落的出现是游牧社会生产生活细化，产生了专门制作蒙古包、勒勒车、家私、武器装备的能工巧匠，这一部分人首先集中在成吉思汗政治中心哈日好日玛，后来人数增多，需求量增大，让他们搬迁到木材及鱼胶盛产的兴安岭一带。这些人就是乌拉特部落的前身。

而《绥远通志稿》称：“元太祖、世祖之平诸部，每得一地，辄拔其壮丁及百工技艺之人，以编隶属于子弟群众暨诸将校，俾统率之，而成一族。迨从征既久，则昔之选拔而来者，渐成不可离之部曲。厥后主将受封或食邑某方，或赐牧某地，则昔之部曲相随者，遂变为永世隶属之部民矣。于是此

部之称号，即往往以所统种族之名以为名。……不过元代成功时，概以蒙古一语括之，遂使多数部族人民，悉泯然忘其名称所由来，此皆历史简略与夫语言制度之融化驱策有以使然也。”由此看来，元太祖、元世祖不但器重谋士将才，也非常重视百工技艺之人，乌拉特部落是在蒙古铁骑驰骋沙场、征服别邦之地时为其铸造坚甲利器、车辆辐辏的铁匠、木匠、银匠聚集之部落，太平时期分给哈布图·哈萨尔的属民。

2010年，内蒙古大学蒙古学研究中心研究生青松在田野调查时，采访了原乌拉特西公旗人、83岁的恩和巴雅尔老人，老人家说：当圣主成吉思汗在位时，占有了大量的工匠，让一部分人从事农工，制造军事所用的弓箭、刀剑等兵器，这些人一开始被称作“Uran darqan”（工匠们），久而久之将这些专门制造军事装备的人称作“Urad”（乌喇特）。迄今，对于“乌拉特”的释义仍在探研之中。

1206年，成吉思汗征服蒙古高原各部后，在斡难河建立蒙古大帝国。之后，成吉思汗打破原有的氏族部落系统，组建起千户制度，把基本军事单位和地方行政单位融为一体，将拥护自己的部落分属于以亲族、驸马、功臣为首的千户，再把被征服的各部百姓拆散分配到各千户之中，使他们脱离原有的氏族血缘纽带，许多原有部落的界限从此消失，开始形成蒙古国的百姓。当时，成吉思汗弟哈布图·哈萨尔分得四千户，以呼伦湖周围及额尔古纳河、海拉尔流域作为领地。成吉思汗统一漠北后，将西起突厥语部落乃蛮故地，东至额尔古纳河流域以及外兴安岭这一地域分给哈布图·哈萨尔。

15世纪中叶，在漠北的哈布图·哈萨尔后裔统治下的部众，仍在外兴安岭、石勒喀河和额尔古纳河流域一带游牧，这一地域的哈布图·哈萨尔后裔以科尔沁为总的部号。

16世纪中叶，哈布图·哈萨尔后裔十四世孙布尔海仍留居石勒喀河与额尔古纳河流域之间，布尔海开始称所部为乌拉特，后分为三部。

到明朝末年，逐渐形成西至贝加尔地区，东至额尔古纳河流域的成吉思汗诸弟后裔所统治的部众，有阿鲁科尔沁、四子、乌拉特、茂明安、翁牛特、喀喇车里克、伊苏特、阿巴嘎、阿巴哈纳尔部，统称为阿鲁蒙古。其中，茂明安部与东邻乌拉特部游牧地在大兴安东北一带至石勒喀河、额尔古纳河流域以及尼布楚地区。

后金天命十一年(1626 年)，努尔哈赤之子皇太极继后金国大汗位,继续执行努尔哈赤的既定方针，对漠南东部的蒙古部首领采取笼络、利诱和争取的政策。后金天聪四年（1630 年），皇太极依靠归附不久的阿鲁科尔沁和四子部落首领，想争取乌拉特部归附，但乌拉特部首领表现出犹豫观望的态度。

天聪六年（1632 年），随着蒙古最后一位大汗——察哈尔林丹汗抗衡后金失败而西遁，察哈尔蒙古被后金武力征服。天聪七年（1633 年），乌拉特三部开始向皇太极进献驼马，表示归附后金。

后金为了更有效地直接控制和统治“内附”的阿鲁蒙古诸部，下令这些驻牧原地的各部向内迁移，其中，乌拉特部内迁呼伦贝尔草原的呼布图奈曼查干、图门乌力吉一带。乌拉特、茂明安等阿鲁蒙古诸部内迁后，致使原驻牧地区出现了无人地带，清空了中俄缓冲地区，客观上造成了中俄《尼布楚条约》的产生，使中国东北部地区外患环生。

天聪八年(1634 年)，林丹汗病死后，察哈尔部众溃散，一部分进入明朝边境大同、宣化府地区。于是，皇太极再次发动对察哈尔残部清剿的军事行动，攻打明朝边境断绝其退路。刚刚归附后金的乌拉特部立足未稳，官兵即被征调战争前线。《清史稿》记载：以图巴为首的乌拉特三部奉命跟随后金军队，由察哈尔部南境喀喇鄂博入明边得胜堡，攻打大同，攻克 3 个边堡、1 个烽火台。师旋（后金军队

草原上奔腾的骏马

回归后），以奈曼、翁牛特违令罪，各罚驼马，诏分给所部。之后，乌拉特部又跟随后金部队征伐朝鲜、喀尔喀，并参加了攻克明朝山海关内外的蓟州、锦州、松山等地的战争。顺治三年（1646年），参加平息苏尼特东路首领腾机思叛清的追击战，在扎济布鲁克击败支持腾机思的喀尔喀土谢图汗、车臣汗联军。乌拉特部为清朝统一天下立下了汗马功劳。

西迁戍边

清朝顺治五年(1648年)，清政府论功行赏，乌拉特部随大军征战及“追剿腾机思等功”（《清世祖实录》卷三六，顺治五年正月，甲寅条），将乌拉特三部改编为乌拉特前、中、后三旗，封图巴为札萨克镇国公，掌乌拉特后旗；时因鄂木布、色棱已死，封鄂木布之子鄂班为札萨克镇国公，掌乌拉特前旗；封色棱之子巴克巴海为札萨克辅国公，掌乌拉特中旗。诏三旗札萨克爵位世袭罔替，并赐河套北部狼山、木纳山（乌拉山）一带为驻牧之地。

受封当年，驻扎在西拉木伦河北岸的乌拉特部骑兵部队做移防准备，而后奉命出发，经巴林桥、经棚（克什克腾旗）、正蓝旗、镶黄旗、四子部落旗境西行。于顺治九年（1652年）抵达乌拉山东端哈达门沟，开始执行戍边任务。此地域原为察哈尔部林丹汗右翼属地，1634年,林丹汗率部众西迁青海后，这里一时成为真空地带。乌拉特部西迁戍边，主要是加强防御尚未臣服清朝的阿拉善厄鲁特、喀尔喀。

顺治六年（1649年）农历八月十五，乌拉特部众属民由呼伦贝尔草原游牧地区的呼布图奈曼查干、图门乌力吉分别启程西迁。大致行程路线：途经喀尔喀车臣汗部左翼后末旗、左翼后旗、达里冈爱牧场（曾为清朝皇家牧场），进入内蒙古今锡林郭勒盟北境及比邻喀尔喀土谢图汗部东南境，沿阿尔噶里山南下，再入内蒙古今达尔罕茂明安联合旗北境，沿爱毕哈河（即艾不盖河）南下至乌拉特赐牧地。另一说，经内蒙古科尔沁草原，沿西拉木伦河北岸、正镶白旗、四子部落旗至乌拉特赐牧地。

总之，这些乌拉特部官兵家眷带着牧畜、火种和生产生活资料告别东北故土，踏上艰辛的迁徙之路。经过两年多的两千里长途跋涉，一路战胜了严寒酷暑和风沙雨雪、疫病等困难，于顺治九年(1652年)全部人马辗转抵达目的地。至此，1万多名乌拉特官兵与家眷完成了一场民族大迁徙。

先期到达的乌拉特部队将驻牧于此地的艾毕日米德札黑齐匪部追赶到外喀尔喀境内，把散居此地垦荒种田的汉民发令向南迁走，在赐封的牧地内实行闭耕放牧。

其时，为防御阿拉善厄鲁特部东犯，清政府命乌拉特三旗出兵镇守中、西边关隘口。乌拉特后旗负责镇守昆都仑沟、五当沟（今五当召西沟），把守黄河的大树湾渡口；乌拉特中旗负责镇守哈达玛尔口；乌拉特前旗负责镇守毛尼胡硕（西山嘴），把守黄河坦盖木独渡口。乌拉特三旗札萨克首次设衙署蒙古包办公，同驻哈达玛尔口（位于今包头市西北部哈德门沟，古称铁柱谷），分民而不分地，未划分旗界、苏木界。乌拉特前、中、后三旗依蒙古族习惯也可称作左、中、右三翼，根据乌拉特三旗札萨克均被清政府封为“公”的爵位级别，所以乌拉特前、中、后三旗又被称为三公旗。结合各札萨克蒙古包衙门所居位置、三旗镇守隘口的方位，习惯上又称前旗为西公旗，中旗为东达公即中公旗，后旗为东公旗。

自此，乌拉特这个原来单纯蒙古部的名称，在阴山南北，又兼有了旗名和地名的双重含义。三旗地界据《清史稿》记载：东界茂明安旗（今达尔罕茂明安联合旗），南界鄂尔多斯左翼后旗（今达拉特旗），东北界喀尔喀右翼旗（今达尔罕茂明安联合旗），西界鄂尔多斯右翼后旗（今杭锦旗），广二百一十五里，袤三百里。

清朝统治者对蒙古实行盟旗制度，即分化蒙古族，控制其上层贵族的一种政治制度。康熙九年（1670年），乌拉特前、中、后三旗同四子部落旗、喀尔喀右翼旗、茂明安旗共六旗首次会盟，地点位于四子王旗境内乌兰察布河畔的乌湖克图地方，因这里流淌着乌兰察布河，乌兰察布市也由此而得名。

乾隆二十五年（1760年），清政府设萨拉齐厅，隶属于山西归绥道，兼理乌拉特三旗等蒙汉民交涉事务。《清史稿》记载，乌拉特部最先垦殖，将沿黄河牧地私租汉民耕种。可见乾隆年间这里已有为数不少的汉人开垦居住。

1912年，中华民国成立。乌拉特前、中、后三旗境域、隶属沿清制未变，直属中华民国中央政府领导。民国三年（1914年），受绥远特别行政区都统节制。民国十七年（1928年），绥远特别行政区改为绥远省，乌拉特三旗属绥远省领导，仍隶属乌兰察布盟。民国二十六年（1937年），乌拉特三

旗大部沦陷。民国三十四年（1945年），乌拉特三旗光复。至1949年，乌拉特中旗辖有6个苏木：阿日科尔沁、乌布尔科尔沁、高勒、敦达、玛拉图尔、米日苏木。乌拉特后旗辖有6个苏木：阿日宝日吉格德、乌布尔宝日吉格德、高勒、巴图、苏海图、黑亚苏木。

乌拉特中旗的新纪元

1949年初，随着震惊中外的辽沈、淮海、平津三大战役胜利结束，国民党赖以维持其统治的主要军事力量基本上被摧毁，全中国处于革命胜利的前夜。

人民解放战争形势大好，东北、华北大部分地区解放，使得绥远残存的国民党军队更加孤立，清水河、和林格尔、凉城、陶林、武川、卓资等县及乌兰察布盟四子王旗的先后解放，形成了绥东、绥北、绥南大片解放区，包围着龟缩在归绥、包头的国民党军队。

中国人民解放军内蒙古骑兵第四师（前身是第十一师），在参加平津战役和张家口战役后，奉命挥师西进，迅速完成绥北战役的光荣战斗任务，又接受解放乌兰察布盟（现乌兰察布市）、河套地区（包括当时隶属宁夏省的阿拉善地区）的光荣战斗任务，肩负着完成历史所赋予的伟大历史使命。

乌拉特中、后旗的解放

1949年5月26日，中国人民解放军内蒙古军区骑兵第四师（简称蒙骑四师）一举解放四子王旗，乌兰察布盟出现革命的新曙光。随之，蒙骑四师进驻四子王旗王府驻地乌兰花镇，面临的下一步任务就是继续解放乌兰察布盟全境，实现察哈尔、锡林郭勒、乌兰察布三地连接为一大片解放区的战略目标。当时乌兰察布盟亟待解放的是乌拉特东、中、西三公旗，其中首要解决的又是中、西两公旗。

正当蒙骑四师准备急速西进，武装夺取政权，开辟新的解放区之际，上级有了新的指示。根据毛泽东主席在中共七届二中全会上提出“绥远方式”，即和平解放绥远这一英明指示，绥远国民党军队接受了中国共产党和平解决绥远的提议，为了适应新形势的需要，中共中央华北局决定，中共绥蒙区党委改为中共绥远省委。蒙骑四师根据上级指示，在乌兰察布盟地区执行非武力解放的和平解放政策，以避免草原兵刃相见，从而在未解放区实现解放区化、军队解放军化。

为此，蒙骑四师师长兼政委毕力格巴图尔给中共绥远省委去电，要求配备建立人民政府和工作所需的干部。中共绥远省委迅速组建乌兰察布盟工作委员会，主任委员萨木腾，副主任委员辛玉。6月末，乌兰察布盟工作委员会一行22名干部由绥南丰镇到达四子王旗并入驻王府，开始宣传中国共产党的政策，为实现全盟和平解放开展工作。

当时，乌拉特东、中、西三公旗封建上层内部由于对中国共产党及其政策缺乏了解，政治态度变化不定。在这种情况下，蒙骑四师党委和乌兰察布盟工作委员会研究决定，主动派人员大力宣传党的政策，争取乌拉特三公旗接受和平解放政策。于是指派设在今达尔罕茂明安联合旗联络点的联络员孟和巴特尔（蒙骑四师侦察员），负责将乌兰察布盟工作委员会敦促乌拉特三公旗执政者接受共产党和平解放的信函送交目的地。

1949年7月中旬，第一封发出致乌拉特三公旗执政者信函的主要内容是：

全国人民渴望已久的新中国的解放即将到来，实现一个民主、自由的新中国已为期不远了。现在摆在你们面前的只有两条道路：一条接受和平起义，一条是顽固坚持反人民立场。前者光荣，我们欢迎；后者可耻，自取灭亡。何去何从由你们选择。我们渴望你们走和平起义的光荣道路，不要走天津、四子王旗用战斗解放的道路。跟随蒙奸德王这条路早已证明是走不通的，请你们在大势所趋下，保持清醒的头脑，不要盲目跟随德王。1947年5月1日，成立了新的内蒙古自治政府，成为解放区域。现在只有极少数几个旗(包括你们旗)尚待解放，这也是给你们时间，争取你们主动。请你们速派要员前来和谈，共商盟、旗新政府成立大事。以上请你们速决和答复，切莫贻误良机。

中共乌盟工作委员会主任：萨木腾

副主任：辛　玉

一九四九年七月×日

当时，中公旗衙门主事的只有常务协理巴图毕力格（兼任旗保安司令部上校参谋长）和负责军队、财政的韩葆两人代为掌管旗务，处理日常大的事务。

巴图毕力格协理收到乌兰察布盟工作委员会来信后，与旗保安司令部后山大队长韩葆交换意见，两人认为按照来信之意接受和平解放条件，是为上策。两人商定：1.巴协理前往阿拉善亲见林王，劝说林王摆脱德王，走向光明，和我们站在一条线上。2.韩葆负责好地方治安，准备迎接大军（蒙骑四师）到来。3.迅速召开扎兰章京以上官员的紧急会议，讨论接受和平解放的具体意见。

随后，一切按计划进行，林王同意接受和平解放事宜。由于与蒙骑四师通信不畅，直到8月下旬，巴协理才又收到蒙骑四师、乌兰察布盟工作委员会发来的第三封来信。于是，巴协理亲自让得力可靠的19岁青年文书陶克陶和通讯员达瓦两人火速起程再去送信。回信的主要内容是：

中国共产党乌兰察布盟工作委员会，毕力格巴图尔、辛玉、萨木腾诸先生钧鉴：

拜读大函，不胜欢欣。谨致问候，遥祝安好。敬启者，打倒蒋介石，建立新中国，乃大势所趋，人心所向，我等深信不疑。为此，我们郑重宣布，率领全旗民众及全体军政人员从即日起参加革命。

9月初，陶克陶、达瓦两人安全抵达四子王旗王府所在地，将信呈送蒙骑四师领导，并将当时的中公旗基本情况做了汇报。蒙骑四师毕力格巴图尔师长决定召开乌拉特地区有关代表座谈会，参加座谈会的有西公旗武装起义投奔革命的贺太保、道尔吉斯楞、陶格腾格日勒等18名同志，中公旗代表有陶克陶，东公旗代表那顺敖其尔等人，共计20余人。

其间，乌拉特三公旗中，最先与乌兰察布盟工作委员会联系的是东公旗（乌拉特后旗）代表，当时是7月份。起初，东公旗执政者巴云英在该旗驻包头办事处收到乌兰察布盟工作委员会来信后，即委派东公旗唐德吉尔格拉、宝音吉尔格拉二位协理一同前去乌兰花领取指示。唐德吉尔格拉又指派了衙门师爷唐德斯庆和蒙汉兼通的文书那木格若喜前去。唐德斯庆、那木格若喜二人抵达乌兰花后受到乌兰察布盟工作委员会的热情接待，听取讲解当时的政治形势和党的政策，蒙骑四师政治部主任原火同志还接见了他们，他二人住了13天后返回。临走时接受了三项任务：一是旗保安队不许跟国民党西逃，听候解放；二是旗政府人员要守职听候解放，不准西逃或脱离工作岗位；三是保证人民生命财产的安全。此外还给他们带了两封信，一封给协理唐德吉尔格拉，一封给保安司令巴云英。他们回旗后以亲历见闻宣传共产党的政策，使旗内上层和各阶层对共产党的政策有了进一步的了解，同时，也影响到了中公旗和西公旗，致使各旗都能够很好地维持地方稳定，没有发生任何波动，也没受任何损失，直到实现和平解放。

1949年9月19日，以国民党西北军政副长官兼绥远省主席董其武为首的绥远省军政干部和地方各族各界代表39人在包头发表起义通电，绥远省宣告和平解放。至此，绥远省所属盟旗县，包括乌拉特三旗全部实现和平解放。

10月1日，乌拉特地区代表20多人与蒙骑四师全体指战员以及当地群众上万人，在乌兰花举行群众集会，欢庆盛大节日，庆祝绥远和平解放，庆祝中华人民共和国成立。而后，乌拉特地区代表参加乌兰察布盟首届人民代表会议筹备委员会会议。

1950年4月1日，乌兰察布盟人民自治政府在四子王旗乌兰花镇宣布成立，为绥远省人民政府领导下的一级政府，标志着开始废除旧有的封建王公盟旗制度，仅保留盟旗的称谓。韩是今任中共乌兰察布盟委员会书记，同时，公布乌兰察布盟人民自治政府政务委员会组成人员名单：主任委员，毕力格巴图尔；副主任委员，林庆僧格、萨木腾；秘书长，特布信。委员中有巴云英（东公旗）、巴图毕力格（中公旗）。

4月4日—4月10日，乌兰察布盟人民自治政府在四子王旗乌兰花镇隆重召开乌兰察布盟首届各界人民代表会议，选举产生了乌兰察布盟首届各界人民代表会议协商委员会。其中，协商委员会委员有：巴图毕力格（中公旗）、巴云英（东公旗）、明安满达（中公旗）。

会议期间，根据乌拉特三旗委员代表的意愿和要求，按照中国人民政治协商会议制定的《共同纲领》原则，经过会议充分酝酿讨论，民主协商，于4月9日通过了毕力格巴图尔所作的题为《关于乌兰察布盟工作方针与一九五〇年工作任务》施政报告，通过了关于建立各旗人民政权等8项决议案。绥远省人民政府致以贺电。

4月7日，绥远省人民政府决定乌兰察布盟所属东公、中公、西公三旗名称仍用原名，东公旗称为乌拉特后旗，中公旗称为乌拉特中旗，西公旗称为乌拉特前旗。

4月13日，按照中共绥远省委和省人民政府的部署，乌兰察布盟政府组成乌拉特三旗生产建政工作总团。17日，以赵忠华为团长、萨音等10名同志组成赴乌拉特后旗中心工作团，由乌兰花出发，经归绥（今呼和浩特）、包头辗转抵达乌拉特后旗阿贵图庙，以五当召为中心宣传绥远 “九一九”起义的重要意义，发动群众，恢复和发展生产，铲除大烟青苗和禁抽大烟，为接管旧政权、建立新政权奠定基础。工作团在巴云英等人的积

极支持与配合下，开展了卓有成效的工作。

7月初，乌兰察布盟政府整顿乌拉特三旗生产建政工作总团，组织调配人员，派出以图布新为团长的9名同志组成乌拉特中旗建政工作团，在乌兰察布盟政府委员巴图毕力格的陪同下到达乌拉特中旗奔巴台庙开展工作。不久，建立中共乌拉特中旗工委，图布新任副书记，党组织对外未公开。当时，蒙骑四师已进入河套地区及狼山一带剿匪，有力地支持、配合和保证地方生产建政工作顺利进行。

7月上旬，根据乌兰察布盟首届各族各界人民代表会议精神，乌拉特中、后两旗建政工作团分别筹备建政工作会议，贯彻执行党的“他正我副”干部政策（即起义人员任正职），检查落实拟定的政府内设机构和基层努图克、区主要负责人。

建立人民政权

1. 乌拉特中旗人民政府

1950年7月18日，乌拉特中旗首届各族各界人民代表会议暨那达慕大会在乌兰敖包（今呼勒斯太苏木北境）召开。会上，宣布乌拉特中旗人民政府正式成立，公告乌拉特中旗人民政府新一届领导和组成人员名单，旗长：明安满达（前协理），副旗长：图布新（中共代表）。同时，宣布经乌兰察布盟人民自治政府批准的旗人民政府各部门和各努图克、区的负责人。旗政府驻地乌兰敖包，在蒙古包里办公。入冬，旗政府迁驻奔巴台庙，建立中共乌拉特中旗工作委员会，副书记图布新（以副代正），党组织对外公开。1951年9月，旗政府驻地迁驻海流图。

1950年4月10日，乌兰察布盟首届各界人民代表会议代表合影

乌兰察布盟政务委员会第三次扩大会议合影留念

前排左起：×××、旺庆苏荣、巴图毕力格（乌兰察布盟政务委员会委员）、特布信、辛玉（乌拉特后旗党委副书记、政府第一副旗长）、宝音毕力格。二排左起：韩明正、韩是今、萨木腾、毕力格巴图尔、林庆僧格（乌兰察布盟政务委员会副主任）、额日和道尔吉。后排左起：石生荣、巴云英（乌兰察布盟政务委员会委员）、额仁庆达赖、旺丹、明安满达（乌拉特中旗政府旗长）、赵忠华（乌拉特后旗党委书记）、×××

2. 乌拉特后旗人民政府

1950年7月21日，乌拉特后旗首届各族各界人民代表会议暨那达慕大会在城圐圙（今新忽热苏木政府驻地）召开。会上，宣布乌拉特后旗人民政府正式成立，公告乌拉特后旗人民政府新一届领导和组成人员名单，旗长贡噶色楞（前札萨克），副旗长萨音（中共代表）、唐德吉尔格拉（前协理）。同时，宣布经乌兰察布盟人民自治政府批准的旗人民政府各部门和各努图克、区的负责人。旗政府驻地城圐圙，中共乌拉特后旗委员会副书记赵忠华（以副代正），当时党组织未公开，对外称指导员。9月末，旗政府驻地迁驻安北县属的明安滩菅家窑子村，旗政府干部驻王根兰家大院。11月，迁至乌拉特后旗辖地阿贵图庙。赵忠华任中共乌拉特后旗委员会书记，党组织对外公开。

乌拉特中、后两旗人民政府，隶属乌兰察布盟人民自治政府，在中国共产党乌兰察布盟委和政府的领导下，在极为艰苦的条件环境下，认真贯彻执行党中央、毛泽东主席对绥远工作“改革旧制度，实行新

政策”的有关指示，认真执行党的“团结、教育、改造”的方针、政策，迅速恢复和发展生产，实现“地区解放区化，军队解放军化”，开展剿匪肃特、镇压反革命、取缔会道门、抗美援朝、整顿训练干部等一系列工作和运动。

在牧区开展民主改革运动，废除封建王公制度，废除奴隶制，实行“不斗、不分、不划阶级”和“牧工牧主两利”政策，实行牧场公有，放牧自由，实行新“苏鲁克”制；尊重宗教和信仰自由，喇嘛可以还俗娶妻生子，男女一律平等；开展保护牧场，防疫保畜增畜，打井、打草、打狼、搭棚、搭圈；改革苏木建制，建立努图克、嘎查人民政权；大力培养民族干部，到省、盟干校学习；开展生产自救，救济贫苦牧民；全力为群众防治性病，从根本上提高蒙古民族人口素质和出生率。

在农区开展秋征、减租、反霸、调剂土地、土地改革，实行“耕者有其田”；废除保甲制，建立区、村人民政权。

草原上人民政权的建立，标志着300年封建王公世袭制及清朝盟旗制的土崩瓦解，乌拉特草原开创了新的篇章，人民群众真正当家做主人，社会安定，民族团结，生产发展，人畜两旺，乌拉特草原展现出一派繁荣兴旺的美景。

3. 乌拉特中旗剿匪斗争

乌拉特草原解放后，国民党的一些残存散兵游勇窜入草原深山，落草为寇。这些匪徒恶性不改，经常三五个人一伙，十来个人一群，多者七十多人，抢劫残害人民，与新生的人民政权作对。对于这些罪恶累累的土匪，人民深恶痛绝。

1950年8月中旬的一天，乌拉特中旗人民政府接到一名群众报告，说“有30多个武装土匪窜入北戈壁地带，正在烧杀抢劫牲畜”。得到这一情报后，旗政府领导图布新迅速集合旗公安支队的部分战士，同时从旗政府抽调了白顺、马双喜、铁旦、巴音毕力格等同志，又从第二、三区抽调了部分干部，总共加起来50多人。赶到目的地时，天色已晚，搜索了戈壁一带地区，不见土匪踪迹。

第二天，扩大搜索范围继续寻找，还是没有发现土匪。那一天天气非常热，气温有摄氏30多度，由于奔波了一天一夜，人困马乏，于是派出几名侦察人员分头继续寻找土匪踪迹，下午5时左右，侦察员回来报告，部队西面近20华里的地方发现了土匪。因为离得远，而且人和牲畜混杂在一起，看不清人数有多少，看样子匪徒们没有发现我们部队，正赶着畜群，大摇大摆地向部队方向走来。得到这一消息，旗领导与公安支队商议后，决定兵分两路。一路由七八名战士正面阻击敌人，公安支队长和指导员带领30多人，从左侧主攻。担任正面阻击的战士快要接近土匪时迅速下马，徒步隐蔽跃进，各自占领有利地形，可是不久，敌人的一个前哨，发现了剿匪部队。土匪哨兵惊慌失色，大喊大叫，策马回鞭往西逃跑，战士们见状立即向敌人开了火。顿时枪声大作，激烈的战斗持续了两个多小时，土匪大部溃散逃跑。部队迅速清理了战场，活捉了一个不到30岁的活佛喇嘛，打伤了一个土匪，打死了一些马匹，把被抢走的牲畜全部夺了回来。这次战斗中，剿匪部队无一人伤亡。第二天，部队让群众认领了各自的牲畜。此后，人民群众更加信任和爱戴新生人民政权了。

从俘虏的交代和侦察了解到，这股土匪是德穆楚克栋鲁普（德王）的部下苏和巴特尔和达拉瓦根东的残余部队，约70人，其中还有几名女土匪。在武器装备上，大部分人配备有长、短两支枪，弹药充足。德王垮台后，这伙人贼心不死，由阿拉善旗往东逃窜，一路上烧杀抢掠，干尽了坏事。

时隔不久，旗政府又接到了土匪活动的情报，迅速集合部队出发。这次有了上次的经验，事先准确掌握了敌人的人数、装备情况和活动地点以及逃跑路线，并根据情况，部署了剿匪的兵力。由于准备细致，时间准确，兵力得当，动作迅速，很快就把这股土匪包围在一个小山丘上。这股土匪不到20人，剿匪部队有30多人，加上闻讯赶来参战的牧民群众，部队在人数上占绝对优势。土匪看到四面八方到处是红旗，也摸不清部队有多少人，便派人来要求谈判。部队向前来谈判的土匪代表讲明了共产党的政策，严令他们在指定时间内到阿鲁胡都格庙投降，否则将采取果断措施。部队在做受降工作的同时，火速派两名民兵，携带旗政府的信件，到达尔罕旗守护白云铁矿的内蒙古骑兵连找到连长扎木苏同志，说明情况，要求派兵支援。在我剿匪部队的强大政治攻势下，土匪按照部队指定的时间，全部集中到阿鲁胡都格庙内，乖乖地投降了。

随即，中国人民解放军内蒙古骑兵第四师第十团在参谋长朝鲁的带领下，奉命到河套与乌拉特中旗西部善岱庙一带剿匪肃特。

一次追击从阿拉善沙漠向东逃窜的残匪，追到乌力吉图庙，我军骑马一时疲乏无力追击，连夜换驼追击，而后再换乘马。残匪进入赛乌素后又逃到温根山西侧，被旗人民政府公安队员和民兵围堵，由于我方兵力微弱，只俘获匪徒2人，我方1名战士受伤，其余匪徒从乌不浪口逃入后套。蒙骑四师十团追击部队派公安队员到河套拉僧庙师部汇报情况，边等候上级指示边休整。

进入后套的土匪，分散隐蔽，一部分在王挨满隐藏起来，后来被我军武装工作队全部捕获。

在蒙骑四师的配合下，剿匪战斗大小进行了5次，击毙土匪11人，俘虏16人，主动投降者4人。缴获60炮1门、步枪11支、手枪6支、手榴弹11枚、子弹760发、战马10余匹、骆驼20余峰、马鞍9座，夺回被土匪抢劫牧民老乡的骆驼、马100多峰（匹）。蒙骑四师收缴的战利品另统计。

经过剿匪与肃特后，乌拉特中旗牧区境内，再未发生成群土匪的破坏干扰活动。在党的政策感召下，零散土匪主动到旗政府缴械投降。经过剿匪，人民群众解除了后顾之忧，开始了安居乐业、建设家园的新生活。

击毙惯匪王毛仁

惯匪王毛仁，又名王占山，固阳县福盛庄二十份子村人。十八九岁开始“刮野鬼”当土匪，后在国民党杂牌部队当连长，驻明安、小佘太一带。乌拉特中旗解放的前后几年内，王毛仁经常出没于安北县、西公旗（乌拉特前旗）、东公旗（乌拉特后旗）和包头等地进行抢劫，人民深受其害。有时候孩子哭得厉害，只要一听大人吓唬说：“看，王毛仁来了！”小孩便立即停止啼哭，扑到父母怀抱。

1951年12月21日深夜1点多钟，乌拉特后旗西官牛犋两位老乡向旗政府值班人员报告：“王毛仁带着3个人来了。”旗党委书记赵忠华听了报告后立即指示旗公安中队直奔西官牛犋，围剿王毛仁匪徒。待天明，得到报告说王毛仁匪徒已经逃窜，不知去向。旗党委当即呈文向盟委做了报告。

1952年1月1日，接乌兰察布盟军分区命令，蒙骑四师及固阳县、安北县、乌拉特前旗、乌拉特中旗、乌拉特后旗各公安中队联合围剿王毛仁匪徒。

乌拉特后旗公安中队当天喜庆元旦，正在吃饺子，接到命令，饭后誓师出发。旗中队参加剿匪的干部战士共计20人，由指导员色音德力格和队长陶克陶率领。旗中队由旗政府驻地明安召（阿贵图）出发，向西北行经巴音查干、小佘太。在追至巴音查干时，战士刘义打踪发现王毛仁的脚踪，这时干部战士精神为之一振，接着跟踪下去，追剿至纳勒图沟，根据地形决定派出尖兵，由队长陶克陶带领追击，主力部队由指导员色音德力格率领。尖兵与主力部队间隔保持五六华里距离。惯匪王毛仁诡诈异常，雪天走阳坡，太阳一出雪消无踪，而且迂回行路，攀走峭壁，足蹬山石，即使留有脚踪起风也便无痕迹了。

1月1日下午，蒙骑四师司令部参谋贺太保奉命率领十几名骑兵也在后山追剿王毛仁，在点力素太附近九份子村，先后与乌拉特后旗、固阳县公安中队两队人马相遇，三路人马会合后进行分工合击，连夜追捕王毛仁。

1月2日上午，乌拉特后旗中队追剿至大白山（查斯太山）下，队长陶克陶亲自打踪，搜索前进，尖兵保持战斗队形。搜至呼图格乌拉（原东公旗王爷祖坟地东北方向）发现王毛仁躺在向阳坡上一块石头上睡觉，队长陶克陶首先开枪（三保险2号自来得手枪），点射5发子弹，第二发击中王毛仁右膀，王毛仁顺沟就势往下滚，陶克陶命令班长丹巴开枪，丹巴枪响匪毙。神枪手丹巴命中惯匪王毛仁项部，子弹穿透脖子，并缴获顽匪王毛仁使用的双保险2号自来得手枪1支，小手枪1支，子弹数发。

后继部队在指导员色音德力格率领下，闻声赶至战场，战斗已经结束。

3日晚，乌拉特后旗公安中队凯旋，在旗政府院内，旗党委书记赵忠华、第一副旗长辛玉接见全体干部战士，并听取了战果汇报。

4. 乌拉特后旗“土改”工作

1951年12月，乌拉特后旗党委根据乌兰察布盟党委指示，决定在农区两个行政村进行土地改革。

1952年初，成立了旗土地改革委员会，下设土地改革工作团。土地改革工作团团长为唐德吉尔格拉（旗政府副旗长，代理旗长职务），副团长为巴雅尔俄模和（旗党委宣传部长）、王俊枝（第一区区委书记）。“土改”工作团共有34名干部，另有村干部8名与经过学习训练的16名“土改”积极分子，在本行政村和自然村参加“土改”小组工作。“土改”工作团团部设在旗政府所在地阿贵图庙。

1952年1月6日，“土改”

工作团召开了为期一天的全体干部会议，研究了工作计划，部署了“土改”工作。根据实际情况，将工作团干部划分为6个工作小组。1月7日，各“土改”工作小组分赴各村开展工作。此次进行“土改”的有29个自然村，其中油房壕小组包括东油房壕、西油房壕、前石兰哈达、后石兰哈达；金巴盘小组包括东、西、南、北、中5个金巴盘，东歌嶋鸹、西歌嶋鸹；召壕小组包括召壕、召圪卜、补隆、套圪旦；印壕小组包括东印壕、西印壕、白敖包、黑敖包；哈拉图小组包括哈拉图、白瓷沟、花纹都、刘喜沟、石灰沟；郜北小组包括东郜北、西郜北、艾里格图、二海子圪卜、官牛犋。

“土改”工作小组进村之后，第一阶段，大力宣传“土改”政策及惩治不法地主的条例；发动群众，整顿农民队伍，大造“土改”运动声势，并建立一个能够领导农民进行“土改”斗争的农会组织和村政权。第二阶段，划分阶级成分，经过讲阶级、评阶级、通过阶级、批准阶级4个步骤，划出地主、富农、中农、贫农、雇农、其他（包括小土地出租者、小土地经营者、游民等）阶级成分。第三阶段，没收、征收和分配地主五大财产。第四阶段，庆祝胜利，总结经验，动员生产。

8月29日，旗党委为完成土地改革和战胜灾荒、加强保畜工作，决定旗“土改”委员会和生产保畜委员会由旗党委书记赵忠华统一领导，担任总负责人，下设“土改”、生产救灾保畜两个办公室。

9月，进入土地改革复查阶段，查遗漏，纠错误。复查的目的：一是彻底消灭反革命残余，务使土匪、特务、恶霸、反动道首、反动党团骨干分子五个方面的敌人归案法办；二是彻底消灭封建残余，查明逃亡地主，查出漏网地主，查清地主隐瞒的五大财产予以没收，打击不法地主；三是解决人民内部团结问题，纠正划错的阶级成分，合理分配积压的“土改”果实，适当地解决分配不公问题，调整干群关系，巩固民族团结；四是进一步巩固和加强人民民主专政；五是整理村财政，查实土地，确定产量，颁发土地证。通过“土改”复查工作，解决“土改”遗留问题，使“土改”运动胜利结束。

5. 乌拉特中后联合旗人民政府

1952年9月21日，乌拉特中旗与乌拉特后旗两旗代表根据两旗人民代表会议常务委员会的决议，在乌拉特后旗政府所在地阿贵图庙召开联席会议，为便于行政领导和事实上方便人民群众，同意两旗合并。

1952年10月15日，根据中央人民政府批示，乌拉特中旗与乌拉特后旗合并为乌拉特中后联合旗，政府驻地海流图。

行政区划调整与变动

乌拉特中后联合旗成立后，行政区划调整与变动如下：

1954年6月19日，中央人民政府批准撤销绥远省建制，绥远省行政区域并入内蒙古自治区。乌拉特中后联合旗隶属内蒙古自治区乌兰察布盟。

1958年4月30日，根据内蒙古自治区人民委员会命令，乌拉特中后联合旗由乌兰察布盟划归河套行政区。5月，河套行政区与巴彦淖尔盟合并。7月，乌拉特中后联合旗隶属新组建的巴彦淖尔盟。

1958年9月，经巴彦淖尔盟党委决定，乌拉特中后联合旗的潮格温都尔苏木的东升乡划归杭锦后旗。

1960年8月，经巴彦淖尔盟党委决定，乌拉特中后联合旗的潮格温都尔、巴音温都尔2个人民公社划归杭锦后旗。

1963年4月，经巴彦淖尔盟党委决定，杭锦后旗的潮格温都尔、巴音保力格、乌盖、那仁宝力格、巴音戈壁、乌力吉6个人民公社划归乌拉特中后联合旗。

1970年10月3日，根据国务院、中央军委批示，乌拉特中后联合旗划出西部区的宝音图、巴音前达门、巴音戈壁、乌力吉、乌盖、那仁宝力格、潮格温都尔、巴音保力格8个人民公社，明星（巴音前达门）、莫林两个合营牧场，别置潮格旗。1971年1月10日，经北京军区前线指挥所（简称“前指”）领导小组批准正式成立潮格旗，政府驻地潮格温都尔公社所在地。

1981年9月，根据国务院批复，潮格旗更名为乌拉特后旗，政府驻地赛乌素；乌拉特中后联合旗更名为乌拉特中旗，政府驻地海流图。两旗行政区域不变。

1984年，公社体制改革，公社改乡、苏木，大队改行政村、嘎查。红旗公社更名为乌梁素太乡、永胜公社更名为双盛美乡、嶋鹉图公社更名为楚鲁图乡。

1986年1月，乌加河乡和温更苏木改设为镇。

1995年，全旗辖海流图、温更、乌加河3个镇，巴音、巴音哈太、巴音杭盖、川井、杭盖戈壁、呼勒斯太、桑根达来、乌兰、新忽热9个苏木，楚鲁图、德岭山、邰北、宏丰、石哈河、石兰计、双盛美、乌梁素太8个乡。共有63个嘎查，57个行政村，278个自然村，9个居民委员会。

2001年4月，撤销邰北乡、双盛美乡、楚鲁图乡、石哈河乡，改建石哈河镇；撤销杭盖戈壁苏木，划归呼勒斯太苏木。撤并后全旗有宏丰、石兰计、乌梁素太3个乡，德岭山、海流图、石哈河、温更、乌加河5个镇，巴音、巴音哈太、巴音杭盖、川井、呼勒斯太、桑根达来、乌兰、新忽热8个苏木。

2002年1月，同和太种畜场移交乌拉特中旗实行属地管辖。

2003年12月1日，国务院批准巴彦淖尔盟撤盟设地级市。2004年8月26日，巴彦淖尔盟正式撤盟设市，乌拉特中旗改隶巴彦淖尔市。

2005年12月，乌拉特中旗16个苏木、乡镇调整为8个，其中中心镇3个：海流图镇、乌加河镇、德岭山镇，其他为一般苏木（镇）。撤销桑根达来苏木、巴音苏木、乌兰苏木，设立巴音乌兰苏木；撤销巴音杭盖苏木，并入川井苏木；撤销巴音哈太苏木，并入新忽热苏木；撤销温更镇，并入海流图镇；撤销石兰计乡、宏丰乡，并入乌加河镇；撤销乌梁素太乡，并入德岭山镇；保留呼勒斯太苏木；保留石哈河镇。撤并后，全旗有海流图镇、乌加河镇、德岭山镇、石哈河镇4个镇，呼勒斯太苏木、川井苏木、巴音乌兰苏木、新忽热

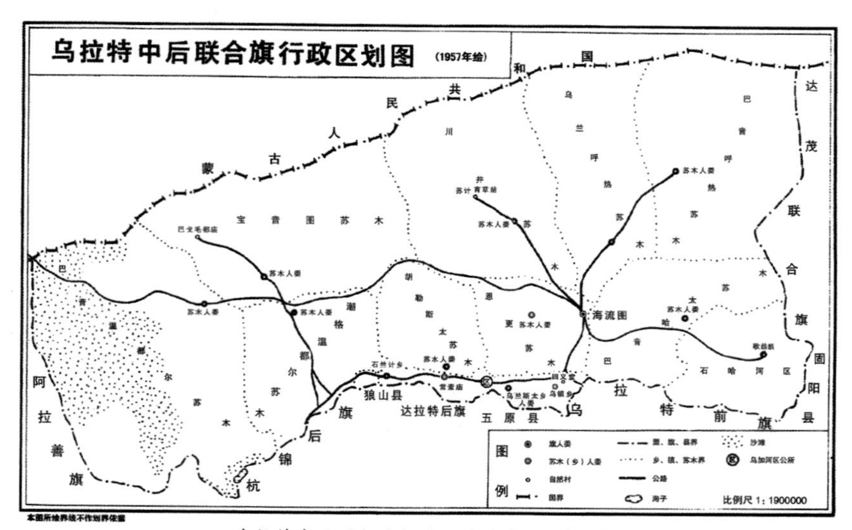

乌拉特中后联合旗行政区划图（1957年绘）

苏木4个苏木。

2006年4月，乌拉特中旗行政嘎查（村）撤并调整如下：

海流图镇：将巴仁宝力格村、查干淖尔村撤并，设立巴仁宝力格村；将希日朝鲁嘎查、巴音海日嘎查撤并，设立希日朝鲁嘎查；将宝格图嘎查、固日本赛恒嘎查撤并，设立宝格图嘎查。撤并后辖6个嘎查、2个村。

乌加河镇：将繁荣村、联荣村撤并，设立双荣村；将油房村、丰裕村、荣丰村、树圪卜村撤并，设立石兰计村；将利民村、宏丰村、长胜村撤并，设立宏丰村；将红光村、胜利村撤并，成立红光胜利村；将奋斗村、联丰村撤并，设立联丰奋斗村；将胜河村、宏伟村、五星村撤并，设立宏伟村；将兴胜村、永胜村撤并，设立永兴胜村。撤并后辖7个村。

德岭山镇：将联合村、牧业村撤并，设立苏独仑嘎查；将水泉村、永胜村、天圣村、苗元村的南苗元组和胡贵组、前进村撤并，设立胜利村；将大后村、兴丰村撤并设立兴丰村；将乌兰村、灯塔村、高丰村撤并，设立乌镇村；将大圣村、苗元村的北苗元组及新天圣组、大圣移民村、永胜移民村撤并，设立大圣村；将红旗村、金星村、幸福村撤并，设立红旗村。撤并后辖1个嘎查、5个村。

石哈河镇：将泉掌村、东风村、公乌素村撤并，设立白音厂汗村；将张三壕村、包日忽热村、楚鲁图村撤并，设立楚鲁图村；将格日楚鲁村、先锋村撤并，设立格日楚鲁村；将石哈河村、石崩村撤并，设立石哈河村；将盐海子村、伊和村撤并，设立西羊场村；将十三壕村、二十四份村撤并，设立二十四份村；将东郜北村、西郜北村撤并，设立郜北村；将哈拉楚鲁村、柏木井村撤并，设立柏木井村；将双盛美村、沙拉木素村、石兰村撤设立双盛美村。撤并后辖9个村。

2010年，撤销川井苏木，设立川井镇。调整后，全旗辖5个镇、3个苏木，即海流图镇、乌加河镇、德岭山镇、石哈河镇、川井镇，呼勒斯太苏木、巴音乌兰苏木、新忽热苏木。

2012年，撤销川井镇，设立甘其毛都镇、川井苏木；恢复温更镇。

2013年，牧羊海牧场划归乌拉特中旗。

2016年12月7日，乌拉特中旗被列为第三批国家新型城镇化综合试点地区。

截至2016年底，全旗设6个镇、4个苏木，有同和太种畜场1个，牧羊海牧场1个。有村委会84个，自然村278个。各苏木、乡镇管辖的嘎查、村、社区、居委会、办事处如下：

海流图镇：哈萨尔、教育路、西郊、巴音路、花园东街、乌兰大街6个社区，巴彦塔拉、巴仁宝力格2个村。

乌加河镇：双荣、石兰计、宏丰、红光胜利、宏伟、联丰奋斗、兴永胜7个村。

德岭山镇：大盛、乌镇、胜利、红旗、兴丰、苏独仑6个村。

石哈河镇：西羊场、部北、二十四份、石哈河、白音厂汗、楚鲁图、格日楚鲁、双盛美、柏木井9个村。

温更镇：汗宝格图、哈日朝鲁、巴音满都呼、阿拉腾呼少、希日朝鲁、呼日木图6个嘎查，矿区居委会1个。

甘其毛都镇：巴音查干、图古日格、伊很查干、德日苏、呼格吉乐图5个嘎查，居委会1个。

巴音乌兰苏木：东达乌素、努和日乐、乌兰温都尔、阿日胡都格、巴音查干、桑根达来、图克木、新尼乌素、呼鲁斯、乌力吉图、伊和宝力格、巴音宝日、巴音敖包、乌兰额日格、乌兰格日乐、吉日格楞图16个嘎查。

川井苏木：阿木斯尔、巴音河、宝日汉图、白同、哈拉图、沙布格、巴音胡都格、沙如塔拉8个嘎查。

呼勒斯太苏木：前达门、哈拉葫芦、温更、希博图、哈拉图、宝格达、义和久、巴音吉拉格、达格图、呼勒斯太、乌珠尔、团结、韩乌拉、呼和14个嘎查。

新忽热苏木：希热、朱斯木拉、白兴图、查干敖包、乌兰朝鲁、哈太、毛其格、巴音温都尔、苏龙格图、那日图、牧仁11个嘎查。

草原风云人物录

HUASHUONEIMENGGUwulatezhongqi

草原风云人物录

CAOYUANFENGYUNRENWULU

乌拉特草原昨日的风云历程，造就时代人物承载历史前进的重任，弘扬优秀传统文化，追求社会进步，反对民族分裂，维护祖国统一。

近 古

文化与佛学大师
——罗布生丹毕佳拉森

罗布生丹毕佳拉森（1717—1766），蒙古族，1717 年生于乌拉特中旗阿鲁科尔沁苏木（今呼勒斯太苏木）牧民罗布章家中，取名梅力更巴特尔。5 岁时，被认定为是乌拉特前旗梅力更庙二世活佛转世灵童，被请到梅力更庙继位，取法名罗布生丹毕佳拉森，加封为梅力更庙第三世活佛。此后，他经多年刻苦学习，成长为一名著名学者，在蒙古族文学、语言学、历史学、医学、工艺美术学、历法、哲学、翻译学等方面做出了不可磨灭的贡献。

在文学创作方面有《八十一首诗歌》和颂词、道日玛(佛教艺术)、祷告、撞铃、答辩、沐浴、祭祀、供食祭祀、吉庆等宗教内容的作品。在语法修辞方面有《蒙文字母变异》《阿字初》等字母教程作品。在史学方面有《黄金史要》。在医学方面有《莫尔根活佛之妙方》《阴山本草》等。在美学方面，他独创蒙古宗教跳鬼的动作及音乐，至今令人赞叹不已。在历法方面有《历法学中心论点》《日月环食的法则》《时间的车轮》《历法之根本》《寻找日月之跟踪》等。译著方面有《阎罗天子》《马哈卡拉》《扎木苏荣》《毕斯曼》等分类专著，还有《敖其尔巴尼》《阿尤喜》等基础理论，还有《美岱颂》《祝福颂》《天堂颂》《喇嘛祭》等经文著作，以及《天堂传记》《善布拉传记》等史记著作。香火之类的书有《基础理论》《十万个为什么》。学说方面有《药物祷》《慈悲训导》等。同时，他还翻译了《宗教之兴盛》《秘史》《索比西迪》等巨著。

他以梅力更庙为基点，开创了以蒙古语传教诵经的先例，并在其余24座庙宇推行，他也因此闻名于世。当时在内外蒙古、布里雅特、青海、新疆、甘肃等地，以蒙古语念经的甚少，多以藏语为主，因此他为蒙古族民族文化的繁荣做出了贡献。

近 代

蒙古族著名史学家
——金巴道尔吉

金巴道尔吉，蒙古族，生卒年不详，乌拉特中旗人，著名的蒙古族史学家。他自幼聪明好学，在乌拉特中旗旗庙昆都仑庙当小喇嘛并学习文化知识。由于他刻苦勤学，精通藏文，被授予日布赞巴格隆喇嘛之头衔，并出任乌拉特中旗查干高勒庙（护繁寺）首任大喇嘛。后来，他在旗札萨克辅国公、乌兰察布盟副盟长拉旺里克锦的提议下，从清朝道光二十六年（1846年）正月开始编撰《水晶鉴》，到道光二十九年（1849年）完成这一历史名著。

《水晶鉴》主要内容为：第一，五洲四海的起源、破灭、空幻、存在的原因，须弥山及五大洲的地貌；宇宙及地狱到人类的存在及萨卡尔瓦迪可汗的来历；皇帝宗族谱系与官职；四世佛祖释迦牟尼降临印度及12部经典成因，佛祖释迦牟尼以来主宰宗教界七大呼图克的传记；统治宗教的印度君主的传记；81部神话传记和如布庆的传记等。第二，汉藏地区地理概貌，皇帝王公家族谱系，传播宗教经文，首创寺庙之因，皇帝尊崇或禁止宗教，宗教领袖传记，从堪布、菩萨到巴达玛桑布、昭阿迪沙、宗喀巴等人及宗喀巴的门徒们传播宗教的传记。第三，蒙古地区地理概貌、政治情况、王公宗教谱系、传播宗教之历史，从后金的努尔哈赤到清朝道光年间历代皇帝对蒙古民族所推行的一系列政策。《水晶鉴》一书对蒙古民族历史的记载占重要地位，但是反映宗教佛事的历史仍贯穿通篇。通过这部著作可了解蒙古族历史、族系、蒙古地区宗教传播的情况，所以它是19世纪中叶蒙古民族史学的重要文献之一，在蒙古民族中争相传阅，广为流传。1984年5月，此书由民族出版社出版发行。它不仅有汉文译本，而且还有俄、德文译本，是中外学者研究蒙古史的一部重要著作。

现 代

“独贵龙”运动的先驱
——根顿旦巴、桑布

20世纪20年代，乌拉特中旗西部地处偏僻、交通闭塞的巴音山岱庙（今属乌拉特后旗），庙仓和牧民所需要的一切生产生活用品均由旅蒙商人经营供给，他们以烟、酒、糖、茶、盐和日用百货针织等用品换取牲畜和畜产品，以不等价交换或以赊账的形式放高利贷。在旅蒙商的盘剥下，由于牧区庙仓及牧民长期赊账，导致负债累累，经手赊账事宜的寺庙管家云登喇嘛通过算账大吃一惊，原来欠债的数目即使把庙仓和包放苏鲁克牧民的财产加在一起，仍然资不抵债。无奈向住持喇嘛报告，住持喇嘛对此也是一筹莫展。云登喇嘛借寻盗驼贼之机到现在的蒙古国打官司“躲债”，一去不归。寺庙和老百姓先后将实情陈述于苏木和旗衙门，答复却是“有债必还，不能拖延”及“欠债必还”。旅蒙商加紧逼债，寺庙和贫苦牧民们生活维艰，濒临破产。

当时，伊克昭盟反压迫、反剥削的“独贵龙”运动胜利的消息传入乌拉特草原。人们都知道“独贵龙”运动，是反对蒙旗王公的封建暴政、繁重苛捐摊派、兵差徭役和贪赃枉法。巴音山岱庙的两位青年喇嘛根顿旦巴和桑布（外号叫三根胡须）受到启发和鼓舞，在逼债的第二年春秘密组织“独贵龙”，意在给旅蒙商和王府衙门官员一个狠狠打击。他二人开始宣传发动群众的工作很顺利，正待四月某某日集会成立“独贵龙”组织的前夕，不幸遭意外挫折，两个班第喇嘛此举被认为是违反庙规，受罚在庙中悔过念经。消息传出，归绥、包头旅蒙商的两家大字号掌柜向中公旗巴札萨克报告了这个情况，并称：“如不处理这件事，将上告绥远都统，那将对你的前途不利。”巴札萨克又急又怕，于是下令逮捕“独贵龙”带头人根顿旦巴、桑布。

农历五月初，旗衙门派出巴策仁嘎日布、达木林斯仁两官员，带领20名官兵将根顿旦巴、桑布和准备参加“独贵龙”的喇嘛、台吉、奴隶、老百姓约40人，全部抓到塔本陶勒盖（今乌拉特中旗川井苏木沙布格嘎查），途中2名病重喇嘛死去。次日审讯，采取自供和逼供相结合的办法，各种刑具齐上。7天后宣布处罚结果：撤销根顿旦巴父亲梅林一职，处以庙主事喇嘛及其他有牵连的台吉、官员、老百姓各罚1匹马，鞭打80～100鞭的处罚，其中一位老喇嘛除责罚外，还赶出寺院（后流浪阿拉善而死）。参加“独贵龙”活动及提供根顿旦巴骑乘者共6人，各判刑1年，带手铐脚链走户串包游乡示众。第8天下午，负责审理此案的巴策仁嘎日布对看守根顿旦巴、桑布的人

员说："今晚你同两个班第喇嘛（司役小喇嘛，即根顿旦巴、桑布）骑骆驼一起回家。"晚上，看守与根顿旦巴、桑布往前走了不远，就被后边跟着的达木林斯仁及几个士兵赶上来，把两人从骆驼上拖下来，并脱掉他俩的衣服，逼迫站在沟边，对他俩说："你们两人搞黑心眼，触犯了旗规，因此奉命依法处决。"说罢，两声枪响，两人在暗中被枪杀。

乌拉特草原上的两个班第喇嘛为了反对旅蒙商的盘剥和官府的压迫而策划成立"独贵龙"组织，被封建王公贵族和官吏残酷地镇压下去了。民间留传下了这一历史事件的故事，可惜两个班第喇嘛的生卒年不详。

末代札萨克林庆僧格

林庆僧格（1898—1952），亦写林沁僧格，蒙古族，乌拉特中公旗第13世札萨克贝子巴宝多尔济之长子。1898年6月出生于乌拉特中公旗恩克高勒（今乌拉特中旗温更镇境内）。他从小就接受了良好的教育，其父特地从外地请了一位精通满、蒙古文字的人教他。林庆僧格擅于蒙古文书法和绘画，他的蒙古文"运气兴盛"书法字样和《香炉》图的轴画格外生动别致。

林庆僧格18岁时，依惯例将

林庆僧格

其记入中公旗蒙古贵族台吉名册，他开始协助其父处理日常事务，并经常跟随父亲外出办事、游历，赴五台山朝拜等，接触各方面人士，丰富知识，开阔眼界。1932年5月，巴宝多尔济升任乌兰察布盟副盟长，林庆僧格登上了乌拉特中公旗札萨克宝座，民间俗称"林王"。

1934年，他担任百灵庙蒙古地方自治政务委员会监委会委员。1937年，日本军队占领张家口，锡林郭勒盟副盟长、苏尼特右旗札萨克德穆楚克栋鲁普（德王）说服乌兰察布盟副盟长巴宝多尔济共赴张家口迎接日军。巴宝多尔济一方面因年事已高，行动不便，另一方面想让林庆僧格借此机会出头露面，扩大影响，遂决定由林庆僧格代表自己前往迎接日军。林王接受其父的委托后，用自己的两辆小车，带领十几名随从，去拜见乌兰察布盟盟长云端旺楚克，共商去张家口迎接日军一事。商定好后，返回锡日呼热向其父汇报同盟长商定的结果。而后，林王再次去达尔罕贝勒旗衙门府，同该旗协理台吉（贝子）沙日布道尔吉一同坐飞机前往张家口迎接日本人。不久，乌拉特中公旗除西北部的阿鲁科尔沁和玛拉图尔2个苏木外全部沦陷。此后，林王出任日伪政权的乌兰察布盟总务厅厅长和教育署署长等职。1938年，任伪“蒙古联盟自治政府”乌兰察布盟副盟长兼乌拉特中公旗札萨克。

此前，百灵庙蒙古地方自治政务委员会指示：各蒙旗在文化教育上要有中心小学，在经济上要有豪利希亚（生计合作社）。林庆僧格根据这一指示，为解决旗政府官员和贵族以及牧民子弟入学问题，积极资助兴办学校，从1935年起在旗内兴办蒙古族小学4所。1941年，他主持并带头集资创办乌拉特中公旗豪利希亚，同时办起小型制毡厂和毛纺厂。

1944年6月，林庆僧格任乌兰察布盟伪公署盟长兼乌拉特中公旗札萨克。德王将其警察部队改编为蒙古师团建制，乌兰察布警察部队改编为德王的伪蒙古军第六师，林庆僧格任师长。1944年8月，傅作义部队袭击乌拉特中公旗沦陷区，捣毁日特机关，同时将林庆僧格及其父巴宝多尔济和眷属一同迎往陕坝保护起来，以利其摆脱日方控制。后他们全家迁往乌拉特中公旗东升庙居住。1945年春，林庆僧格与傅作义达成协议，并得到国民党政府经费上的支持，成立乌拉特中公旗保安司令部，由其子雄诺栋日布任少将司令。

日本投降后，根据傅作义呈报，国民党政府恢复林庆僧格盟长和札萨克职务。1947年11月，林庆僧格经国民党乌拉特中旗党部书记长贺守先介绍加入国民党，发给蒙伊字00752号党证。1948年7月，派任乌兰察布盟盟长。当年冬，林庆僧格看到国民党政局不稳，同时为了见到已去阿拉善旗的儿子雄诺栋日布，以去塔尔寺朝拜为名，携带眷属西行，在阿拉善的乌兰布和沙漠过了大年，正月十五日抵达阿拉善旗定远营（今巴彦浩特镇）。而后，林庆僧格父子参与德穆楚克栋鲁普的“西蒙自治”活动，林庆僧格任筹备委员会常委。1949年6月，林庆僧格辞去札萨克，由雄诺栋日布继任。8月，林庆僧格参加德穆楚克栋鲁普召开的“蒙古大

会”，出任“蒙古自治政府”政务委员会委员、教育署署长。9月，绥远、宁夏相继解放，“蒙古自治政府”分崩离析，林庆僧格于是将家搬到阿拉善旗东北部草原暂住，并严词拒绝了雄诺栋日布劝其一同逃往蒙古人民共和国的主张。

在此期间，乌拉特中公旗协理巴图毕力格接到蒙骑四师、乌兰察布盟工委负责人毕力格巴图尔、萨木腾、辛玉的敦促起义的密信后，立即前往林庆僧格在阿拉善旗东北部草原的暂住处，同他商议是否接受中国共产党领导一事。最后，他同协理商定，全权委托巴图毕力格处理政务，速派代表呈送复信，表示愿意率领全旗民众拥护中国共产党。

1949年12月，绥远省人民政府和绥远省军分区要求乌兰察布盟各旗军政要员前往归绥市（现呼和浩特市）汇报工作、做表态，他委派了巴图毕力格和齐鲁队长。1950年4月1日，乌兰察布盟人民自治政府成立时，他被任命为政府副主任（相当于副盟长）。同月，林庆僧格从阿拉善旗希日查干哈达搬迁回乌拉特中公旗乌兰敖包居住。

1950年6月，绥远省人民政府正式对林庆僧格下结论：林庆僧格是参加绥远和平起义人士，根据党的民族政策和统战政策，委任他为乌兰察布盟人民自治政府副主任。至此，林庆僧格愉快地出任副主任一职。同年12月，兼任绥远省人民政府参议，随绥远省少数民族参观团到北京等地参观学习。从此，他彻底甩掉思想包袱，心悦诚服地接受中国共产党的领导，热心工作，积极支持中华人民共和国的各项建设。

1952年冬，林庆僧格因心脏病突发，在海流图镇逝世，终年54岁。

“抗日女王”巴云英

巴云英，蒙古名德力格尔素，乳名四女子。1899年7月出生于归化城土默特旗右翼六甲第五苏木（今包头市九原区哈林格尔镇境内）

抗日英雄巴云英雕像

的一个云姓贵族家庭。其父姓云名巴赖。幼时，其家境已衰落，生活艰难，其父举家迁至乌拉特东公旗（乌拉特后旗）境内的赛呼都格沟口子（银匠窑子）定居，遂入东公旗旗籍。

巴云英自幼未进过学堂，在家放牧并经常随其父入昆都仑山沟狩猎，练就了骑马、打枪的本领。1918年，19岁时与土默特旗一云姓牧民成婚，揽放包头牲畜贩子和肉铺的牛马羊维持生活。次年，与丈夫迁东公旗印壕一带（今石哈河镇双盛美村西北）放牧。1920年，其夫因肺结核病及染嗜鸦片而病故。

1922年1月，经其兄齐米德斯仁主婚，巴云英与东公旗札萨克贝子额尔克色庆占巴勒（汉名额敏伯，俗称额王）结婚，成为福晋（夫人）。因其久居汉人地区，通晓汉语及汉族民风，识多见广，对下人谦和，故在旗内颇受尊敬，深得额王宠信，一应旗务多由其辅佐。她建议和协助额王在城圐圙兴建30间土房子作为旗衙门王府，结束了东公旗游牧执政的历史；在包头设乌拉特东公旗驻包头办事处（位于

今包头市东河区园子巷19号）；扩大东公旗游击队；整顿、新设税卡，增加数万银圆税收，其中巴云英经其三姐夫及族兄巴文峻的帮助，通过南京国民政府收回矿山租税权。

1932年，巴云英生一子贡嘎色楞(亦写贡噶色楞),汉名贡世明，额王报请国民党中央政府、绥远省政府和乌兰察布盟公署，记名札萨克候用。

1936年8月，巴云英随额王乘卡车赴山西五台山朝圣，并拜谒山西省政府主席兼绥远省境内蒙古盟旗地方自治指导长官公署指导长官阎锡山，以保护地方治安获得大小枪60支、子弹1.1万发。返程途中不幸发生翻车事故，致额王胸部受到重创。10月21日，额王在包头救治无效不幸亡故。入冬，百灵庙蒙政会任命额王弟齐木德仁钦多尔济（汉名亓天命）为护理札萨克，暂管全旗军政事务。巴云英携幼子贡嘎色楞赴东公旗驻包头办事处居住，精心抚养贡嘎色楞，以待其长大承袭父位。

1937年“卢沟桥事变”发生，随后绥远省归绥、包头沦陷。齐木德仁钦多尔济在德穆楚克栋鲁普的“蒙疆政府”扶持下成为东公旗札萨克。巴云英目睹祖国的大好河山被日本帝国主义铁蹄践踏、东公旗札萨克易主等事实，决心带领东公旗游击队百余人辗转旗境南部山区、包头北部等地积极抗战，很快吸收了不愿投靠日军的包头县自卫队大队长王锅扣及其50多名骑兵。巴云英“出了乌拉山，在乌（五）当沟碰到由绥东来的马占山老将军，便一同打游击”。（子冈：《访巴云英》，《大公报》，1940年4月16日第二版）

1938年4月，包头日军追击转战退至固阳县北境的东北挺进军司令马占山部，之后有一股日伪军返回包头路经固阳县南境时掉队，进入巴云英游击队史钦芳活动的爬榆树村附近，游击队员装扮为农民诱敌进村，将全部敌人悉数俘获，入夜押往村外沟内处决，计敌伪32名，内有日军5名。不料其中有一诈死伪军夜遁包头报信。而后，日军派来飞机侦察并给巴云英和东公旗管旗章京送来信，声言交出杀害32人的凶手，亲自送至包头，否则将你们连同阿斯冷沟、绍卜亥、查干达坝的群众一起围剿。为免遭日军的报复，巴云英与史钦芳率部连夜出走，转移到固阳县境王如地村。按照预定计划，在查斯太山北麓刘喜沟召开秘密会议，并将游击队整编为两个团，第一团团长史钦芳，副团长贺得胜，驻守查斯太山北麓阿格路沟、刘喜沟；第二团团长贺得功，副团长王锅扣，驻守固阳县哈业尔呼都格。

包头日军早已密切观注巴云英游击队的活动情况，意欲寻机全歼巴部。5月中旬，日军令驻固阳的伪蒙古军第六师一个团，另调第五师于振瀛团500多骑兵，分两路围攻哈业尔呼都格、刘喜沟。驻哈业尔呼都格的贺得功团疏于戒备，仓促应战，团长贺得功等21人在激战中阵亡，副团长王锅扣带领其余100多人突围，毙敌40多人，杀出一条血路，撤回到查斯太山。驻守刘喜沟的史钦芳团和住在沟内乌兰板申村的巴云英，率领160多人埋伏在刘喜沟两侧，伏击伪蒙古军，毙敌60多名，缴获50多匹战马、60多支大小枪及大量子弹；游击队伤亡3人。打了第一次大胜仗，鼓舞了士气，打击了日伪军的嚣张气焰，巴云英游击队名声陡增。战斗结束后，巴云英立即看望了王锅扣团的官兵，并将王锅扣升为团长。

到5月底，巴云英所领导的部队先后毙敌200余人，但自身兵员损伤和弹药消耗也很大，补给困难，获悉国民党中央直属骑兵第六军军长兼第七师师长门炳岳部队在安北县大佘太有驻军，即派人前去联系求援。派出人员在扒子补隆会见了门炳岳部队第十九团团长朱钜林，朱团长说："这里只能给你们一部分子弹，其他军需供应等须去五原，与门将军直接联系方可解决。"巴云英他们"在乌（五）当沟又曾会到骑兵第六军，请示结果，队伍到隆兴昌和友军联络。"（子冈:《访巴云英》，《大公报》，1940年4月16日第二版）

据此，巴云英迅速召开连以上军官会议，经过充分酝酿讨论，决定巴云英亲自带领少量人马到五原拜见门炳岳军长。

7月中旬，巴云英一行20多人经辗转抵达五原县政府驻地隆兴昌镇，受到第六军军长兼任国民党绥西警备司令部司令门炳岳、前不久到达五原的西公旗奇俊峰等人的热情欢迎和款待。巴云英向门炳岳汇报了抗战详况及所请求，门炳岳即向国民党中央政府、蒋介石等电呈此情。巴云英亦致电阎锡山等请缨杀敌，电称：云英虽属女流，深知日寇毒计，绥包事变后，即率旗兵潜伏武（川）固（阳），伺机杀敌，响应国军。同时请求予以弹装接济，并告已派代表到五原联系。国民党行政院、军政部及绥远省境内蒙古盟旗地方自治指导长官公署指导长官阎锡山等来电慰问并嘉奖

巴云英。随后，任命巴云英之子贡嘎色楞为乌拉特后旗札萨克兼防守司令部司令，巴云英任乌拉特后旗护理札萨克、绥境蒙政会委员兼代理防守司令部少将司令，史钦芳任防守司令部副司令。司令部暂设五原县城。

1939 年 2 月，傅作义接管绥西防务。巴云英的部队配合傅作义的军队抗战，一应军需由傅作义第八战区副司令长官部负责供给。“又奉傅长官命令，三分之二的骑兵编成绥远游击第七支队，补发维持费，由后旗防守司令史钦芳协同率领；三分之一的人变成本旗保安队。”（子冈：《访巴云英》，《大公报》，1940 年 4 月 16 日第二版）

1940 年，巴云英应邀携子贡嘎色楞前往陪都重庆，谒见蒋介石、宋美龄夫妇。蒋介石、宋美龄夫妇赞其抗日之志，誉其为“巾帼英雄”，并允其所求，供给武器和经费。巴云英在重庆期间成为全国妇联会委员，经巴文峻介绍加入中国国民党并任绥远省蒙旗党部特派员。

巴云英返回陕坝后，在傅作义的支持下，在陕坝成立乌拉特后旗政府暨乌拉特后旗防守司令部驻陕坝办事处，加紧敌后策反和后山游击战，并配合国民党军队多次作战。以安北县明安滩、小佘太、查斯太山为根据地，袭扰敌人，成功地策反了东公旗伪政府的一部分军政人员，为巴云英效力，暗地帮助提供敌人情报，秘密往后套运送物资。驻东公旗的伪蒙古军排长孙卜尔巴图（孙卜尔）带领 10 余人马及部分枪支投奔了巴云英。

海流图新区——巴云英公园

1942年1月，巴云英部李俊峰团的孙卜尔连、顾文斌连夜袭驻东公旗伪政府的伪蒙古军第七师第二十二团的1个连，毙敌7人，打伤10多人，余敌落荒而逃。夜袭队撤退前，焚毁伪旗政府的房屋，带着缴获枪马返回查斯太山。

1941年，中共河曲县委派共产党员、游击队分队长王有德和通讯员王海元到河套地区搞地下工作，通过五原县平太乡第二保保长、进步人士陈得智（陈豁子）的关系，工作开展顺利。1943年，陈得智与王有德、王海元等6人打入东公旗巴云英防守司令部特务中队当兵。暗中，他们积极宣传抗日，努力争取进步官兵。

1943年12月，李俊峰团第一连夜袭驻固阳县公益民村伪警察队，毙敌3人，缴获大小枪5支。8月，张治中将军视察后套，接见巴云英，称她是蒙旗抗战典范，是“抗日英雄，坚贞不屈的蒙古族女杰”。

1944年9月，巴云英部配合傅作义部队袭击中公旗，协助捣毁斯日崩朝海日特机关。9月底，奉傅作义令，巴云英遣李俊峰团兵分两路，同时捣毁东公旗伪政府驻地哈布其勒与陶赖庙的日特机关。陈得智在哈布其勒击毙日军3人，俘虏伪蒙古军13人，俘虏日本特务机关长山田道太郎，缴获电台1部，并送到河套陕坝第八战区副司令长官部，傅作义给巴云英记特等大功，通令嘉奖并电告蒋介石。陈得智立功并深受巴云英信任，被提任为上尉排长，王海元回河曲通报信息（后任中共河曲县委书记）。10月间，早已决定投靠巴云英的包头市伪警察部队大队长杨占荣，派人给巴部李俊峰团长送去紧急情报：包头、固阳两地警察部队定于10月20日午夜遥相呼应在大奴气东、西两侧袭击消灭你部。李俊峰据此情报，即派兵在昆都仑沟设伏，用手榴弹炸毁偷袭他们的包头麻池伪警察乘坐的两辆汽车，残敌溃退。杨占荣带80多名骑兵到大奴气和阿贵图庙沟口，虚张声势追击一番，后说怕有埋伏，便撤回包头。李俊峰乘势率大部队在公益民截击固阳出发偷袭他们的70多名骑警，毙伤37人，缴获部分枪马。1945年7月，杨占荣率150多名官兵，正式投靠乌拉特后旗防守司令部，巴云英当即任命杨占荣为中校团长。

1945年8月抗战胜利后，巴云英率部重返后山家乡，接管政权，受到旧旗政府官员和广大蒙汉民众的热情欢迎。巴云英召开乌拉特后

2015年9月13日，巴云英家族在海流图巴云英公园举行“抗日英雄巴云英女士祭祀仪式”，图为中共中央、国务院、中央军委为巴云英颁发的中国人民抗日战争胜利70周年纪念章

旗贵族、士官会议，重振旗务，抚慰旗民，委派官员维护地方治安，她自己率旗保安司令部（原旗防守司令部）的人员常驻包头，掌控全旗军政。1946年任国民党绥蒙党部东公旗特派员，1947年加入国民党“中统”组织；1948年3月赴南京参加“行宪国大”会议，授任绥远省“戡乱”委员兼乌兰察布盟六旗中将保安司令。但东公旗保安司令巴云英及其所属6个大队，抗日时期忠心抗日不反共，解放战争时期守地安民，没有向人民解放军开过一枪。

1949年春，北平和平解放后，巴云英派人与人民解放军联系待机起义，而后态度鲜明、立场坚定地反对德王“西蒙自治”，严词拒绝参加“蒙古自治筹备委员会”。

1949年9月19日，巴云英参加绥远省和平起义，后任中国人民解放军乌兰察布军分区乌拉特后旗支队队长、乌兰察布盟人民政府常务委员。1951年在绥远省民族干部学校参加整风审干学习。她为人和善，工作任劳任怨，服从领导。1955年6月当选为政协乌兰察布盟第一届委员会委员、常务委员。1956年任乌兰察布盟教育处（局）副处长，并当选为内蒙古自治区第三届人民代表大会代表，光荣地出席了全国第三次妇女代表大会。1958年乌兰察布盟西部区划归巴彦淖尔盟，巴云英被分配到巴彦淖尔盟工作，历任政协巴彦淖尔盟第三、四、五届委员会委员，常务委员，副主席，内蒙古政协第三届委员会委员等职。1966年8月21日，在巴彦淖尔盟盟府所在地巴彦高勒镇病逝，终年67岁。

抗日烽火纪事

1. 乌不浪口阻击战

乌不浪口位于乌拉特中旗政府驻地海流图镇南28千米处，是河套平原的天然屏障，古代兵家征战之要隘。在绥西抗战中，来自宁夏回族将领马鸿宾的部队（俗称“西军”）驻守乌不浪口，对入侵之日军进行了英勇抗击，留下了可歌可泣的抗日史话。

1940年1月，日本侵略者为报复傅作义部1939年冬袭击包头，并解除对日军的巨大威胁，驻蒙军司令官冈部直三郎扬言要“彻底消灭傅作义军”。于是调遣绥西日军，从平绥、同蒲路沿线（张家口、大同等地）及华北方面军抽调部队，另配属伪蒙古军李守信部和伪绥西自治联军王英部等6个师协同作战，日伪军总兵力达3万多人，配备12架飞机及部分大炮、坦克，汽车780余辆，于1月下旬开始兵分三路进犯河套地区。

国民党第八战区副司令长官傅作义将军得知敌情后，在五原召开军事会议，部署配属指挥的部队：中央骑兵第六军门炳岳部第七师在西山嘴、马七渡口阻击由前山进犯之敌；宁夏马鸿宾部第三十五师利用乌不浪口、乌镇地区阵地阻击由后山进犯之敌，迟滞其进击之势，待傅作义主力三十五军董其武第一〇一师从乌镇以东、孙兰峰新三十一师从乌镇以西万和昌出击，形成南北夹击，在乌镇地区一举歼灭日军。

1月31日，南、中两路日军由前山进犯，在蓿亥滩和二圪旦湾、马七渡口遭到门炳岳部骑六军二十团和二十一团官兵的顽强阻击，日军进展缓慢。其北路由日军第二十六师团长黑田重德中将率领，经后山大佘太沿乌拉山入侵乌不浪口、四义堂、乌镇，攻击五原。

由后山进犯之敌在飞机、大炮的不断轰炸和坦克的掩护下，向乌不浪口马腾蛟第三十五师的守军阵地发起了猛烈的攻击。乌不浪口首当其冲，官兵们冒着零下30摄氏度的严寒，充分利用有利地形进行顽强阻击，然而敌人炮火猛烈，大部分地面工事被毁，人员伤亡惨重，鲜血染红了乌不浪口的大地。最后，阵地失守。

马腾蛟第三十五师3个团3000余名抗日官兵，主要由回汉民族组成，冰天雪地中驻守在乌不浪口、四义堂以及乌镇三地，他们没有皮衣，冒着零下30摄氏度的严寒作战。由于装备低劣，依赖土质工事，守卫重要扼口战地，抵御骄横强势的日军黑田机械化部队，

乌布浪口抗日烈士公墓（1986年）

终因实力悬殊，守军阵地被敌先后突破，被迫撤退。其时，傅作义主力三十五军援军董其武第一〇一师于乌镇以西即与南进日军遭遇，原拟伏击战变为遭遇战，傅部援军掩护了西军撤退。

是役，马腾蛟三十五师的官兵阵亡1000余人，伤2000人，其中冻伤者就达700余人。

1940年3月，傅作义绥西抗战“五原大捷”后，傅部组织军政人员与群众搜寻国军阵亡官兵遗体，其中寻获西军官兵遗骸148具，收殓入棺。4月5日清明节，傅部在乌不浪口西侧为阵亡官兵选址的墓地南端，召开了有千余军民参加的悼念抗日阵亡将士大会，并隆重举行安葬仪式，以告慰烈士英灵。

“古来征战几人还”，“青山到处埋忠骨”。在抗日战争中乌不浪口阻击战牺牲的官兵，是值得我们永远怀念的。他们，生——守卫乌不浪口，死——与乌不浪口为伍。他们用鲜血捍卫了中华民族的尊严，他们的民族气魄和爱国热情将永远激励着后人。为国捐躯的乌不浪口抗日阵亡烈士永垂不朽！

马鸿宾（1884—1960），字子寅。回族，甘肃河州（今临夏）人。父马福禄，清军督带统领，1900年八国联军进犯北京时，率军靖难，中流弹殁于廊坊，此后16岁的马鸿宾由其叔父马福祥（马鸿逵之父）抚养。1904年任马福祥侍从武弁，此后从军。1915年任甘肃新军司令，后被北京政府授予陆军少将衔，1920年晋升为陆军中将衔。1937年，马鸿宾部被编为第八十一军，马鸿宾升任军长，所辖仍为原部队第三十五师和1个独立旅，以马

清明节乌不浪公墓口祭奠

马鸿宾

腾蛟为师长。1938年5月，兼任第八战区绥西防守司令，奉命前往绥西抗击日军，由马腾蛟率一部分军队开往前方，驻五原、临河一带，与日军作战。1940年夏，移防包头黄河南，参加伊克昭盟保卫战。1943年，傅作义部完全接替了绥西防务，马鸿宾率部撤回宁夏中宁县进行休整。1949年9月23日，国民党西北军政长官公署副长官马鸿宾率部通电起义。其后，历任宁夏省人民政府副主席，西北军政委员会副主席，中央人民政府国防委员会委员，第一、二届全国人大代表，甘肃省副省长等职。1960年病逝于兰州。

马腾蛟（1876—？），字子云，回族，甘肃河州（今临夏）人。早年在马福祥部任营长、团长。后跟随马鸿宾任陆军第六十四师师长。1937年任三十五师师长、八十一军副军长兼三十五师师长。1945年2月任陆军少将。1946年7月任陆军中将。后病逝于宁夏。

2. 安荣昌将军东大沟血战日本军

乌拉特中旗石哈河镇楚鲁图村六分壕村南部丘陵地，有一处山石刻有抗战碑文，碑刻为："安荣昌将军于民国二十八年夏与日本军血战于东大沟"，落款为："己卯榴月上浣沈砚书、李兴祚敬志"，末为"川十元"字样。系2015年六分壕村村民张套小、同村籍退休职工张衡首次发现，经史志工作者兰建忠、樊明成等人当年实地考察，而后查清安荣昌将军抗战史实。

上述碑刻民国二十八年即公元1939年。东大沟，亦写作"董大沟"，附近查斯太山的南北麓各有1处董大沟，南麓董大沟在六分壕村西南20多千米处，是大佘太日军进犯山后必经沟口之一。安荣昌抗战碑刻之"东大沟"，系指距六分壕村东南方向9千米处的查斯太山北麓东大沟，东大沟再东南2千米就是刘喜沟，是抗战以来东公旗"抗日女王"巴云英率部与日伪军交战地之一，也是白凤翔将军魂游之地。落款1939年6月上旬的题

史志工作者和报信人与巨石碑记合影

写人之一沈砚书，时任安荣昌部支队长，1949年驻绥部队指挥所副官处上校处长，参加绥远和平起义。

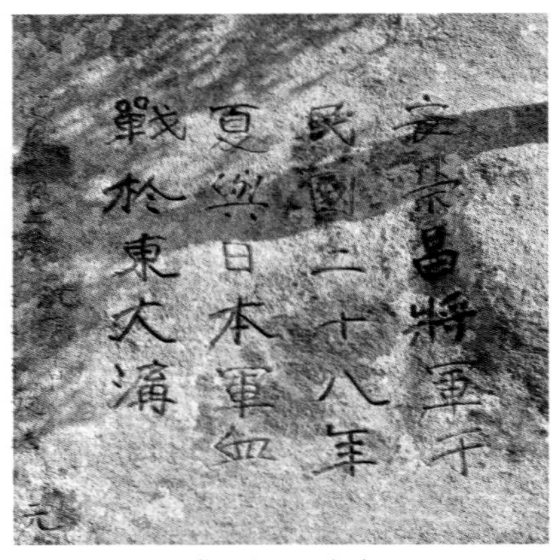

安荣昌将军抗战碑记

1937年1月，隶属绥远傅作义第三十五军的安荣昌新编第五旅驻守安北地区（今查斯太山南北麓地区）；10月，改隶中央骑兵门炳岳第六军。1939年5月统计，安荣昌的部队为陆军骑兵第六军新编第五旅，实有官兵2552人，战马213匹，驮炮骡48头。

1939年5月26日，是日晴天，安荣昌将军司令部宿营西生金兔。早上6时，司令部接到补充团团长安身健报告：“发现日军汽车91辆，满载步炮兵700余人，由十七分子分三路向花文朵（华温都日）前进中，正计划派侦察人员时，第九团第一营梁代营长报告敌汽车现已进入东大沟，已与我二连之第一排接触。……正与我第五、六两连激战中。早8时许，日军分三路向安五旅所属部队进犯，第1路由何家店、第2路由大毛店、第3路由王拴林沟。司令部命令第九团各营严守阵

东大沟——安五旅与日军血战之地

地，坚决抵抗，并令机炮营在西生金兔东北、西南布置伏兵，以防日军迂回偷袭。”

“……日军汽车 80 辆、坦克 2 辆、附炮 8 门，载敌伪千余，进迫安北县东大沟，被安部新五旅第九团在何家店截击。上午 9 时余，敌仍向我猛攻，但均被安部各处守兵击退，尤以第九团第一营第一连最为勇敢，向敌发起数次冲锋，毙敌极众。‘嗣因我孙连长年高阵亡，该连官兵始行停止冲锋，但与敌仍相对峙于何家店北端之山顶。’敌以主力向南急进，对安部施放烟幕并炮轰，一部约 300 敌人绕何家店威胁安部侧背。战至 9 时 50 分，敌仍不断向我进攻，为迅速获得战果，飞调张二壕第十团及驻花文朵附近补充团驰援，双方战斗至中午，安部东、西援军赶到，将敌击退，敌一路逃往安北县大佘太，一路退回固阳县。是役，计毙敌 40 余人，安部阵亡军官 1 人、士兵 13 人，受伤军官 1 人、士兵 8 人。”

“五月二十七日：记事，天候：晴。宿营地点：西生金兔，一、查第九团第一营第一连连长孙年高于昨日东大沟何家店之役为国捐躯。”（中国第二历史档案馆资料《第八战区绥远方面战斗经过》，全宗号七八七，案卷号 12680，第 6 页）

西生金兔（森吉图）——安荣昌将军新编第五旅司令部遗址

安荣昌（1899—1942），字华亭，小名永福，河南鲁山人。1927 年任国民革命军第十二军第三师师长。1930 年参加冯阎反蒋联军失败，遭蒋介石通缉。1934 年，参与任应岐、吉鸿昌在天津组建中国人民反法西斯大同盟事宜，11 月突遭国民党军统特务袭击，安荣昌因去厕所侥幸脱身，任、吉被捕后英勇就义。事后安荣昌潜至察哈尔栖身，察哈尔曾是冯玉祥、吉鸿昌领导的察哈尔民众抗日同盟军活动地域，王英曾追随吉鸿昌抗日，任抗日同盟军察北游击司令。1936 年，王英参加日伪“蒙古自治军政府”任“大汉义军”总司令，安荣昌出任第一旅旅长。同年 12 月，傅作义绥远抗战百灵庙大捷时，安荣昌率部反正。1937 年 1 月，傅作义将安荣昌旅改编为“新编第五旅”，安荣昌任少将旅长，时称“新五旅”或“安五旅”，驻守绥远后套查斯太山南麓安北设治局一带。傅作义退守山西，日军占领包

头后,改隶中央骑兵门炳岳第六军。安荣昌旅与石玉山师还负责镇守绥西要隘西山嘴。因安、石部把守牢固，日军无隙可乘，被誉为“西山嘴安石门”。一次，安荣昌主动出击，进占西山嘴之东10千米的日伪占领区蓿亥滩。包头日军闻讯出动日伪军，以猛烈的炮火做掩护，进逼安部指挥所驻地，情况危急。安荣昌挺身而出，率卫队迎敌。众官兵精神为之一振，奋力冲杀，毙敌数百，残敌狼狈逃窜。这一战使日军驻包头司令官称安荣昌为“不要命将军”。1939年秋恢复隶属傅作义第三十五军。

1940年，五原大捷时汉奸王英与伪蒙古军参谋长乌古廷逃至西山嘴，被安荣昌徇私情放走。不久，安荣昌改任暂编第四军第十师师长。1941年11月升任暂编第三军副军长（军长孙兰峰）。1942年8月病逝于绥西陕坝。

石匠李洪贵（左）雕刻：“抗战卫国 史铭青山——沈砚书后人 二〇一六年九月十八日”

3. 刘万春将军驻守高台梁地区

1939年春至夏，日本华北方面军推行“治安肃正”计划，加紧对华北地区的大青山抗日游击根据地进行“扫荡”，同时，明确“将治安区推进到安北、西山嘴一线”。

傅作义将军为了在敌后开展游击战，在包头以北、固阳以西、安北大佘太以东的高台梁地区成立绥远第二游击区司令部，调绥远游击军第二旅旅长刘万春少将任游击区司令，司令部驻高台梁中心“文昌庙”（又写“ 文格庙”，应为“恩格日庙”，位于查斯太山南麓哈日达坝）。司令部下属3个骑兵纵队，3个县（包头、固阳、安北）政府的步骑保安大队。第一游击纵队司令赵炽昌，下属3个骑兵团；第二游击纵队司令武俊峰，下属3个骑兵团；第三游击纵队司令史钦芳，下属两个骑兵团（原属东公旗巴云英的部队）。游击区司令部成立后，主要采取出动小股部队的方法，主动打击敌人。1939年4月5日、6月20日，武俊峰部先后袭击包头县前口子村日伪据点、大佘太伪安北县政府警察局，两次毙敌240多人，俘36人，缴获枪支、弹药等。其间 4月15日，驻包头日军出动60余辆汽车、装甲车，在飞机掩护下，占领大佘太城。6月7日，大

刘万春驻军部队遗址（六分壕村南1千米处）

余太日军出动近20辆汽车的兵力，经枣树口攻打乌兰脑包（今属乌拉特中旗德岭山镇），被马鸿宾“西军”击退。8月中旬开始，驻包头的日军为了进行报复，动用大批日伪军和汽车、飞机，三次向高台梁地区疯狂“扫荡”。刘万春率领各纵队及各县保安团分路截击敌人，经过28昼夜艰苦奋战，伤亡官兵680余人，被日军飞机炸死700多匹战马，负出重大代价，但最终将日军的“扫荡”粉碎，共打死打伤日伪军200余人，捣毁敌人汽车30余辆。

刘万春（1900—1993），字寿山，回族，河北交河人，保定陆军军官学校第9期步科毕业，此后一直在军界任职。1939年3月任绥远第二游击区少将司令，1942年7月代理新编骑兵第三师少将师长，1944年任第三十五军（军长董其武）少将副军长，1946年升任绥远省保安司令部中将副司令，1949年7月兼任第九兵团（司令官孙兰峰）副司令官。9月19日在绥远归绥率部起义。12月9日任改编为人民解放军第三十六军军长。1950年11月涉嫌“反革命”被公安部逮捕。1976年8月获释后定居北京。1977年11月当选北京市政协委员。1993年1月在北京病逝。

4. 白凤翔将军魂游刘喜沟

1942年2月中旬的一天，高台梁地区刘喜沟（今乌拉特中旗石哈河镇东南部）炮火连天，枪林弹雨，由固阳方面出动的机械化日军追剿一支奔向河套的骑兵队伍，双方在这一带进行了激烈战斗。

白凤翔将军

事情的起因与白凤翔将军有关联。

白凤翔，1897年出生于原热河省围场县（今属河北省）。幼年家贫，成人后聚众进山为匪，绰号“白三阎王”。后率部投靠张作霖，任骑兵旅旅长。1936年在张学良东北军所属骑兵第六师任师长，“西安事变”时因奉张学良命令捉拿蒋介石有功，晋升为军长。张学良被蒋介石扣押南京后，白凤翔被免职闲居北平。卢沟桥事变后，白凤翔到南京向蒋介石请战，被任命为热河省抗日先遣军总司令。他随即从南京返回西安，变卖部分家产收拢原骑六师旧部，筹建热河先遣军。不久率部北上，经辗转多地投奔第八战区副司令长官傅作义。傅作义令白凤翔驻守高台梁地区，侧卫后套安全。1939年7月，在白凤翔的谋划下，时任河套五原骑兵第八纵队上校司令的王国才率部“诱引”驻包头日军部队“出洞”。先遣军边战斗边转移，把日军引到乌拉山南麓一处山谷，待敌人20多辆汽车进入伏击圈后，将日军尾部两辆汽车炸毁，堵了日军后退道路，集中手榴弹炸敌，消灭300多日伪军，缴获一批武器装备。

1940年7月，日军集中优势兵力将白凤翔部队包围在茂明安旗南部，激战中，他腹部受重伤，部队弹尽援绝。重庆军统负责人指示其按“曲线救国”办法行事，同时得到傅作义“保存实力，伺机反正”的指示，他接受了劝降。日军委任白凤翔为“东亚同盟军”总司令，总部驻固阳合教堂（今包头市达尔罕茂明安联合旗乌克镇合教村），辖守固阳全境。

白凤翔诈降日寇后忍辱负重，冒着生命危险以“东亚同盟军”司令部的名义，掩护了傅作义派来的霍刚战地工作团、军统局驻五原办事处的冯兰亭小组开展敌后工作和情报工作，保护被日军围剿的八路军大青山游击支队和绥远民众抗日自卫军第三路、第四路和第八路。

1941年冬，太平洋战争爆发后，白凤翔认为时机已到，准备起

昔日战场——刘喜沟

义。因泄密，被日本特务侦知，日军高层在张家口秘密开会，决定除掉白凤翔。日本特务机关趁白凤翔到包头治病之机，派特务暗中给他注射慢性毒药，直到不能行动时才被送回固阳合教堂防地。白凤翔在头脑已经迟钝的情况下仍密召部下研究起事事宜。

1942 年 2 月 8 日，白凤翔将军终因日军毒害在合教堂与世长辞，年仅 45 岁。2 月 19 日，白凤翔部下骑兵第六师师长王绳武、骑兵第四师师长王国才按照他的密嘱，趁机发动哗变，杀死日本顾问和教官 11 人，将白凤翔的遗体绑在马背上，带领部队向五原撤退。日军得悉后，派 3 架飞机并出动汽车、炮兵部队及伪蒙古军第八师跟踪追击两夜一天。王绳武、王国才率部行至高台梁地区刘喜沟时，与尾追日军展开激烈血战，伤亡约 300 人，白凤翔的遗体被日军抢回。反正部队亦击毙日军一个小队，缴获机枪 5 挺，终于胜利抵达五原，受到傅作义将军的嘉奖。部队被编为第八战区骑兵挺进第二、第三纵队。

重庆方面得知白凤翔反正途中被毒杀后，特派军统戴笠去兰州第八战区司令长官部处理善后问题，第八战区追认白凤翔为抗日烈士。

1942 年 4 月 17 日，国民党《中央日报》发表白凤翔将军部下王绳武等人发动的合教抗日兵变通电，周知国人。

王国才（1903—1978），号捷三，辽宁新民人，幼时家境贫寒，1920 年到东北军第四混成旅当兵，1922 年升任奉天督军署大帅府上尉差官，开始了和张学良父子的交往。

1936 年 12 月任张学良部骑六师上校副官处长时，与师长白凤翔

王国才

及团长刘桂武等人直接参与“西安事变”的组织工作，系带队捉蒋的领导者之一。1937年，在东北军骑兵第六师任副团长，在旗下营与日军激战负伤，回西安治疗。白凤翔任热河先遣军中将司令，由南京来到西安。待王国才出院后，两人一起组建热河抗日先遣军，王国才出任热河先遣军第二团团长，由此一直跟随白凤翔。1942年，遵白凤翔遗嘱率队反正回归傅作义部，任骑兵纵队少将司令。后在西安、汉中、东北行辕、华北总部历任少将军职，1949年1月参加北平和平起义，1955年转业至山西忻县地区，1978年病逝。党的十一届三中全会以后，落实政策，王国才被认定为确属有贡献，是有影响的爱国起义将领。

当 代

乌拉特草原第一个蒙西医医生
——那顺巴雅尔

乌拉特草原名医那顺巴雅尔，创建中公旗蒙西医结合的第一个诊所，也是为牧民治病的第一个蒙西医医生。

那顺巴雅尔，曾用名丹巴俊耐，光绪三十三年(1907年)农历五月二十三出生于中公旗阿鲁科尔沁苏木布仁巴雅尔家，排行第四。出生不久，被该苏木贫苦牧民阿木嘎萨德抱养。民国八年(1919年)，那顺巴雅尔12岁时到中公旗阿鲁科尔沁苏木庙乌尔图高勒庙，拜吉仁太喇嘛为师，当了沙毕喇嘛(徒弟)。该庙是梅力更庙属庙，使用蒙古语传教诵经。

1934年，那顺巴雅尔拜乌尔图高勒庙道尔吉“门巴”(藏语，医生)为师，次年拜吉尔格郎图庙著名蒙医僧格扎布为师，三年苦读四部医典，掌握了医学基础理论知识和治疗医术本领，从1938年开始了独立行医生涯。

1939年3月，那顺巴雅尔奉中公旗衙门之命赴归绥(今呼和浩特)牧医养成所学习蒙西医，寒窗苦读一年半，以优异的成绩完成了学业。1940年秋，旗衙门协理巴图毕力格召见他到川井。那时，中

那顺巴雅尔

公旗性病蔓延，出生率大幅度下降，天花年年流行，严重威胁着儿童生命健康，协理巴图毕力格安排他以医生的身份在生计合作社（类似供销合作社）工作，目的是为了治好这两种病魔。合作社负责人韩葆勉励他这个全旗唯一学过蒙西医的医生，并将治好这两种疾病的希望寄托在他身上。同时交给他伪蒙疆政府币1万元，让他跟随送绒毛的骆驼队去包头，自主选购所需药物和医疗器械，一应费用全部由合作社承担。

随后，那顺巴雅尔按照旗衙门的指示办妥一应事务，独自一人在川井办起了民办医疗诊所。由于他对医道精益求精，行医严谨，刻苦学习，在短期内，医治了四五百名病人，其中多数病人得以痊愈或者有了明显的好转。

然而，中公旗地域辽阔，居住又十分分散，且交通闭塞，分布在广袤草原上的病人，不可能短时间都得到治疗，有些病人虽然有幸得到一两次治疗，但也有复发的可能性。因此，一些外来的江湖医生乘虚而入，打着为牧民治病的幌子，榨取牧民的钱财。他们给儿童打一针天花疫苗就要一只羊，更可恶的是，有的江湖医生用假药骗取牧民钱财，草菅人命。有些牧民请喇嘛古日特穆（跳大神喇嘛），念古里穆（喇嘛教驱魔祛灾的一种宗教活动），除灾祛邪，耗去大量钱财，但依然送命。

面对这样的现实，那顺巴雅尔为治疗病患者整天忙得团团转，但还是忙不过来。为了乡亲们的健康和幸福，他获得巴图毕力格和韩葆等人的同意后，于1942年从达拉特旗请来同窗好友太平宝，到川井民办医疗所坐堂看病，他自已云游草原，走家串户，送医到蒙古包为乡亲们治病。他们用德国“六〇六”等药医治蔓延在牧区的性病和天花等传染病，在较短时间内就取得了显著疗效，使600多名病情较重的患者痊愈或明显好转。由此他在旗内出了名，得到广大牧

民甚至札萨克和协理台吉的信任。至1944年，梅毒和天花等疾病基本得到了控制和治疗。

1944年秋天，傅作义部队突袭驻守在杭盖诺其、斯日本朝海等地的日本特务机关。因为当时兵荒马乱，太平宝返回了达拉特旗。那顺巴雅尔一人继续治病，奔走于以川井为中心的远近浩特、乌素之间。

1950年乌拉特中旗人民政府成立，那顺巴雅尔任旗卫生科科长。他邀请并聘任宁日格扎木苏、却扎木苏、嘎拉僧丹金、海布金等当地著名的老蒙医，在全旗4个努图克（区）建立了医疗所，其中在川井建立了中公旗历史上的第一家医院，海布金任院长。同时，他还亲自动手，在海流图建立了旗人民医院，扩大了医疗卫生网点，方便了群众看病。同期，全力配合党中央和绥远省人民政府派来的“抗梅医疗队”（根治梅毒病），彻底消灭了梅毒和天花。推广新法接生，培训蒙古族接生员，减少产妇与婴幼儿的死亡率。1957年，他被评为旗卫生先进工作者，出席了内蒙古自治区卫生先进工作者代表大会。

他为人忠诚厚道，刚正不阿。在工作中不畏艰难，严肃认真，一丝不苟。1958年夏，他被错划为“右派分子”，免职降级下放巴音哈太公社从事牧业劳动。同年10月1日，摘掉“右派”帽子，但未恢复工作和级别。“文化大革命”中亦被按“右派”揪斗，几经坎坷。但他以人民利益为重，相信党，相信真理。

1980年11月，旗党委为他落实政策，彻底平反，恢复公职并办理退休手续。他退休后，又积极投身于文史资料的征集和抢救工作中。他不顾年迈体弱，不辞劳苦，骑自行车跋山涉水，写出14篇8万字文史资料，刊登在盟、旗文史资料上。

1988年5月8日，那顺巴雅尔在海流图镇去世，享年81岁。

石哈河地区第一个中医大夫

——甄名素

民国末年，一位河北顺德府（今邢台市）人氏甄名素孤身一人独闯乌拉特草原行医，很快他就学会了蒙古语，博得蒙古族牧民群众的信任，并和喇嘛医交上了朋友，这样一来他在当地的蒙汉族群众中有了群众基础，从此开创了中医在乌拉特中旗草原行医的先河。

乌拉特草原上的180多种药材，蒙医、中医都使用，但用法却大相径庭。蒙医以“柯子、肉桂”

甄名素

为众之王，而且用量既大又广，让中医惊讶。中医一般用柯子涩肠止泻，敛肺利咽；肉桂温中补阳，散寒止痛，其他方面用得很少。而就在乌拉特草原上，蒙医和中医就是这样在相互交流、借鉴中发展的。

巧妇难为无米之炊。在乌拉特草原上行医，缺药少药常让医者束手无策。行医人走的、坐的都在观察四周的环境，看一看有什么治病的药材。亲自采药、亲自炮制，通过特制的石头工具磨成齑粉，然后在分别装进小香牛皮袋子里，这是行医人必须做的功课。

由于历史和地理的环境，行医人是走方医，摇着“拨浪鼓”，走街串户，救死扶伤，治病救人。行医人不仅没有固定的场所，还得有骑乘，一匹马人骑，一匹马驮叉兜子（毛口袋，里面装满小香牛皮袋子的医药）。因病人基本上是急症，晚到就没命了，所以行医人没明没夜在路上奔波。

后来，甄名素在人口相对密集的地方开了诊所。所谓的诊所，也就是寻个土房子,找几个想学医的，但必须是有点文化的人，留在诊所里，从事采药、炮制药、收购农牧民送来的药材及记账的营生，给带着处方来的农牧民抓药，即俗称的拉药斗。后来这部分人都成了医生，他也成为创建乌拉特中旗草原中医医疗机构的创始人之一。

在乌拉特草原上行医，喇嘛医与中医之间相互没有偏见，经常相互交流，只要能解决问题，能看好病，就是好大夫。1949年中华人民共和国成立前，乌拉特草原性病蔓延。甄名素治疗此病疗效卓著，故常有喇嘛医前来请教，甄名素都毫无保留地教给他们，他们有什么好的经验也无偿地说给甄名素。喇嘛医与中医之间不存在派系之分，是真诚无私的，想方设法共同去治好每一位病人。

1949年后，甄名素又和从河南来的张五常、杨德珍、陈豁子等人在阴山北麓的高台梁，即今天的

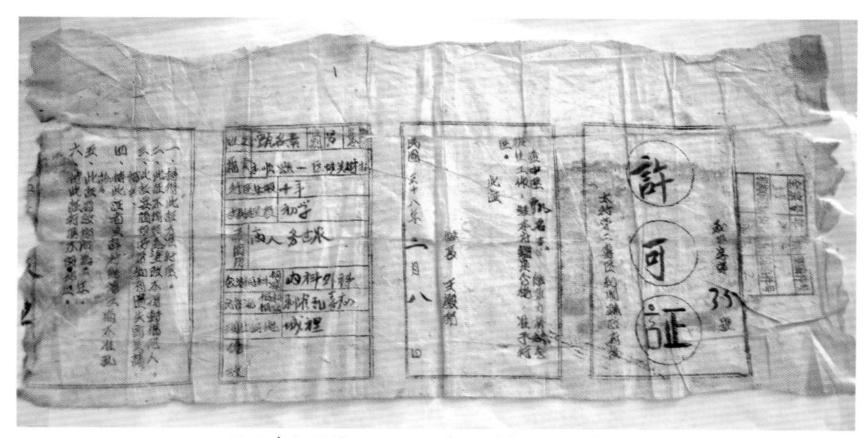

許可証

甄名素行医许可证，1949年2月和顺县政府颁发

石哈河成立联合诊所，后又加入任四亮、史福相、石营柱等人。联合诊所是由合资盖建的5间土房组成，并添置一些医疗设备，开办了住院部。

20世纪50年代开始，政府把分散行医的喇嘛医组织起来，为他们建立了联合诊所、门诊部等民间医疗机构，后又把他们安排到旗县医院和公社、苏木卫生院工作。联合诊所规定每名医生在医院值班一个月，其余时间都在外面出诊。再后来联合诊所的辅助人员（抓药的、财会人员及护理人员）也有少部分成了中医大夫。

公私合营开始后，联合诊所改成石哈河工委卫生院，变成了公立性质的卫生院，属中共石哈河工委管辖。甄名素这批中医大夫除了部分人没能留用外，其余都无条件地服从了政府的安排。随着国家社会主义建设的需要，新建、改建了各级医疗机构，他们又被分配到各级医疗机构工作。不久，一些大学生、退役军医也充实到了各级医疗机构中，但甄名素这批中医大夫仍是各级医疗机构的主力军，而他们的弟子也基本上都成长为各级医疗机构的中坚力量。

而今乌拉特草原，在旗级蒙中医院、综合性的人民医院都设有蒙医科、中医科。乡镇、苏木卫生院的业务基本上都是蒙中西医结合。提倡有一技之长的蒙医、中医开诊所，带徒授技。蒙医、中医的发展达到了前所未有的高度。

甄名素，字苏景，1918年1月生于河北省顺德府（今邢台市），出身于中医世家，是内蒙古西部地区有名的中医，乌拉特中旗草原以中医方法行医第一人，乌拉特地区公立医疗机构主要创建人之一，他

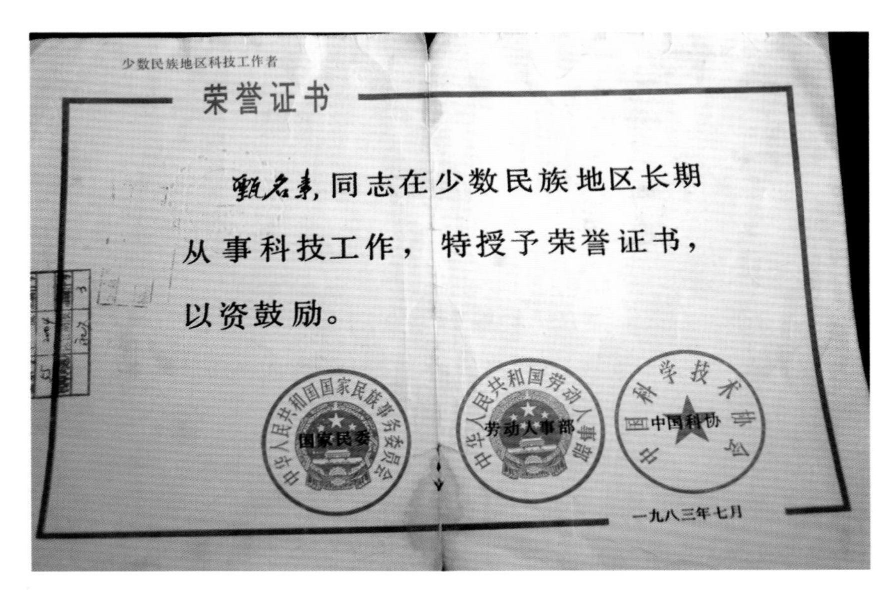
少数民族地区科技工作者
荣誉证书
甄名素同志在少数民族地区长期从事科技工作，特授予荣誉证书，以资鼓励。
中华人民共和国国家民族事务委员会 国家民委
中华人民共和国劳动人事部 劳动人事部
中国科学技术协会 中国科协
一九八三年七月

1983年7月，国家民委、劳动人事部、中国科学技术协会给甄名素颁发了“少数民族地区科技工作者”荣誉证书

为蒙汉民族团结与边疆医疗卫生事业的发展做出了重要贡献。

甄氏中医家说历史悠久。甄氏家谱载“……琪光京成名，生之复欣德……”琪字辈祖上创建的“琪瑞药铺”在当地颇有名气，达官显贵、平民百姓都常常光顾，据此推算甄名素至少为甄氏中医家说的第五代传人。其家传秘方“清痈汤”“烧伤散”“调经益草汤”“胁痛逐瘀汤”等对治疗肠痈（阑尾炎）、小面积烧伤、妇人月经不调、胁痛（胆道疾患）有独特的疗效。1937年，河北顺德沦陷，日本人在城内实行“三光”政策，琪瑞药铺被焚，成字辈的甄氏老大、老二被烧死，老四、老五逃往晋北参加了八路军贺龙的部队，甄氏家业由此损失殆尽，家人流离失所，妻离子散。甄名素背着清代祖上留下的祖传秘方辗转多地，最后来到了乌拉特东公旗的高台梁地区，从此开始在乌拉特草原行医，学会了蒙古语，并和喇嘛医交上了朋友，能看病的消息在当地的蒙古族、汉族中不胫而走，疗效好是最好的宣传员，从此甄名素开辟了中医在乌拉特草原中医行医的先河，在乌拉特草原上创建了私立医疗机构，并开始收徒授艺。他一直坚持在农村行医，直至2003年3月辞世，享年85岁。

甄名素其子甄生联，承其家学，秉其遗志，并将其遗留的“清代甄氏祖传秘方”捐赠给乌拉特中旗档

案局。同时甄氏家传秘方被列入非物质文化遗产，2015年内蒙古电视台、巴彦淖尔电视台及乌拉特中旗电视台对甄氏家传秘方都做过详细报道。其子甄生联成为非物质文化遗产中医项目甄氏家传秘方传承人。2016年，甄氏家传秘方文献资料经甄生联与其孙女甄淑媛整理为《甄氏中医家传实录》，由人民卫生出版社出版。

草原护羊"母女英雄"

1964年3月12日，新华社播发通稿《暴风雪中一昼夜》即"草原英雄小姐妹"——龙梅、玉荣的事迹，被《人民日报》等媒体刊播，她们的英雄事迹从内蒙古大草原传遍全国，感动了全国人民。

就在同一天，距诞生"草原英雄小姐妹"60千米的乌拉特中旗草原上，同时也诞生了保护集体羊群的"母女英雄"——道勒格亚、阿拉腾索。当年国庆，道勒格亚母女受到毛泽东主席的接见。英雄永远是草原一道亮丽的风景，舍生忘死保护集体羊群的"草原英雄"是乌拉特草原永恒的骄傲！

道勒格亚，蒙古族，1915年5月出生，乌拉特中旗巴音乌兰苏木巴音查干嘎查人。祖辈是奴隶，9岁时在封建王公贵族家当奴隶的母亲累病死去后，她和15岁的哥哥又开始了被奴役的悲惨生活，因长期饱受摧残折磨，道勒格亚兄妹先后患眼疾，因无钱医治，哥哥双目失明，25岁的她左目失明。

1950年乌拉特中旗成立了人民政府，道勒格亚和广大穷苦牧民从此开始了新的生活。党和人民政府帮助她建立家园，救济了她14只羊、1头牛，她如获珍宝，精心饲养。到1958年就发展到200多只羊、7头牛和两匹马。1959年牧区人民公社化，她以满腔热情投入这个大家庭，给生产队包放了一大群羊，6年来为集体纯增800多只羊，被公社、生产大队3次评为劳动模范，5次评为"五好社员"。新旧社会不同的经历，使道勒格亚对新社会、共产党怀着无限的感激和热爱，她把党的恩情与集体的温暖时刻铭记在心里，对集体的羊群就像爱护自己的眼珠子一样。她的女儿生长在新社会，女儿在母亲进步的思想、热爱集体的行为熏陶和教导下，纯朴的心灵同样热爱劳动、关心集体。

1964年2月9日是农历腊月二十六日，春节将至，这天早上，乌拉特中后联合旗桑根达来公社巴音查干生产大队（今乌拉特中旗巴音乌兰苏木巴音查干嘎查）上空布满了灰暗的阴云，从西伯利亚侵入

道勒格亚　　阿拉腾索

的寒流，使草原上的天气骤变。有着多年放牧经验的老牧民道勒格亚预感到要来暴风雪了。怎么办？770只羊出牧，还是关在羊圈？这个一向爱畜如子的老牧民反复考虑着。她想“羊要一天不放牧，不仅大羊受不了，就连小羊羔也得不到奶吃，这样怎么行呢？再说，暴风雪一时还来不了，只要自己多加注意，在近处放牧，总比关在圈里困着强！”

想到这里，她坐不住了，对13岁的二女儿阿拉腾索说：“今天天气不大好，你跟妈出去放一阵儿羊好吗？”阿拉腾索愉快地点了点头，和母亲喝了奶茶，就去羊圈打开圈门。母女俩一前一后随着蠕动的羊群走上草坡。

中午时分，天空洒下鹅毛大雪，一时间天昏地暗。道勒格亚未曾料到暴风雪来得这么快，她一面和女儿打着招呼，一面加紧吆喝着羊群，力图在暴风雪前赶回家里。但是，在她们离家还有三四千米的时候，刹那间，一场罕见的特大暴风雪骤然来临，羊群也不听指挥了，顺着风势向东南方乱跑。

道勒格亚非常焦急，立刻想让女儿回去叫人，但又怕女儿迷路，自己回去吧，又怕羊群受了损失，只得决定相依相助，保护好集体的羊群。

风雪越来越大，母女俩一前一后紧盯着隐约可见的羊群，一步也不敢拉开。毡靴沾满了泥雪，就像沉重的铁鞋，袖口、领口的雪花变

为雪浆，她们都顾不上清理。就这样，她们跟着羊群走一阵，跑一阵，不知走了多少路，翻过多少坡。严寒、冰冷、饥饿、疲劳折磨着她们，暴风雪一次又一次地冲散羊群，她们一次又一次地四下里去挡拦，跌倒了再爬起来，嗓子喊哑了，依然关心的是集体的羊群，跟随并聚拢着羊群。

夜幕降临，风雪依然，积雪达30厘米厚。直到晚9时许，她们终于找到一处低洼之地，把羊群聚到一块儿停了下来。

午夜，气温降至零下37度。暂时休憩的母女俩原先被汗水浸湿的内衣变得冰冷异常，冰冻寒彻心肺。羊虽然不跑了，但外圈儿受冻的羊不停地向里圈儿拱动，形成“上跺”。为了避免羊拱动挤趴压死下边的羊，道勒格亚把趴在羊体上的羊一只一只拉下来。小阿拉腾索按母亲的嘱咐在周围守护着羊群，就在这时，她感觉冷得颤抖，继而全身像火烤一样，急切中想脱衣服凉快一下，但冻僵的手解不开纽扣，她就喊妈妈帮忙。

这突如其来的反常情况，使道勒格亚大吃一惊，她赶快过去拽上孩子跑起来，过了一会儿，孩子说不烧了。道勒格亚心痛地又给她揉手、搓脸，并脱下自己套在里面的棉袄给她，让她靠在羊群里挤着睡觉。

道勒格亚开始独自护羊，在饥寒疲惫中苦熬着。夜幕下，她又想起以前说过的话：“道勒格亚呀，你当牛做马30多年，不是老天爷保佑了你，而是党和毛主席救了你，给了你新生活。今天，党和毛主席号召建设社会主义新牧区，走集体化康庄大道，眼前这点困难算什么，就是拼老命也要保护好集体的羊群，只有这样才能对得起党和毛主席。”

黎明时分，困乏苦战一昼夜的道勒格亚自感身体乏力，衣服像冰冻的铠甲，动一动身子就像刀刺般的疼痛。为了羊群，她决定叫醒女儿，让她回去叫人。

小阿拉腾索按照母亲指示的方向，忍着饥饿困乏艰难地挣扎前进，终于走到了公社饲料基地附近。一位汉族社员尹来顺发现她跌跌撞撞走来倒下后，急忙救治，得知她母亲在暴风雪中落难。于是，另一位年过半百的汉族老牧工侯振不顾身有残病，一口气跑了7.5千米，赶到巴音查干生产大队队部报告，队长丹比拉巴嘎随即亲自带头组织人马奔走寻找。

救援的人们在风雪中找了半天，寻而无果。原来，小阿拉腾索

毛主席同党和国家其他领导同志接见来京参加建国十五周年庆祝活动的少数民族参观团及少数民族青年学习参观团合影 一九六四年十月五日

1964 年 10 月 5 日，毛泽东主席同其他党和国家领导同志接见来京参加建国十五周年庆祝活动的少数民族参观团及少数民族青年学习参观团合影。第 2 排右起第 47 位为道勒格亚、第 45 位为阿拉腾索。前第 2 排左起第 17 位为苏木雅

走后不久，一股暴风把羊群掀起，道勒格亚阻拦不住，只好跟着羊群走。到中午时，道勒格亚发现西边是社员丹德尔的蒙古包，她有心跑去求援，又怕自己离开羊群受到损失，因此只能一直跟着羊群走。

救援的人们一个个心急如焚，终于在当天下午找到了道勒格亚和她放养的 770 只羊，安全返回冬营地。

道勒格亚母女历经两昼一夜保护集体羊群的行为，受到公社、旗、盟党政领导的称赞，母女俩也得到了及时的医治。1964 年 4 月 30 日，中共巴彦淖尔盟委员会发出《号召全盟各族人民学习道勒格亚、阿拉腾索英雄事迹的通知》。同年 9 月 30 日，道勒格亚作为内蒙古少数民族参观团团员，带着女儿阿拉腾索到北京参加国庆观礼，10 月 5 日受到毛泽东等党和国家领导人的接见并合影。为此，旗乌兰牧骑还编演了小歌剧《英雄母女从北京回来》，参加全区乌兰牧骑会演并获奖。

道勒格亚，1965 年起是内蒙古政协第三届委员，先后获得公社、旗、盟、自治区劳动模范、先进生产者等荣誉称号，一生奋斗在牧业战线上。1991 年 8 月 25 日，在家乡草原逝世，享年 76 岁。

阿拉腾索始终保持着牧民淳朴善良的本性，从不以英雄自居，一

图为原照片中部，第 2 排右起第 4 人为道勒格亚、第 2 人为阿拉腾索

1968年4月，乌拉特中后联合旗学习毛泽东主席著作积极分子代表会议在旗革命委员会礼堂召开，图为出席会议代表苏木雅（左二）与道勒格亚（右三）

直勤勤恳恳地献身于家乡畜牧业，59岁时不幸因病悄然去世。

三位蒙古族女牧民同一天的殊荣

苏木雅，蒙古族，与中华人民共和国同龄，乌拉特中旗巴音乌兰苏木巴音宝日嘎查人。在党的阳光沐浴下，由边陲牧羊女历任生产队、公社、旗党政领导，曾任巴彦淖尔市政协副主席、巡视员。1964年以来先后以牧民、干部身份赴京，作为少数民族参观团成员与党和国

苏木雅（左一）和道勒格亚

原照片左侧，第2排左起第5人为苏木雅（带披肩围巾者，即原照片前第2排左起第17位）

家三代领导人毛泽东、邓小平、江泽民合影留念。

1964年国庆，苏木雅参加“少数民族青年学习参观团”赴京，与“少数民族参观团”道勒格亚母女留下了同一张党和国家领导人接见的珍贵大照片。乌拉特中旗3位蒙古族女牧民同一天享此殊荣，这在乌拉特草原上乃至全国也是一份特殊的荣耀。

乌拉特蒙古族民俗文化

HUASHUONEIMENGGUwulatezhongqi

乌拉特蒙古族民俗文化

WULATEMENGGUZUMINSUWENHUA

乌拉特民族风俗是乌拉特蒙古族在几百年的生活、生产中形成的地域文化，它具有鲜明的独特性和民族特色，是地域文化的具体体现。

乌拉特蒙古族民俗文化主要包括：乌拉特蒙古族礼仪节庆文化、乌拉特蒙古族祭祀文化、乌拉特蒙古族工艺文化、乌拉特蒙古族饮食文化、乌拉特蒙古族服饰文化、乌拉特蒙古族牧事活动（生产）文化、乌拉特蒙古族竞技体育，等等。这些宝贵的历史文化遗产，通过物质的和非物质的文化形式传承了下来。它们是经济乃至社会发展的原动力，很好地利用这些文化优势，对乌拉特中旗的社会发展会产生十分重要的意义，可以说大力发展乌拉特文化是实现乌拉特中旗经济社会全面发展的战略选择，是文化多元化的迫切需要，是发展旅游业的迫切需要，是研究、保护、传承、发展的迫切需要。

风俗文化是一个地区、一个民族或部落在其长期的生产和生活中形成的，它具有一定的社会性，但由于地域及生活方式等因素的不同，每个地区和每个民族的风俗文化都不尽相同，且各有特色，乌拉特蒙古族在其几百年的发展中，形成了一整套颇具特色的风俗文化。

礼仪文化

乌拉特婚礼

乌拉特蒙古族婚礼源自乌拉特蒙古部。在几百年的游牧生活中，逐渐形成了颇具部落特色的民族婚礼习俗。1648年，乌拉特部被清政府赐牧于今乌拉特地区。此后360多年，乌拉特人生活、繁衍在这块广袤的草原上，乌拉特婚礼也在民族文化的发展中不断完善。蒙古族的婚礼风俗是非常有特色的，例如，鄂尔多斯婚礼欢畅明快，科尔沁婚礼歌美意浓，而乌拉特婚礼则以它粗犷淳朴区别于其他部的婚

礼。乌拉特婚礼可分为求婚、订婚、娶亲、回门等几个环节。

求婚 旧时乌拉特蒙古族的求婚一般是由父母及媒人包办的，当欲求谁家的女子时，父母要找个“照齐”（即媒人），而后由“照齐”再找一至二人，携带4个圆形饼、白酒、哈达、砖茶等礼品到女方家。到家后先将圆饼入盘摆在桌上，接着给老人敬酒、献哈达，同时提出此行是为某某家的孩子求婚的，如果女方的老人很愉快地接了哈达，就意味着同意了这门婚事，求婚的目的也就基本上达到了。

定亲 和汉族的订婚是一个意思，这要比求婚复杂得多。乌拉特蒙古族在定亲时，男方要准备和携带整羊一只（羊背子），白酒若干瓶及圆饼、哈达等礼物。到女方家后，先要将礼品敬献给亲家，接着要献哈达和敬酒。待一切见面礼行完后，女方家便请亲朋贵客入席。彩礼的商谈是在宴席中慢慢进行的。宴席开始后，要放“五叉”（即羊背子），由一位能说会道的人唱祝颂词，这时女方家要敬酒，并且还要由女方家请来的两名歌手站立在蒙古包的东南角唱歌，唱三支歌，大家喝三次酒，然后席间宾朋回敬一支歌，敬歌手一杯酒，接下来就是红火热闹，大家一起唱一齐乐，彩礼就在此过程中商定而成。

娶亲 乌拉特婚礼最高潮的阶段是娶亲。娶亲的日期通常是在订婚时由男女双方老人商定，到喜日子时，男方的娶亲队伍一般要在前一天就来到了女方家，因为按照乌拉特蒙古族习惯，在男方待客的前一天，女方家也要宴请宾朋。这天上午，男方的娶亲队伍在媒人的带领下（一般5或7人）跨上骏马，兴冲冲地奔向女家，当娶亲队伍到来时，女方家在家门口放上小方桌，铺上毛毡，摆上奶食品及酒，由一名念礼颂词的人带领几名敬酒人（女方亲属）欢迎娶亲队伍。这时双方行礼、请安、互祝吉祥，之后，由女方祝颂人提问，男方祝颂人回答问题，如果对答如流女家就打开门把新郎和娶亲队伍让进蒙古包里。接着，便由新郎敬酒献哈达、整羊、美酒等礼品，完毕之后，娶亲一行人入座，由主婚人唱颂祝词，女家敬酒，男方歌手唱“三福歌”（乌拉特婚礼主唱歌曲，由《造福》《先辈的祝福》《永恒之福》组成）。歌罢，姑娘小伙子们开始要新郎，通常要新郎时，女方的姑娘小伙子们要端上一个煮熟的羊脖子让新郎从中间掰断，据说这是为了考验新郎的智慧和力气。女方的宴席和坐唱从中午开始，一直要持续到第二天早晨新娘出嫁时。

第二天天还未亮，新娘便在众姑娘的簇拥和帮助下，穿上鲜艳的服装，在送亲的歌声中，与家人依依惜别，与娶亲、送亲队伍一起出门上马，众人在马背上接受三次敬酒，便告辞启程。

娶亲上路之后，女方的送亲者要打马追赶新郎，新郎则飞马扬鞭，不让对方赶上，娶亲的其他人员的责任是好好地保护新郎，不让对方人靠近新郎，特别是不让送亲者把新郎的帽子抢了去，据说，这是女方家在考核新郎的坐骑和新郎的骑马本领，如果帽子被抢，大伙就会取笑他是个无能的人，那样新郎及娶亲的一行人很不体面。在娶亲途中，双方相互斗争，嬉笑打斗，非常有趣。

娶亲到家时，男方的同辈人出门迎接，新娘下马时必须有人搀扶，脚不得着土，按照习惯要先品尝奶食，然后脚踏地毯或毛毡步入新房，由嫂子等人为新娘打扮一番，接着要拜火和马、驼、羊。赠送牲畜必须要送母畜，这是一种兴旺发达的美好祝愿。拜见完毕后，新娘要退出，这个时候守候在门外的青年们便要将门推住，不让新娘出门，新娘要在这个时候，把事先准备好的手帕、荷包、糖果送给青年们，他们才放新娘出门，这是一个小小的要新娘插曲。

酒宴开始后，新娘、新郎在嫂子的陪同下，给来宾们一一敬酒，所有的人在几名特邀歌手的带领下，一起尽情欢唱，那古老悠扬的乌拉特民歌此起彼伏，歌声、欢笑声伴着美酒佳肴使婚礼达到了高潮。按照习惯，欢乐的婚宴要持续到第二天，富贵人家时间甚至更长一些。

当送亲的人回去时，男方要在蒙古包前铺上毛毡，放上桌子，由男女双方主婚人手捧银碗斟酒，祭天三杯，祭地三杯，互敬三杯，握手告别，至此婚礼告成。

回门 乌拉特婚礼中的回门，是由婆婆领上儿子和儿媳，带上整羊（羊背）、圆饼、酒等礼品去女方家的，回门的时间没有固定，一般是婚后的适当时候，不管哪天都可以。回门时，娘家要举行酒宴，款待女婿和亲家。

如今，随着社会的发展和进步，传统的习惯也在发生着变化，那些婚礼中的繁杂之礼日渐消失，但那些欢乐的、富有民族特色和民族气息的礼仪和娱乐活动却仍保留着，并且不断地增添着新的内容。

20 世纪 80 年代初，内蒙古电视台导演贡布将乌拉特婚礼拍成电

视片，在内蒙古电视台蒙古语频道播出，其内容和表现形式均得到当地民俗专家及群众的认可。20世纪90年代以后，乌拉特中旗乌兰牧骑曾多次将乌拉特婚礼搬上舞台，均得到群众的好评，乌拉特婚礼这一古老习俗，经过传承、发展，现如今展现出了新的姿态。

祝寿习俗

乌拉特蒙古族在几百年的生产生活中，逐渐形成了传统的祝寿宴风俗习惯。这一习俗随着历史的变迁不断完善，形成了一整套风俗习惯。

在蒙古族传统礼俗中，有在老人61、73、81、85岁时为老人祝寿的习惯，届时要举行隆重的祝寿宴。乌拉特蒙古族一直保留着这一传统礼俗，它淳朴独特，具有浓郁的民族风情色彩，虽然在形式和内容上有所变化，但其宗旨和目的就是祝福长辈身体健康、福如东海、寿比南山。具体程序如下：

①第一天傍晚时分搭建蒙古包主包，其他蒙古包应提前两天搭建好，包内生活设施应一应俱全。中间大包为主包，左右各4顶6个哈那的蒙古包。

②清早，老人的子女带上礼品、哈达拜访喇嘛，为长辈选择良辰吉时。

③早晨，寿星的女儿要为老人梳洗打扮，穿戴漂亮的蒙古袍。同时其他子女与左邻右舍和亲朋好友准备招待客人的食品，年轻的小伙子则宰杀绵羊，为煮“五叉”做好一切准备。

④老人穿戴整齐，梳妆完毕后，携带子女登上敖包行祭拜礼，向敖包叩拜，上供红、白食后绕敖包三周，燃香祈福。

⑤待老人回到主包后，已经有远近亲朋好友赶来。大家一起向老人祝寿。

⑥由子女点燃火撑子叩拜并点燃香火敬天。

⑦烧香敬天后，子女手捧哈达，让老寿星品尝鲜奶并吟诵祝词。

⑧随后，应邀前来的至尊亲朋手捧哈达、美酒，向寿星敬献礼物并行礼叩拜。

⑨叩拜应按先长者后儿孙的顺序，待儿孙叩拜时，寿星要给予钱物，以示关爱和泽恩。

⑩叩拜仪式结束后按主客、辈分依次落座，每位客人要先喝下三杯宴酒。之后，主人要端上“秀斯”（羊背），斟满一银碗美酒敬给客人。

司仪宣布寿宴正式开始，这时马头琴、四胡等民族乐器响起，宾主开始唱歌,事宴渐渐达到高潮。

剪发习俗

在传统的蒙古族生活习俗中,孩子长到3岁才开始去发。去发的这一天不一定是生日那天,而是喇嘛根据生辰八字另择吉日,去发这一天要举行隆重的仪式和宴会,其主要目的就是祝愿孩子有福有禄,出众过人;继承神圣的家业,繁衍肥壮的畜群,能让父母享福,能使兄弟欢欣。祝福孩子长生不老,寿全年高,吉祥安好,招财进宝。

①主人一大早把屋里屋外打扫干净,在蒙古包里摆长长的条炕桌,准备接待客人。

②参加去发仪式的人一定要大清早前往,但不能空手而来,多少带些礼物。

③骑马的客人来到后,当妈的要抱着孩子到马桩前迎接。

④客人进包后,主人赶紧往炕桌上端茶。

⑤一碗茶未尽,客人应赶紧取出一盘馓子、一块砖茶献给主人,主人接过以后,要象征性地从馓子和砖茶上抠取少许,到包外泼散出去,高声叫“献过德吉了吗?”屋里的人应到“普献了”(礼物还包括衣服、靴子、绸缎等要在剪发前拿出来放在木盘里)。

⑥时不过晌午,剪发仪式开始。剪刀上缠上蓝色哈达,在银盘或木头盘子里放上五谷种子,上面覆盖两色布(红布、白布),将剪刀放在上面。

⑦孩子的父亲手捧放剪刀的盘子,母亲手捧放奶食品的盘子,领着孩子走到属相不相克的长者面前说:“请大人赐下十指之恩,十指之艺,为我家孩子开剪去发。”

⑧从孩子的爷爷奶奶、姥爷姥姥开始,全体参宴人员依次右手拿过剪刀,左手从盘中取奶少许抹在孩子头发上,拉长声调赞颂并剪一小缕头发。

⑨众人开始剪发,男左女右剪一剪,把头发放在盘中,将头发交给身旁的人,剪完后,再从全部参宴人员开始轮流一遍,大家将它揉成一团儿,每个人都要沾上奶油,上下用两个麻钱夹扁,用线钉住,穿进牛皮绳,吊上两串麻钱,变成锁子。(注意:不能给孩子彻底推光头,后脑勺上那一块不能剪,认为那是人的灵魂所在,神灵不可侵犯,要留一小撮“马鬃”。)

仪式结束后,要上茶、献酒,欢歌畅饮,然后上羊背子等饭食。饭后,姥姥将孩子脸贴脸抱上马背。舅舅、叔叔赠送9只绵羊、9只羔羊。其他众亲属根据自己的经济情况赠送牲畜或物品。

祭祀文化

祭火神

蒙古族一直视火为苍天，认为火神或灶神是驱妖辟邪的圣洁物，一般在腊月二十三或二十四晚祭火神，叫“过小年”。这一天对当地蒙古族来说是一个重要的节日，从供奉祭祀到送灶神，从全家团聚到饮食都有一套特色鲜明的礼俗。

乌拉特地区祭火神最大的不同就是带着很浓厚的宗教信仰，其讲究和步骤完全按佛教说法来完成。祭拜火神，用最好的、可口的肉食上供，请求火神向苍天汇报自家的敬意，希望来年保佑全家，风调雨顺、牲畜兴旺、吉祥如意。乌拉特地区用来祭火的羊，讲究用大羯子来祭拜，一般所有的家庭都邀请喇嘛到家里念诵“祭火神经”，男主人也可念诵，祭火神之前所有人家都要把院里院外打扫得干干净净，尤其是炉灶要整理得干净整齐，把羊胸叉上面的肉全部刮净，包在麻纸里面，上面搁放一些包肚油、松树枝叶、酒少许、五色布条、奶食品、一把达日巴草、砖茶一撮等，之后全家人围坐在炉灶周围，由女主人端好包好的祭品，在炉灶大火上面来回转悠，由喇嘛在一旁念诵火经，念诵过程中搁入火中，火顿时大旺，家人跟着喇嘛不断地念叨“福来、福来”，不断地磕头，这样大约要持续一个半小时，祭完就可以吃喝了。然而从羊胸叉刮下来的肉要另外放在盘子里，在以后的七天早晨必须搁入炉灶祭火直到大年初一为止，还有特定的一部分奶食和肉食要摆放在佛龛前，不得打动，其他大肉的摆放和敬给老人和客人亲属子女时都有不同的讲究，自家吃饱喝足之后，在邻居和亲戚之间开始敬送一盘子肉和粥，互相品尝，评价彼此，如若谁家的肉肥、油大，预示谁家来年要过得滋润。整个过程细致，要求严格，足够忙乎一整天，这就是乌拉特蒙古族的“过小年”。

乌拉特蒙古族别具特色的祭火礼俗有以下方式：

①装入招财祈福桶内的肉类和奶食品都有其各自的象征意义。跟骨是象征儿女们有充裕的食物；连着胸骨的整块肚肉是象征布满草原的马群之福分；象征骆驼福分的是长肋；象征绵羊福分的是肥肠；象征山羊福分的是横隔膜底部肉；祈求富贵的象征肉是胃；祈求奶食丰盛，要放凝固了的酥油。

②向灶火祭献哈达之前，往火撑内添加新柴火，将作为火神之乘骑的红毛色山羊牵到火撑前，点燃香柏为其好好消毒。仔细观

察系在山羊脖子上的彩绸带，如果彩带发黄，立即换新的。这个彩绸带是用纯白色绵羊毛搓的绳子做芯，将五种颜色的绸缎剪成二指宽、一拃长的布条儿缝制。装饰好之后系在山羊脖子上，再为该红山羊的犄角和鼻子、额头上涂抹酥油、鲜奶。作为“火神”坐骑的山羊拴在拴羊绳上，不能卖，也不能收剪其绒毛。

将红山羊作为“火神”坐骑的习俗是乌拉特蒙古族独具特色的习俗。因为蒙古族从很早以前就笃信火神，认为他用其红光照耀着人们，以其热能为人们取暖、蒸煮食物，免除各种祸害。

③祭灶时的肉食、阿姆斯（八宝粥）必须做得丰盛。因为祭灶的三天内，不准动灶内的火与灰，所以必须将这三天的饮食准备充足。

祭火三天后掏火撑里的灰，重新置备柴火。但首先要仔细观察胸叉和胫骨被烧的情况，更要仔细观察羊踝骨的情况。因为羊踝骨的五个侧面分别代表马、牛、绵羊、山羊、骆驼。哪个侧面朝上坠在炉灰里，就意味着哪种牲畜在来年膘肥体壮，繁殖率高。而后将羊踝骨灰珍藏起来，如果身上起了斑点或癣等病症，立即涂抹踝骨灰或服点踝骨灰，疾病可迅速痊愈。

寺　庙

清代，由于喇嘛教盛行，在乌拉特草原建起了许多喇嘛寺庙，据《绥远通志稿》记载（不完全），乌拉特三公旗召庙达67处，在乌拉特中旗境内的有40处左右，后经战乱及自然的破坏，到“文化大革命”前剩25处，“文化大革命”中，这25处寺庙基本上都被破坏，从20世纪80年代起，陆续恢复修建了几处寺庙。

据许多老人回忆，“文化大革命”前旗内寺庙众多，实为一道宗教文化亮丽的风景线，有许多重要的寺庙不仅在当地颇有盛名，而且名声还远播到西藏、青海、蒙古国等地，像奔巴台庙、阿贵图庙、乌盖庙都香客众多，香火旺盛。

在清代，乌拉特蒙古族的喇嘛们大量翻译佛教典籍、经卷，逐渐形成了具有特色的“蒙古文经卷”，成为中国民族宗教文化遗产的宝贵财富。“蒙古文经卷”与藏文经卷的诵经在调式上各有其不同特点。“蒙古文经卷”节奏感、感染力极强，众僧诵经威严四射。时至今日，梅力更庙及属庙的蒙古文诵经，不仅在中国，就是在全世界来说也是独一无二的经典。乌拉特地区有多座大小寺庙，喇嘛僧徒聚群，而且一、二、三世活佛根据地方情况自

创了很多蒙古文经卷，编创了跳神规定动作及选定了诵经日期，制定了严格的制度，形成了地方独特的宗教风格。

1988年的普查资料显示，记录在册的24座寺庙及其位置为：

1. 沙布格庙（巴音苏木图和木）
2. 巴音宝尔庙（乌兰苏木）
3. 沙门岱庙（乌兰苏木巴音敖包）
4. 苏巴尔庙（乌兰苏木巴音敖包）
5. 查干包勒庙(乌兰苏木巴音敖包)
6. 德德千里庙（温更苏木）
7. 乌兰忽热庙（温更苏木宝勒图）
8. 乌宝力格庙（温更苏木西部）
9. 道老洞庙（温更苏木西部）
10. 嶋鸪浩特庙（温更苏木西部）
11. 查干高勒庙（杭盖戈壁苏木）
12. 千里庙（呼勒斯太苏木）
13. 陶来忽勒庙（新忽热苏木四队）
14. 奔巴台庙（杭盖戈壁苏木）
15. 巴勒格森台庙（新忽热苏木）
16. 阿贵图庙（新忽热苏木二队）
17. 佘太庙（新忽热苏木二队）
18. 依很查干庙（巴音杭盖伊队）
19. 希热庙（巴音哈太苏木一队）
20. 哈太庙（巴音哈太苏木六队）
21. 海流图庙（巴音哈太苏木二队）
22. 满尼图庙（巴音哈太苏木五队）
23. 阿鲁忽都格庙（桑根达来苏木）
24. 温更特格庙（桑根达来苏木）

历史上乌拉特三公旗辖地辽阔，三旗从未划过旗界。因此，各旗政府衙和所属庙宇也错落于辖地之内，像位于包头市的梅力更庙，是当时西公旗的旗庙，这座庙宇建于1677年，康熙帝赐名“广法寺”。位于包头市昆都仑沟的昆都仑召，是乌拉特中公旗的旗庙，也是建于清代。这两座召庙都已恢复并得到修缮。

祭敖包

敖包是蒙古民族祭拜天地，祈求吉祥的重要载体。这种风俗在延续的发展中，把祭祀、竞技、娱乐等项目融合在一起变成一种大众文化。

在乌拉特草原上有许许多多大小敖包，有旗敖包，也有苏木敖包，还有布伦套海敖包（村组），有的敖包是祭天地求吉祥的，有的是祭奠英雄的，有的敖包有路标之意，有的是标明分界线的；每年的农历五月初三至十三是祭祀之日，这一天大部分的敖包都要举行不同规模的祭典活动；像巴音乌兰苏木的巴特尔敖包、新忽热苏木的芒很敖包、呼勒斯太苏木的浩雅尔宝格德敖包等，每到此时都要举行大型的祭祀活动，届时有摔跤、赛马、演出等文体项目。祭敖包成为当地牧民一个重要的文化节日。

在乌拉特中旗的山冈上可见到

一些类似“感叹号”的路标敖包，它不仅具有指路功能，还是一种生命的象征。其实，敖包本身就是一种心灵的载体，它有多种的意义和寄托，这是一种世代相传的文化。

一直以来，乌拉特中旗非常重视敖包文化。因为，敖包是一个没有文字的历史，是历史遗留下来的重要标记。

在乌拉特中旗范围内矗立着数不清的敖包。但是，仔细观察，敖包都有自己的等级、名称、规格。敖包等级可分为旗级敖包、苏木级敖包、名人敖包、烽火台敖包、牧户敖包等。乌拉特中旗旗级敖包有13座，这种情况在其他旗县均无记录。旗级敖包由敖包阵组成。敖包阵东西排列，中间一个硕大的敖包代表须弥山，两侧12个小敖包代表五洲四海、天干地支。这种敖包文化是佛教传入蒙古地区后产生的。还有一种是九星敖包，这种敖包也是东西排列，但形状基本差不多，这是古代等级最高的敖包，历史可以追溯到春秋战国时期，乌拉特官方不祭祀这种敖包。乌拉特三个旗一开始就没有划分旗属地界，不知是为抢占地盘，还是牧户所占地盘大的缘故，乌拉特中旗在整个乌拉特三旗范围内注册了13座旗属敖包。届时旗政府派官员在规定的日期举行盛大的祭祀仪式。

这13座敖包的分布情况如下：

乌拉特中旗敖包祭祀

1. 索伦山敖包——在乌拉特中旗巴音乌兰苏木境内。

2. 阿尔其山敖包——在乌拉特中旗巴音乌兰苏木与新忽热苏木交界处。

3. 苏布日干朝鲁敖包——在乌拉特前旗乌拉山群峰中。

4. 二狼山敖包——在乌拉特中旗呼勒斯太苏木。

5. 米格吉玛敖包——在乌拉特后旗巴音戈壁苏木前达门嘎查。

6. 阿拉腾好日高敖包——在乌拉特后旗那仁宝力格苏木。

7. 阿布日拉图敖包——在乌拉特后旗宝音图苏木。

8. 嘎拉登敖包——在乌拉特中旗巴音乌兰苏木。

9. 格处乌兰敖包——在乌拉特后旗潮格温都尔苏木。

10. 昆都仑敖包——在包头市昆都仑区。

11. 巴音希波敖包——在乌拉特中旗甘其毛都镇。

12. 巴勒乌兰敖包——在乌拉特后旗巴音戈壁苏木。

13. 潮格温都尔敖包——在乌拉特后旗潮格温都尔苏木。

这些旗级敖包的祭祀时间是每年农历五月初三至五月十三。祭祀费用及体育活动奖品由旗政府支出，承办单位是敖包属民牧户。

乌拉特中旗敖包祭祀有荤祭、素祭两种。荤祭指的是用整块绵羊肉、整条牛肉为祭品。素祭时禁带荤腥食品，祭品全部是奶食品。

在乌拉特中旗没有人祭祀的敖包也很多。但凡祭祀的敖包都有它的故事，这些故事承载着它的文化内涵。

蒙古人认为敖包是神灵聚集地，所以对敖包有敬畏之情。每当远行遇见敖包必须下马跪拜，如果到了敖包跟前则必须添上几块石头或几捧泥土，然后跨马上路。参加祭敖包活动时必须带上礼品，如：白酒、奶食品、香柏，还要带上自己食用的肉干、奶酪、馓子之类食物。

为了吸引更多牧民前来参与此项活动，主办方要举行赛马、摔跤、射箭比赛。这种体育活动规模也不小，仅次于旗政府召开的那达慕大会。那达慕大会是纯粹的文体娱乐活动，而祭敖包是祭神灵与体育活动结合起来的综合性集会。自从喇嘛教传入蒙古地区之后，祭敖包有了喇嘛诵经祈福、祭天求雨的内容。

乌拉特地区祭敖包的时间选择在牧业生产进入休闲时期。这个时期牧业生产中的抓羊绒、剪羊毛、打马印等重要营生全部做完，草场也绿了，牛羊也肥了，骏马的腿脚也健壮了。

祭敖包前必须把敖包装点一新。敖包顶上要插上新鲜的松柏树枝，用围绳缠绕敖包上下几层，在围绳上系上哈达、彩绸、经幡。在敖包正前方台阶上摆放供品。供品应有全羊（羊背）、白酒、奶食品、糖果、馓子大礼盒等。

祭敖包的第一项由喇嘛诵经祈福。喇嘛们念的是三部经文：一是祭敖包经文；二是祈福五畜兴旺、国泰民安的经文；三是祭天祭地经文（其中有求雨内容）。

诵经之后群众祭拜开始。群众祭拜时先向敖包叩三次头，口中念祷所祈内容，然后起身顺时针绕敖包三圈。绕圈时不停地在口中念祈福词，用芨芨草穗或柏树叶象征性地向敖包泼洒白酒、鲜奶。很多人手中拿着哈达或已点燃的香柏。绕敖包祈福毕，把剩余佛香放置在敖包台阶上的大型香炉内。

祭敖包第三项内容是体育比赛。群众在主办方的引导下在规定的地点集合进行比赛。比赛完毕，主办方发放奖品。

在乌拉特中旗，不管敖包的规模大小，祭祀活动一天之内完成。

为促进当地旅游业的发展，乌拉特中旗于2003年准备在海流图镇东北方向建一座特大型敖包。当时有人表示反对。他们认为，乌拉特中旗旗属敖包有13座，这已是天数。建敖包必有名分，不能无中生有，无理由建敖包。根据群众反映的情况，旗政府把兴建新敖包的事项移交旗宗教局承办。

旗宗教局首先让人选择地址，然后前去原乌拉特中公旗13座敖包那里请回“尚西格”（圣物），各装入一小箱中埋在新建敖包地基下三米深的地方，示意13座敖包神灵留在这里。同时埋在敖包地宫的有银锭（象征招财进宝）、马鬃马尾（象征着五畜兴旺）、五谷杂粮（象征农业丰收）、七彩绸缎（象征丰衣足食），起名为“乌拉特敖包”。

新建敖包底座直径30米，高9.9米，用石料3000立方米。敖包顶端旗杆高度6米。

2003年8月18日举行了“乌拉特敖包”首祭活动，当时前来参观膜拜的有近十万人。

乌拉特敖包建在大土丘之上，北靠大山，南有平原，西侧是柠条树林，东侧搭建了十几顶蒙古包。蒙古包群前面是摔跤广场，正北方1千米远的地方有赛马圈赛场地，西南侧是射箭广场，还有几座大型雕塑特别引人注目。

从此，每年8月18日都要举行祭敖包活动。届时从呼、包二市，

巴彦淖尔市临近旗县前来参加活动的游客、香客、观众人数达十余万之多，成了乌拉特中旗旅游的一道亮丽风景线。

马文化

乌拉特草原马文化是乌拉特蒙古族习俗的一个重要组成部分，它是以马为主要对象，围绕马而展开一系列活动，这些活动中有的与生产放牧有直接关系，如打马印、骟马；有的与生活相关，如挤马奶、剪马鬃；有的属竞技类，像赛马、驯马、套马，还有的属民俗宗教类，如“放归神畜”“祭典敖包”等。这些与马有直接关联的活动统称为“草原马文化”。

骏马奔腾

乌拉特草原马文化，主要源自乌拉特蒙古族，是乌拉特人在几百年的生产、生活中共同创造而逐渐形成，有着广泛的群众基础，并成为系列性民俗活动。马作为蒙古族牧民的主要运输工具，其作用是非常大的，马文化活动是当地蒙古族牧民生活中一项重要的内容。像打马印、骟马、剪马鬃、挤马奶、酿马奶酒等都与生活息息相关。马在蒙古族牧民生活中的作用是其他牲畜无可替代的。马的地位是相当高的，因此，围绕马所展开的活动，其作用和影响也是非常大的，对于马文化的研究和保护，也是我们继承和发扬民族文化的一件大事。

牧马人

手工艺文化

服饰手工艺

乌拉特蒙古部在西迁360多年的历史演变中，改变了原有的服饰传统，形成了自己的风格特点。经过众多能工巧匠加工的乌拉特服饰,尤其是男女配饰尤为细致精美。

乌拉特蒙古族原先不分男女都戴帽子或系头巾，后来自己缝制以狐皮、羔皮为主的“本和尔”（一种圆顶帽）、麻忽子、四耳、鹰式、尖顶、鸭舌帽子，分四季穿戴。

乌拉特蒙古族穿的长袍有开衩式和不开衩式两种。开衩式袍多为贴身，而无衩袍子则宽松肥大，多用于野外作业或出远门时穿着。中公旗的袍子基本没有开衩式。长袍分为棉袍、夹袍、单袍等，穿哪种袍子是根据季节决定的。袍子一般有一或三道窄条沿边儿，缝制三三成排的扣绊儿装饰，偶尔也有一道宽沿边儿加一道水流和双双成排的扣绊装饰。奥吉或坎肩的镶边装饰与袍子相似。

乌拉特蒙古族在冬天最冷的时候穿绵羊皮或山羊皮袍子，等到绵羊皮袍发旧以后用布罩做一层面儿。这是因为风吹日晒之后羊皮的油脂掉光或羊皮充分撑开的缘故。羔羊皮袍子要选用冬羔皮，称其为“森森德勒”。森森德勒的面儿必须用鲜艳华贵的绸缎制作。它是乌拉特蒙古族过年过节时穿着的礼仪服装。在乌拉特地区男人不到18岁不穿带马蹄袖的袍。成年男性在袍子外面可以加穿坎肩和褂子。乌拉特蒙古族的腰带要求与做袍子时所用的布长短一样，男人系红、黄、浅绿色腰带，腰带略靠下系，但不会故意提系腰带。女人则靠上系腰带，不提衣服上身，以贴身为美观。男女出远门时穿戴山羊皮制作的对襟答忽（宽松外套），以便保暖和露营。

乌拉特蒙古族冬季穿厚皮做的蒙古靴子和马靴，里边套毡袜子。袜筒边儿露出靴筒三寸许。露出部分镶以各种各样的美丽花纹。靴子分为大鹅顶、小鹅顶、翘尖儿等几种。春秋季节穿自己缝制的布靴子，其特点是轻便、舒适。

旧时，乌拉特地区的小孩不能剃光头。后脑勺上留两缕发或脑门、两鬓处留下一些头发，10岁以后可以剃掉这些胎发。男人不能披散着头发走路或出门。

成年男士平时只戴餐刀等必需品，过年过节时才戴全其他配饰，但制作工艺和样式与其他蒙古部有所区别。有趣的是，出远门的人必须自己带碗筷，因此配饰中多了一种叫作碗袋的装饰品。

乌拉特蒙古族妇女服饰与头饰

乌拉特蒙古族年轻人结婚时，新郎穿蓝色长袍、黑缎褂子，头戴算盘结的圆顶帽子，脚穿“宝力嘎日”靴，并佩戴烟荷包、火镰、弓箭等。较为特殊的风俗是，接、送新娘的人必须骑符合本人属相颜色的马匹。姑娘到男方家时，要在马背上尝鲜奶，新郎把新娘连同马鞍子一起抱下，踩着白色新毡进屋。结婚仪式结束以后，由婚嫂给新娘穿上对襟花边坎肩。

乌拉特蒙古族的服饰以精湛的制作技术享誉草原，乌拉特服饰具有男装雍容华贵、女装典雅细腻的特点。男子服装以礼帽、长袍、马靴为主，妇女则以头巾、长袍、马靴为主。乌拉特服饰不仅保留了自己的传统风格又吸收了其他地区传统服饰的可取之处，其面料色彩、缝制工艺等类似阿巴嘎苏尼特和察哈尔服饰。在牧区穿着传统服饰的人较多，逢年过节、举办那达慕盛会时，人们则普遍穿戴华美的传统服饰。

乌拉特蒙古族的服饰主要分袍子、帽子（男子）、头饰（女子）、靴子等。袍子包括皮袍、夹袍和单袍。皮袍是用绵、山羊皮等熟制皮缝制的长袍，它又分白板袍和吊面袍。夹袍指的是在面和里子中间絮一层棉花的袍子。主要是秋末初春季节穿用。乌拉特蒙古族男子喜欢穿蓝色或棕色的袍子，腰间系一条长而宽的红色、紫色布腰带或绸腰带。妇女喜穿红色、粉红色、绿色、紫色的袍子。男子冬帽多为圆尖顶皮帽，顶部缀有桃疙瘩顶戴，帽檐儿小，帽耳较高。帽檐儿、帽耳多为羔皮、狐皮或貂皮、水獭皮制作。帽耳根部有一条扁形带子，用作系帽。

乌拉特妇女喜欢戴耳环、手镯

和戒指，逢年过节或参加大型活动时，要戴头饰、平顶帽。乌拉特头饰是用珍珠、珊瑚、绿松石和金银珠宝镶嵌串联而成的饰品，是由垂饰、匣饰、垂饰链珠、流穗、罩饰、额箍等部件组成。

乌拉特蒙古族不分春夏秋冬都穿靴子。靴子多用香牛皮、缎子、布匹、鞣革、毡子制作。夏秋季多穿半高鞠靴（蒙古语称麻海）。这种布靴是用厚布或帆布制作的，走路可护脚，冬季更能防冻御寒。

当代乌拉特服饰是本地域粗犷、雄浑、广袤、豪放的牧人生活的真实写照，它吸收了传统蒙古族服饰的吉祥、圣洁、豪放、大方的特色，又推陈出新配以各类配饰，形成当代雍容华贵、典雅秀气的男、女乌拉特蒙古族服饰。

2016年，乌拉特中旗蒙古族服饰作坊和专营店有20余家，主要经营来料加工、定做、租赁等业务，缝制民族服饰的手工艺人达700余人，穿着民族服饰参加结婚庆典、老人过寿等聚会已经成为一种时尚。据了解，当地穿民族服饰的顾客群体也发生了变化，除老人、孩子外，众多年轻人也加入其中，外地游客也纷纷购买或定制。蒙古族服饰加工经营业的兴起，让乌拉特草原制作加工民族服饰的小微企业和手工艺人收获了成功的喜悦。

妇女头饰结构与礼仪

蒙古族妇女头饰是蒙古族服饰中最华丽的部分。当你亲临那达慕大会、敖包祭祀、隆重的婚礼时，总能看见戴着华丽头饰的蒙古族女子。特别是每当姑娘出嫁时，新娘子那银光闪烁、珠宝垂面的头饰，总会让人眼前一亮。

乌拉特蒙古族自古以来就以游牧为主，自然环境、生产生活方式造就了他们对精神生活和物质生活的追求。到了近现代，这种生活方式仍然占据着他们的生活，为此，牧民们把自己的主要财富，转换为金银珠宝佩戴在身上，以便保存、迁徙。在蒙古族文化中，尤其对女性而言，用浑身披挂形容更为贴切，她们喜欢以珠光宝气装饰自己，并把头饰看作是财富和爱美的象征。

1. 妇女头饰结构

乌拉特蒙古族妇女头饰（亦称头戴）制作非常精美，特别好看，充分显示了乌拉特能工巧匠独特而鲜明的技艺。它是乌拉特银匠以其超群的艺术构思和灵巧的双手将金、银、珊瑚、绿松石等珍贵的物品精心雕刻、镶嵌、串联而成的礼仪饰品。

乌拉特蒙古族妇女头饰是由垂饰、额箍、罩饰、披发、流穗等几部分组成。还有其他饰品，如耳环、戒指、阿命黛、手镯、簪、荷包、鼻烟壶、法轮等多种。

乌拉特妇女蒙古族头饰通常被称作“乌拉特六垂饰”。这是根据其独特的工艺结构来称呼的，因为垂饰上端的柱子和流穗都是由6部分组成的。

“垂饰”是头饰的总称，它的结构是：

垂饰顶戴——是挂起额箍两端的头饰顶戴，左右各有一个，结构形状一样。

垂饰中轴——是用银、珊瑚制作的连接头饰顶戴和珊瑚饰片的垂饰中轴。

珊瑚饰片——是用特大珊瑚镶嵌而成，用来固定垂饰中轴的，刻有花纹的方形银饰品。

链子——是用珊瑚、珠宝串联而成，联结珊瑚饰片的链子。

垂缨——是用珊瑚、珠宝、绿松石串联而成，悬挂在珊瑚饰片上的链子，左、右各有6~8个链子。链子最下端是用桃形绿松石固定的。在其上面套的银铃叫哈木哈斯。在珊瑚中间串联的小银球叫珍珠，也有真珍珠。

披发——是戴在垂饰上的额头与面颊的饰品，它是由发网、套如勒、流穗等组成。

发网——是用珊瑚、珍珠、青金石、玉石等有序地串联起来的额头饰。

陶高望布齐——是固定披发的1寸多宽的圆形布条，在其上面均衡地镶着一圈红珊瑚、银泡钉等饰品。

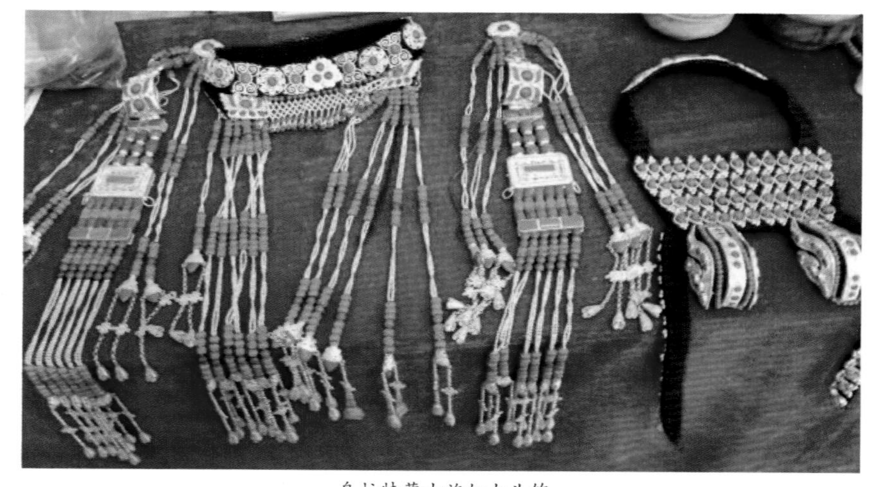

乌拉特蒙古族妇女头饰

流穗——是从披发下端发网上连着的用珊瑚、珍珠、绿松石串联起来的流穗，最下端串进了3个珊瑚，还挂有哈木哈斯的绿松石。从哈木哈斯的两个小环上还吊着两个银铃。这样的流穗在面部左右侧各有6个。

额箍——是戴在额头上的饰品，也是悬挂垂饰的法罩。它是由额罩、头顶银、罩饰、额箍带、扣子等组成。

头顶银——额箍顶部的银饰，镶嵌有大红珊瑚，雕刻了各种花纹的扁圆形银饰，是固定在罩布上的。

罩饰——是罩住后颈部头发的饰品。将10个红珊瑚镶嵌在金刚和银片上，固定在大约在2寸宽、4寸长黑布上的饰品。

发套——是罩饰两边装头发的套子，左右各有一个。它是将黑布黏合缝制而成的，是额箍的后半部饰品。

额箍带——是固定额箍的黑布带子，是用两层黑布缝制的扁形带子，约1寸宽，上面镶有金刚、银片，在其上面还镶着珊瑚，用以装饰。

纽扣——是将额箍带的下端固定在下巴颏儿下的纽扣饰品。其左下端有珊瑚扣子，右下端缀有纽襻儿。

乌拉特妇女头饰制作相当精美，结构非常紧凑。它是用金、银、珊瑚、绿松石、水晶、珍珠等多种珍贵材料锻造、雕刻、镶嵌、串连、缝制而成，都呈现出对称性。这样精美而华丽的头饰是很难用语言和文字来描述的。

2. 妇女头饰礼仪

乌拉特女子在5～6岁时就得穿耳垂，待到7～8岁时就戴耳环，也有佩戴珊瑚、珍珠耳环的。13岁时只梳一个辫子，辫子上系一些用线连起来的珊瑚、珍珠、绿松石等饰品，辫子末梢用黑色穗子装饰。16～17岁时梳3个细辫子，戴发网，发网有32串，同样是用珊瑚、珍珠、绿松石串联的额饰。

待到17岁以后，出嫁到婆家后才将头发从头顶分开，佩戴整套头饰。就是再穷的人家姑娘自己没有头饰，也得从邻居家借来头饰戴上去婆家。

乌拉特妇女年过30岁以后就一步一步减少头饰。首先不佩戴垂饰的长链和披发，到了40岁就不戴额箍、垂缨，到50岁就只戴垂饰、额箍带。

乌拉特已婚妇女不戴头饰就不能见长辈和重要人物。虽然头饰的精美和华贵程度因贫富而有区别，

但是妇女只有在守寡和单身时才可以不戴头饰。平时没有必要戴全套头饰，只戴“塔图尔”（一种珊瑚串成的额箍），“塔图尔”是乌拉特妇女头饰的最基本装饰物。

头饰只是一种礼仪饰品，逢年过节或参加喜庆盛宴时要佩戴头饰，平时只戴额箍和罩饰。如遇邻里、老人去世，在这期间既不戴头饰，也不梳头，以表哀悼之情。

乌拉特妇女还有经常戴耳环的习惯。耳环有银耳环、扁圆底的耳环、镶嵌珊瑚的耳环、绿松石耳环、水晶耳环、红绿金刚耳环、玉石耳环，还有佩戴长形金耳环的。

乌拉特妇女佩戴金、银、珊瑚、绿松石、玉制饰品不仅是为了装饰自己、美化自己，而且还有辟邪、保健之功效。

铜银匠手工艺

传统手工技艺，是人类在长期的生产和生活实践中，发明创造和发展完善的具有实用价值的形象物品的结构工艺，它是人类为后代留下的形象文化。13世纪，成吉思汗建立蒙古帝国，在封赏诸将时，把一些铁匠、木匠、银匠等组成一个部落封给哈萨尔，这个部落就是后来的乌拉特部，由于其主要组成人员是工匠，因此其工艺制作本领自然就高于其他部落，乌拉特手工艺就是乌拉特蒙古族在自己不断发展中而逐渐形成的。

1. 能工巧匠之精英

乌拉特人发挥能工巧匠的优势，制作金银铜器具，制作精美的妇女头饰等。1949年以前，每3户牧民中有1户牧民是银匠出身。乌拉特中公旗末代公爷林庆僧格是著名的银匠。他的大女儿出嫁时，公爷亲自动手制作镀金头饰。这副头饰现收藏在内蒙古博物院，专家称其工艺一流。乌拉特中公旗最后一位协理明安满达也是一名银匠。乌拉特人做女人头饰的同时还制作男人饰品和其他银器。男人饰品

那达慕大会上展示的乌拉特银匠蒙古包

有火镰盒、蒙古刀鞘和刀把、腰带扣、胸饰、银链、波勒等。银器有银碗、银质酒具。这些器具造型优雅，图案花纹精美。这些器具使用十分广泛，百姓在日常生活中经常使用这些器具。与牧业生产有密切关系的银饰制品有马鞍装饰、马嚼子，传说有些贵族的马镫也是用纯银打造。

斯庆巴特尔

乌拉特人的这种追求美的工艺流程，至今还在广泛传播。乌拉特前、中、后三个旗的年轻人有十几个顶尖银匠现在活跃在呼和浩特、包头、珠海等地。

在呼和浩特生活的乌拉特中旗川井苏木牧民斯庆巴特尔是“70后”，是当代银匠代表人物，自治区非物质文化遗产乌拉特铜银器制作技艺代表性传承人。他利用几年的时间完成了内蒙古28个部族妇女头饰的制作工程，这些头饰现收藏在国家博物馆。他有超大面积的工作室，为传播银匠的技术、让求学者早日成才，他从不收学费，培养出来的徒弟现在遍布内蒙古各个盟市，他的高超精湛的技艺和优秀品德堪称时代楷模。

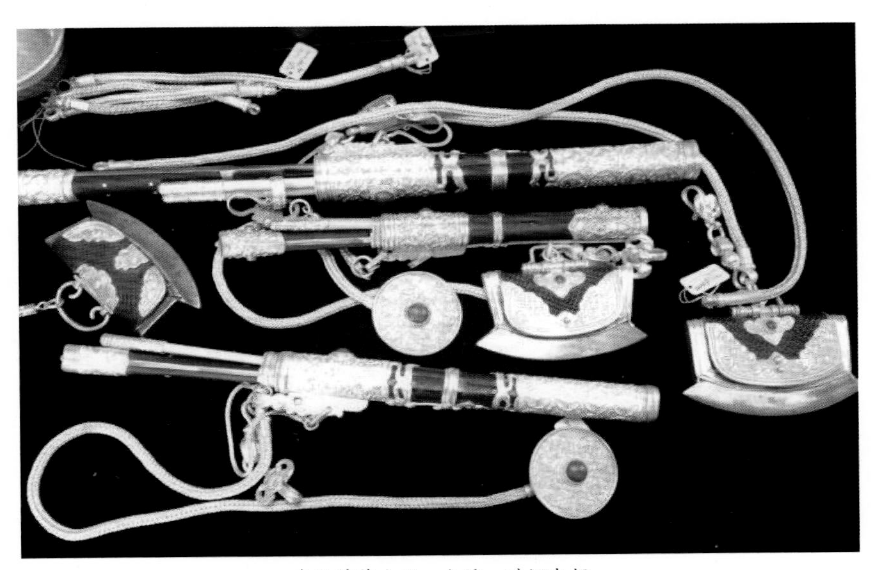
乌拉特蒙古刀、火镰、磕烟灰锅

巴图陶高

马鞍铜银压花扣

巴图陶高是土生土长的乌拉特人，20世纪60年代出生，是乌拉特中旗海流图镇著名的银匠，也是镇上最资深的老手艺人。他从小热爱这一行业，曾拜多名老银匠为师，最终成为内蒙古地区著名的银匠。他的工艺作品不仅在巴彦淖尔地区有名，锡林郭勒盟的很多人也来订制银饰器件。他制作的蒙古族妇女头饰多次参加自治区少数民族手工艺作品展。他是内蒙古自治区级非物质文化遗产金银首饰工艺传承人。

2. 铜银匠手工艺工具

乌拉特铜银匠手工工艺，是乌拉特蒙古族文化的重要组成部分，是乌拉特蒙古族生活中一种重要的生产方式。乌拉特铜银匠以其精湛的技艺及其制作的细腻精美的工艺品而闻名，其手工艺品主要有乌拉特妇女头饰、手镯、蒙古刀、银碗、饰品、酒具、茶具、坐骑用品等。这里主要介绍一下乌拉特银匠的工具及用途。

铁砧。铁砧是约10厘米的正方形钢体或长方形钢体，用根本做垫衬，高约50厘米。铁砧的正面必须光滑。

斧子。3～4种规格，斧子的打击面必须平整。

锤子。3～4种规格，锤子准备大小不同的几种规格。

钳子。4～6种规格，有长有短，有的做夹子，有的用作剪掉银块或银丝。

拉丝机。3～5种规格，它是内有20～30度由细到粗的空心眼的铁块。拉银丝时把银块一头用锤子打细装在铁块里面，以细眼露出来的银丝一头使劲往外拉，把银块拉成需要粗细的银丝。用拉丝机还可做银珠。做银珠先把银块打成银片，把薄银片卷成空心筒状管，把管的接头焊好，然后从拉丝机里面拉成空心银丝，这是做银珠的第一步。

哈扎。哈扎是做银珠或立刻度银丝时的专用工具。它由上下两块刻度机组成。把拉出来的银管放在哈扎中间上下摩擦可以制作出银珠。用同样的方法在银丝上做出均匀的刻度。

拉扎（浮雕模具）。用拉扎制作各种银饰花纹。它是一个黑色物体，拉扎里火可以变软，用它做好各种花纹后放在火上打成花纹，之后冷却成型。例如：马鞍上的坐垫压环上的花纹就是这样做出来的。

风箱或皮囊鼓风机。皮囊鼓风机用整块羊皮制作。一般用小羊皮时，不能从中间划开，必须剥成筒型羊皮。

河日萨（熔炉）。它是熔炉银块或锻银加热时用的火炉。

多蕊油灯。多蕊油灯用于焊接银管、银粒（银米）。焊接或做银粒时用吹管吹火。它需要银匠的吹工，制作一件银饰部件吹气时不能断气，否则就会成为废品。

焊条。焊条的制作方法是纯银60%、白铜40%。把这个熔剂锻成极薄的银片，以备焊接。焊接时，加热后放少许铜砂（硼砂），起到促熔作用。

坩埚。坩埚是用耐火土制作的熔炉。熔化银块就用这个坩埚。

白矾。加工出来银饰品放进白矾水里后恢复银子的纯白色。

模具。用铜片做出各种花纹的模具。

制作木炭。把山杏树干根烧红后放入冷水中冷却，制作出木炭。此木炭热量高于其他炭类。

擀 毡

由于生产和生活的关系，早在几百年前，蒙古族的先民就开始制作简易的毡毯，毡子是游牧民族生

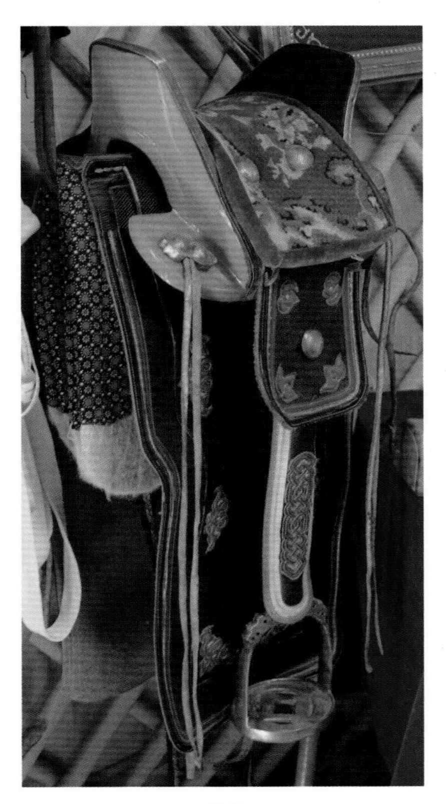

鞍具

活中不可缺少的物品。蒙古包的盖棚、围墙是用毡子制作的，还有坐垫、褥子、毡门、马鞍垫子、驼鞍垫子、毡靴、毡袜、毡口袋等都是用它制作的。可以说，毡子是蒙古族牧民赖以生活的物品之一，但随着社会的不断发展，牧民的生活方式也在不断变化，过去的必备品——毡子，也渐渐地退出了主导地位，然而，擀毡这项牧事活动和传统工艺作为非物质文化遗产得以保留和传承。近年来，它不仅进入了自治区非遗名录，还在许多非遗展示活动上展示。这里着重介绍其主要制作内容：

①制作原料

土种绵羊毛。土种绵羊也叫蒙古绵羊，初夏、秋末两季收获。这种绵羊毛制作出来的产品才适合游牧民族生活需要。改良羊毛制作的毡子只能做毡褥子。

②制毡工具

滚轴、绳索、马匹等。制作毡子用专用的滚轴。滚轴长约5米，直径约20厘米，两端各自有滚环、滚套。

③工艺流程

制作毡子离不开两种土种毛，即夏初长毛和秋末短毛，缺一不可。夏季长毛纤维长、黏性强、韧性大。秋毛不如夏毛。所以人们总结出把两种毛搭配起来用的工艺流程。根据用途的不同，搭配比例、方法都不同。制作蒙古包盖棚毡子的夏毛和秋毛的比例一般是1∶3，制作毡褥子的夏毛和秋毛的比例是1∶3。主要过程为：

①弹毛：把秋毛用柳条弹匀。秋毛是毡子的主要原料，弹打好秋毛直接影响毡子的质量。弹秋毛是需要一定技术的力气活。弹秋毛的工作在闲置的蒙古包内进行，因为弹秋毛怕雨、怕风。4个人一天只能弹20千克的秋毛。

②絮毛：絮毛工序进行两次。首先把一个蒙古包旧围墙毡子在平地上铺好，根据旧毡子的大小把秋毛絮在上面。几个人前排坐在旧毡上，其他人给这几个人传递所用的毛。絮毛是技术活，必须絮匀，薄厚不一样会影响质量。絮完秋毛后在上面铺整块春毛。

③洒水：在絮好的秋毛上洒水。洒水一般用盆或小桶。技术人员用手向毡子上泼水。洒水时不踩絮好的毡毛。不参与洒水的人负责运水。做毡子用水量大，用的人也多。制毡参与人数根据制毡数量多少确定。

④卷毡：在铺好的毛上洒上水以后，几个人把旧毡和新絮的毛一起卷起来，用绳子捆扎好。

⑤滚毡子：滚毡有两种方法，用滚轴或滚绳。这里介绍的是滚轴方法。这是最重要的一道工序。乌拉特滚毡子是用 1~2 匹马或 1~2 峰骆驼拉，选滚毡子用的马必须是极其老实的马。滚轴两端各有一个铁环，在铁环上系上绳索挂在滚毡子用的马鞍上，拉绳十几米长。骑马的人把绳索用木棍固定在马鞍上，拉的时候，两个马的速度必须一样，滚毡子的地面必须平整，滚毡子的路程大约 1.5~2 千米。

上面说的就是做母毡的工序。把母毡展开以后在上面再絮上一层秋毛，在新絮的秋毛上面均匀地铺上夏毛，铺夏毛的时候一边揪一边铺。因为夏毛是大片状，不能把大片撕碎，摆放时要毛尖朝上。二次絮毛后再滚一次就成了成品毡子。

⑥伸拉：把成品毡子卸下来以后从旧毡子上分离开，几个人站在新毡子四周用力提起来，提到离地面一米时再使劲往地上拍打，这样拍打 30~40 次，新毡子就制作完成。

制毡本是一个生产劳动过程，但蒙古族牧民把这个生产劳动过程变成了一个具有民族特点的文化活动，逐渐形成了一种风俗。哪家制作毡子，需要提前发出制毡信息，到了那天，一切都准备好，只等帮工的到来。参加擀毡的人不能空手来，大部分提一桶鲜奶或一桶酸奶。新毡做成后还需要在新毡上洒上少许鲜奶并念颂祝毡词。颂词里主要叙述羊毛给人带来温暖，给生活带来方便，提高了牧人的生活质量，祝词里还要提到制毡主要过程和表达对新生活的热爱。

居住分散的牧民，一年聚在一起的日子不多，像打马印、擀毡是人们聚会的好机会，因此，无论男女老少，都愿意去现场看看，去露露手艺。主家准备好羊肉、菜食、奶食品，大家在劳动之余，吃肉喝酒，唱歌红火，一起分享快乐。

牧业生产（活动）文化

接羔保羔

每年冬春之际，还有一项较大的牧事活动，就是每家每户的接羔保羔，这在牧区是一项重要也是时间较长的劳动事项。这个时期牧民要将待产的母羊集中放养，白天出去放羊者，都身背一个大毡袋，见到哪只母羊下羔了，就把羊羔放进毡袋里（因二三月草原天气尚冷，如不及时接回家，很容易被冻死），迅速把它送回放牧居住点，由专门的人看管。每日要这样反复奔跑数次。草原上的母羊产羔

图古日格嘎查牧民在进行驼业生产活动

后，一般都能认识并给子羔喂奶。但也有一些母羊，特别是初次产羔的母羊，不认自己的孩子，也不给羊羔喂奶。而牧民们对此也有一些招数，其中一个很有效的办法就是唱劝奶歌，这种歌一般是由牧民一只手把着待哺的羊羔，另一只手牵着羊羔的妈妈，挤点母羊奶抹在羊羔的尾巴上部，对着它们唱出一曲非常委婉动听的劝奶歌。蒙古人相信动物是能听懂人说话的，只要你用心和它交流，它会按你传递的信息做的，其中的歌词以单词为主，就一直唱“台歌、台歌”，曲调委婉，有一种催人泪下的感觉，唱得那只本不认自己子女的母羊最后也母性大发，慈爱地舔吸着自己的孩子。

骟羊蛋

每年为小公畜去势的一项牧事活动，俗称骟羊蛋（睾丸）以及骟马、牛、驼蛋等，这也是当年重要的牧业生产活动之一，这项活动一般选在春夏之交的时节进行。据了解，过去骟羊蛋时，各家各户都要选择吉日良辰，在去势地点铺上地毯，燃点檀香，主人还要念祭词，祈求长生天保佑。骟羊蛋一般都是请经验丰富的牧民或本家的男主人操刀。过去，由于牧民居住都比较分散，各家在从事或举办各类牧事生产活动时,远近的牧民都来帮忙，因此，当事主家在活动完成时都要用酒肉来款待帮忙的邻居，渐渐地在牧区就形成了一些约定俗成的红火项目或日子，比如：骟羊蛋、打马印等。

近些年来，由于物质文化和精神文化的丰富，流行在牧区的骟羊蛋习俗又增添了新的内容和内涵，被冠之以“珍珠节”而受人重视。羊蛋也被称之为“珍珠”，是招待来宾和朋友的一道佳肴。“羊蛋”的食用有多种做法，炖、炒、蒸等都可。上讲究的是羊蛋粥，即放入羊奶、白油、黄油、葡萄干、红枣和大米熬成粥。值得一提的是骟羊蛋，这是一件很神圣的事，因为阻断自然繁殖，所以牧民们都很重视，每个环节都有规矩。一早起来清理棚圈和周围环境。家里备好一碗放炒米的鲜奶，从操刀人开始每人都尝一尝（祈福五畜兴旺），骟的蛋放在桶里。整个过程中滴的血不能让猫狗舔，煮蛋的汤不可随便倾倒，在包里或棚里挖坑埋好。现在也有泼在房顶上的。

游戏娱乐文化

沙嘎（羊拐）游戏是蒙古民族非常盛行的一种传统玩耍游戏，古老而悠久，是蒙古民族传统文化的一个重要组成部分。同时，也是乌拉特蒙古族一项普及的民间传统体育活动，以玩耍灵活多变的特点为广大牧民群众所喜爱。

旧时受各种条件的约束，对于多数蒙古族家庭的孩子来说读书是一件很奢侈的想法，因此，蒙古族在对下一代的言传身教中，很好地利用了羊拐游戏中的数与几何的关系来启发孩子们的算术、生产生活等知识。

因为羊拐几乎家家户户都有而且数量很可观、使用起来方便灵活，所以可以用它们从最简单的数羊的数量开始教起；从摆放蒙古包及拴马桩等物体的形状传授辨认方向方位；又结合太阳、月亮认识时辰，晚间、阴天等气候条件下应对大自然的能力；撒落成出坡的羊群在季节、气候、上下午等不同情况下进行跟群放牧的方式方法和技巧。另外，羊拐游戏中包含着想玩羊拐就得有空闲时间，要想有空闲时间就要把应该干的活按时或提前干完干好，有机地融入了热爱劳动、热爱畜牧业的道理。除此之外还有更多的意义和作用。现如今蒙古族群众在中国共产党的领导下逐步摆脱了文盲和新文盲，这是党和国家对民族教育工作用法律保障的最终结果。

羊拐（踝骨）——也有一些蒙古族地区叫“沙盖艾”。“沙盖艾”含义是洁白、美观、漂亮的意思。家养五畜及野生动物的踝骨，是后腿棒骨和蹄棒骨间的连接骨。它有六面体、五个名称。分别叫马、绵羊、骆驼、山羊、牛等面。6个立面在蒙古族地区因语言和生产生活方式的不同各自有各自的叫法，但总体叫法差异并不大，基本一致。

蒙古民族居住地区有很多与羊拐有关联的异闻趣事。首先，蒙古民族有在接待贵宾时把羊头、肩胛骨、腿棒骨代表全羊摆上献出的习俗。其二，羊拐在游戏中通常立（马、绵羊、骆驼、山羊）4个面，与人们意识形态中祈求四方平安、吉祥如意相一致。其三，蒙古族在婚礼上有要求新郎单用大拇指掰开羊拐骨的习俗，另外有在大型游戏活动前掰开羊拐表示活动开始的习俗。其四，蒙古族人从古至今不分老少保留着吃肉时剔净拐骨的习惯，这样将来会有快马、好马，还会得到长生天的保佑，娶妻得子，母子平安。其五，拐骨6个面的称呼中容纳了人与五畜，说明了畜牧业是蒙古人生产生活之根本。其六，想玩羊拐就得有很多羊拐，拥有很多羊拐就得有很多很多的牛和羊，也就是说有了很多很多的牛和羊生活才能好起来。其七，羊拐游戏生动体现了蒙古民族的狩猎技巧和方法。另外羊拐游戏有着不分男女老少、富贵贫贱，人人都可以参与的鲜明特点。羊拐游戏以娱乐为主，平淡胜负，从不高声喧哗，文明而高雅，又是群众基础广泛的体育运动。这就是跨越历史长河传承至今的主要原因。

羊拐游戏的特点，首先，好玩并且玩法多；第二，它有体积小、形状美观、质地坚硬、不易腐烂、耐碰撞、耐摩擦等优点；第三，它能体现出狩猎技巧及布阵方式方法；第四，玩耍时不需要多少其他辅助器材设备；第五，想玩的人和会玩的人均可参加；第六，参加人员都能自觉遵守游戏规则；第七，不受时间、场地、器材设备的限制，能够灵活多变地进行游戏。

鸿雁起飞的地方欢迎你畅游

HUASHUONEIMENGGUwulatezhongqi

鸿雁起飞的地方欢迎你畅游

HONGYANQIFEIDEDIFANGHUANYINGNICHANGYOU

万里国际茶道上的乌拉特中旗，阴山岩画镌刻下厚重的游牧历史；秦汉长城书写了边塞烽火的岁月沧桑。这里是蒙古马的天堂、《鸿雁》民歌的故乡……

乌拉特中旗历史悠久，境内已发现石器时代的制造场遗址，还有闻名于世的阴山岩画。这些文化遗存证实，在1万年之前，这里就有人类生息、繁衍。这里有乌拉特民歌《鸿雁》衍生的鸿雁文化，有乌拉特草原孕育的草原文化，有黄河自流灌区形成的河套文化，有中国最早的赵秦汉长城文化，有成吉思汗征伐西夏的首攻城池的古城文化，还有以希热庙为代表的藏传佛教文化等。

乌拉特中旗旅游资源丰富，类型多样。历史遗存有：阴山岩画、恐龙化石、秦汉长城、新忽热古城、希热庙、千里庙等，以及烽火台、古代石人像和古石棺墓葬；自然资源有：乌拉特草原、风蚀冰臼地质地貌、花岗岩石林、牧羊海、龙脉山，有阿其山叉枝圆柏自然保护区、梭梭林、蒙古野驴及珍稀的岩羊、盘羊，有狼山水库、德岭山水库等十几处水利风景区；人文资源有：甘其毛都口岸、乌不浪口抗日烈士陵园、风电油田景观，还有承载历史文化的旗博物馆、鸿雁广场、哈萨尔广场、巴云英广场、乌镇村，有展示民族民俗风情的生态园和撒落在草原上的蒙古包群（点）。

近年来，乌拉特中旗党委、政府注重做强品牌，高度重视旅游业，全力把乌拉特中旗打造成宜商宜居的边贸旅游城。2016年，全旗共接待游客57.5万人次，同比增长7.5%，旅游收入累计达6.43亿元，同比增长16.1%，接待国内旅游人数、海外旅游者人数及旅游总收入、旅游外汇收入等各项指标顺势增长。

2016年末统计，全旗共有7家自治区级星级接待户（其中牧人之家、温根塔拉草原旅游区、驼铃

走进《鸿雁》的故

扫一扫

乌拉特中旗旅游局微信公众号

乌拉特中旗旅

1、乌拉特中旗属温带大陆性气候区，日照强、温差大。游客需携带好防晒霜及佩带遮阳帽

2、乌拉特中旗饮食以北方菜系为主，口味偏重，用餐时可根据您的饮食习惯要求调味。对

3、蒙古民族自古以来热情好客，他们会用民族礼仪手捧哈达、银碗为客人敬酒以表欢迎。

4、旅行途中若参与骑马、骑骆驼等民俗活动时，一定要听从工作人员的安排和指挥，以免

5、蒙古族礼俗禁忌较多，请入乡随俗。

旅游不能错过的地方

深情“鸿雁”之乡 神秘边塞草原

乌拉特中旗位于内蒙古自治区西部，北与蒙古国有184.4公里边境线，有内蒙古过货量最大的陆路口岸——甘其毛都口岸。旗域总面积23096平方公里，总人口141664人。是一个以蒙古族为主体的少数民族聚居区。

乌拉特中旗有着悠久的历史和灿烂的文化。草原上先民们留下了被誉为没有文字的长篇史诗——阴山岩画；古老的秦汉长城、新忽热古城见证着边关烽火岁月的沧桑；晋商文化催生的中、蒙、俄万里国际茶道，因为有了乌拉特中旗而完整。特定的地理气候环境造就了乌拉特奇山怪石、碧空净水的自然风光。

来吧，朋友，热情好客的乌拉特民族，手捧圣洁的哈达，欢迎您走进“鸿雁”的故乡，神秘的边塞草原！

乌拉特中旗旅游线路推荐

经典旅游线路：

线路一（南）：乌镇-甘其毛都口岸加工园区-乌不浪口水库-乌不浪口抗日烈士陵园-风蚀冰臼地质公园-温根塔拉草原旅游区—和睦日（午餐）-秦长城-德岭山国家水利风景区-塞上奇石林-呼仁敖包岩画-牧人之家（晚餐）

线路二(北)：母亲广场（瀚海园）-云英广场-蒙元文化广场-珠丽戈泰文化产业园-驼铃驿站（午餐）-百万风电基地—中原油田—703界碑-千年古榆-甘其毛都口岸（晚餐）

线路三(东)：哈萨尔广场-鸿雁广场-博物馆-生态园-红欣荣采摘园-腾克隆（午餐）- 希热庙-新忽热古城-217金矿-阿其山叉枝圆柏自然保护区(阿其山旅游接待中心晚餐)

线路四（西）：牧羊海湿地公园-蒙羊牧业股份有限公司-山清泉接待中心（午餐）-“鸿雁之乡”呼勒斯太-千里庙-将军碑-狼山水库-呼太旅游接待中心（晚餐）

自驾游主题线路：

草原民族民俗文化游：牧羊海湿地公园-乌镇-温根塔拉-珠丽戈泰文化产业园-博物馆-生态园

边境口岸风情游：百万风电基地-中原油田-甘其毛都口岸-千年古榆-乌拉特梭梭林-“鬼谷”岩画-驼铃驿站

历史文化遗存游：阿其山叉枝圆柏自然保护区-新忽热古城-希热庙-德岭山水库水利风景区-秦长城-塞上奇石林-阴山岩画-风蚀冰臼地质公园-千里庙—将军碑

休闲度假游：腾克隆-巴仁宝勒格-牧人之家-德岭山水库水利风景区-和睦日-牧羊海-狼山水库

馨提示

应衣服等。

食习俗的可自由点菜，满足游客差异化需求。

酒习惯，也要接过酒杯沾沾唇，再将酒杯还给主人，以示礼貌。

驿站、巴音宝勒格度假村被评为自治区五星级乡村旅游接待户，和睦日文化苑被评为自治区四星级乡村旅游接待户，乌达牧塔拉、瑙干塔拉被评为自治区三星级乡村旅游接待户）、1 家国家 AAA 级景区（温根塔拉草原旅游区）、3 家国家 AA 级景区（风蚀冰臼地质公园、博物馆、海流图生态园）、4 家旅行社分社（环球国旅分社、五洲国旅门市部、包头中旅门市部、康辉国旅门市部）、5 家二星级宾馆（国赫宾馆、乾都宾馆）、 2 个国家级水利风景区、1 个自治区级特色景观旅游示范名镇（温更镇）。

乌拉特中旗依托边境口岸、天然草原、民俗文化、历史遗存等资源优势，遵循创新、协调、绿色、开放、共享的发展理念，推动旗域旅游“时间拓展、空间拓展、内容拓展、合作拓展”，挖掘特色资源，实施“168”旅游品牌建设工程（“168”即 1 张名片，鸿雁文化名片；6 大品牌，乌拉特民族文化旅游品牌、边境口岸风情旅游品牌、历史文化遗存旅游品牌、观光休闲旅游品牌、特色乡村旅游品牌、自驾游旅游品牌；8 条精品线路，跨境旅游线路、乡村旅游线路、自驾游旅游线路及以海流图镇为中心的东、西、南、北线等），推进旅游产业发展实现新跨越。

温根塔拉草原旅游区

温根塔拉草原旅游区坐落在美丽的乌拉特草原上，是巴彦淖尔市最大的集民族餐饮、文化、娱乐为一体的草原旅游接待中心，也是弘扬草原民族文化的靓丽窗口。“温根塔拉”蒙古语的意思是“纯洁的、圣洁的、处女地大草原”。景区创

温根塔拉草原旅游区

建于2010年，占地面积300亩。规划建设蒙古包100顶。现已投资620万元，建成47顶蒙古包。景区内建有直径16米、能同时容纳200人就餐的号称“内蒙古西部最大的无柱蒙古包”。每年农历五月十三，景区要举行隆重的敖包祭祀活动。期间，以赛马、射箭、摔跤、赛骆驼、民族服饰展示等活动为主要内容的“草原那达慕”，是马背民族彰显其厚重民族文化的重大盛会。目前，温根塔拉草原旅游区已成为国家AAA级旅游景区和自治区五星级接待户。在景区的正南10千米处有一条幽深的峡谷名为温根峡谷，峡谷东至乌不浪口，西接水晶图乌素珠。秀美的山崖森林，神奇的峡谷清泉，珍稀的野生动物，以及美丽的神话传说，赋予了温根峡谷无限的神秘，吸引着猎奇者走进这童话般的世界。

德岭山水库国家水利风景区

德岭山水库国家水利风景区地处乌拉特草原腹地，北边为广袤的草原，南边是阴山山脉，山水与草原交相辉映，成为极具民族特色的旅游景点，景区四季分明，光热充足，是休闲、度假、草原观光和特色餐饮的理想避暑胜地，依托德岭山水库而建，属于水库型国家水利风景区，景区面积62.29平方千米，水域面积4.16平方千米，是内蒙古西部地区库容量最大的水库。于2014年9月24日被国家水利部授予“国家水利风景区”的荣誉称号，同时是内蒙古钓鱼协会指定的垂钓基地，在2015年8月19日成功举办了内蒙古自治区第二十三届钓鱼比赛。在2016年1月举办了为

德岭山水库国家水利风景区

期1个月的首届乌拉特草原水库冬季“捕鱼争霸赛”暨德岭山水库国家水利风景区“冰雪旅游节”。德岭山水库库区南岸总体规划建设100顶蒙古包，现已经建成55顶，可同时容纳600人就餐、100人住宿，是富有民族特色的建筑包群；建有2000平方米的大型娱乐广场和1500平方米的篝火台。可开展快艇、竹筏、水上自行车等水上游乐项目。

乌拉特中旗蒙羊肉羊产业园区

蒙羊产业园区总体以“创新、协调、绿色、开放、共享”为发展理念，遵循“总体规划、分步实施、突出重点、稳步推进”的原则，以园区建设为载体，以“羊联体”农企利益联结机制为核心，通过完善的科学化管理，健全肉羊全产业链，布局园区规划并建成循环经济发展园区，有机融合发展一、二、三产业项目，最终建设成为绿色生态肉羊全产业链为主导的农业产业化示范基地和现代农业示范区。

整个园区以发展生态绿色肉羊全产业链与循环发展农业为基础，以粮食生产、饲草种植、设施农业花园、规模化肉羊养殖和繁育为基础保障，以饲草料加工储备、光伏清洁能源、有机肥生产、羊肉产品

蒙羊产业园区

深加工、生物产品加工为发展动力，以科技研发、科技技术服务、培训接待、生态与工业结合旅游等多元休闲观光、技术服务为延伸拓展产业，同时将现代冷链物流与信息化融进产业体系。

乌拉特中旗风蚀冰臼地质公园

乌拉特中旗风蚀冰臼地质公园是国家AA级景区。该景区位于乌不浪口北部的阴山与乌拉特草原交界处。景区占地18万平方米，以“奇、巧、怪、灵”为特色，具有独一无二的珍奇性和千姿百态的观赏性，是一处国家级兼具观赏性和科研价值的新型地质旅游风景区。

该景区分三期建成，由“濒园风光区、人文新苑区、民族团结湖区、体验娱乐区”四部分组成。目前已完成一、二期工程建设。景区分布有以十二生肖为主题的动物石林，以爱情为主题的萨日朗花园，以藏传佛教为主题的佛陀岭，以团结湖为中心的人文景观园，以探险、

乌拉特中旗风蚀冰臼地质公园

竞技、演绎及体验活动为主题的娱乐区。地质公园是集体育健身、观光游览、休闲娱乐、消夏避暑和科学考察于一体的旅游风景区。

地质公园属花岗岩石林，形成于华力西晚期。岩石由侵入岩中的花岗闪长岩和闪长岩组成，岩体经长期风化和剥蚀作用而形成了石林奇观。地质公园石林是一种介于花岗岩石林与石蛋地貌之间的过渡型低石林。

花岗岩石林是指由于暴露地表的花岗岩在冰川作用、断裂、流水、冻裂、差异风化、重力崩塌及风蚀等地质作用下形成的一种水平节理和垂直节理高度发育、顶部参差不齐的地貌。花岗岩石林是最近几年新发现的一种花岗岩景观。由于最早发现于克什克腾世界地质公园，且该区的石林规模最大，范围最广，保存最完整，最具典型性，故称之为“内蒙古石林”，也有学者称之为“阿斯哈图花岗岩石林”。

海流图生态园

生态园位于海流图镇东北角，紧邻镇区，是海流图镇东郊绿色综合开发区内最大的园区，总面积10350亩，现为国家AA级旅游景区。2002年开始建设，现仍在开发建设中，已完成基础设施建设和绿化美化工程，被誉为乌拉特中旗的动植物“博物馆”。园内有被称为“天下第一包”的敖包和怪石、自然石景区、生态凉亭、古凉亭、大地五体雕塑、憩一会儿雕塑、三口之家雕塑、动物雕像、卵石路。每年8

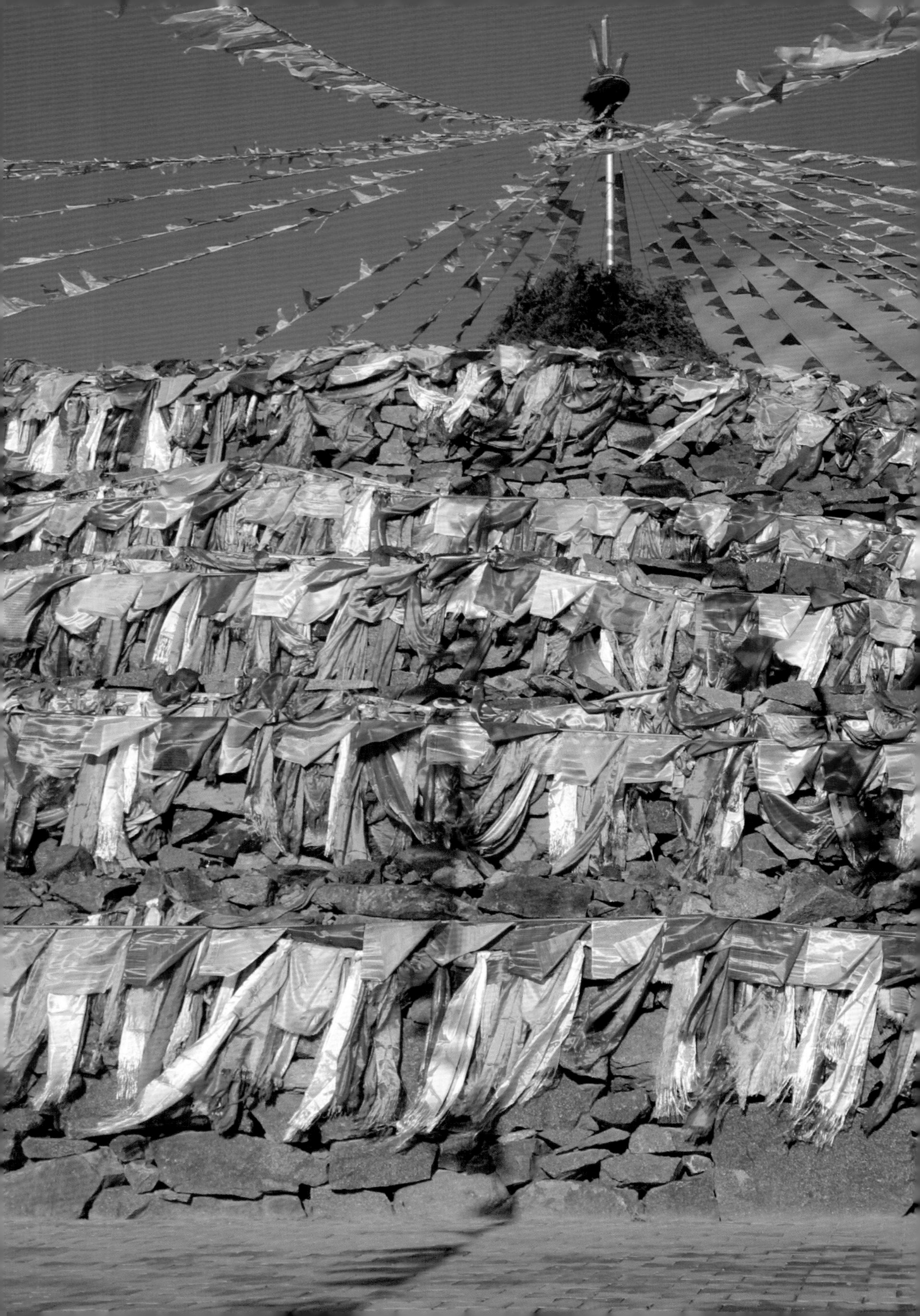

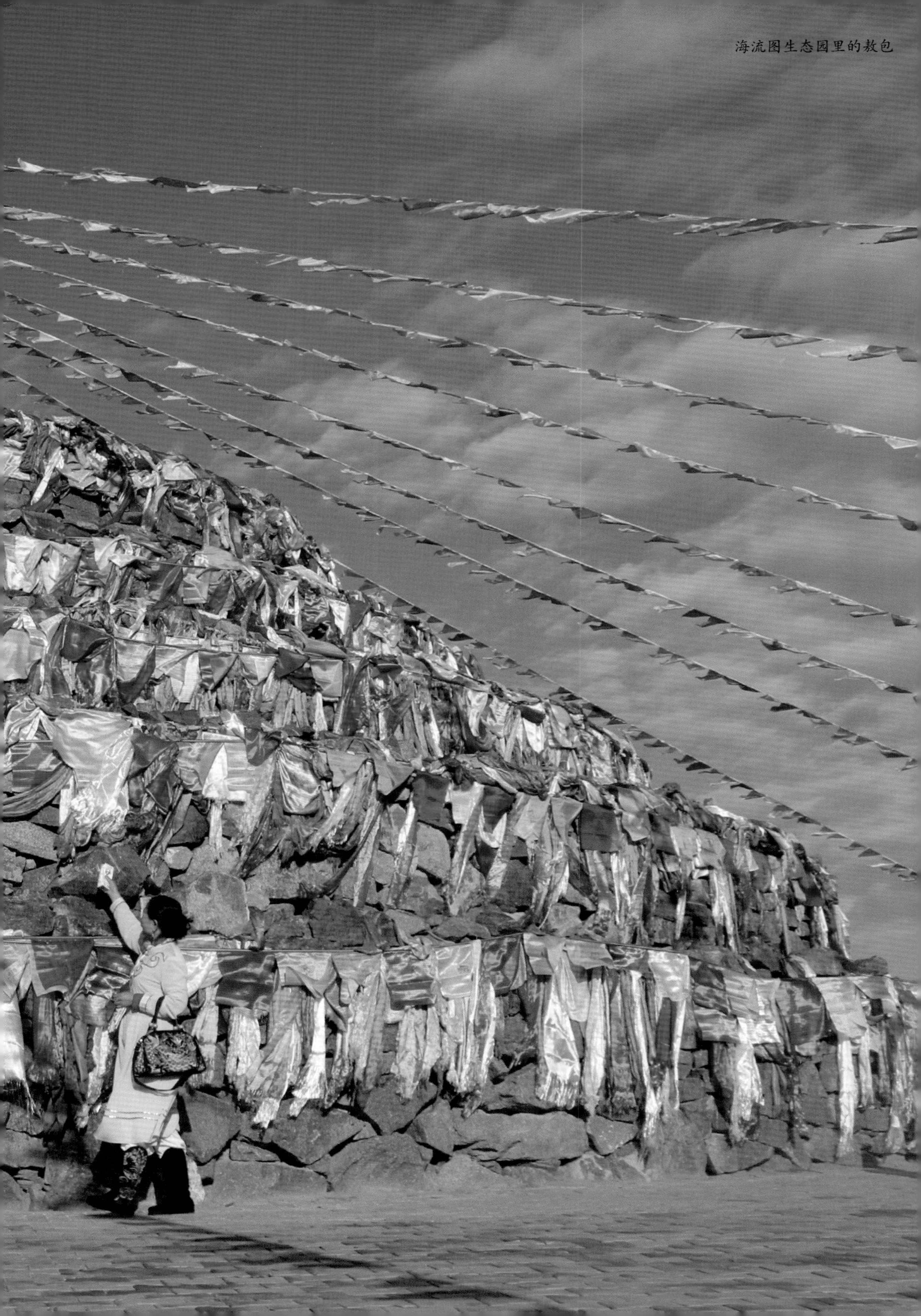

海流图生态园里的敖包

月18日生态园都举办一次大型的敖包祭祀活动，并开展摔跤、赛马、射箭等活动。生态园的建成，不仅社会效益显著，而且有较高的经济效益，为海流图镇广大人民提供了休闲、度假、娱乐的理想场所，为乌拉特中旗的旅游业增添了一个新亮点，带动全旗旅游业健康发展。

甘其毛都口岸旅游区

甘其毛都口岸，原名甘其毛道，原称288口岸。甘其毛都为蒙古语，汉语译为“一棵树”。口岸位于内蒙古自治区巴彦淖尔市乌拉特中旗甘其毛都镇境内中蒙边境线703号界标附近，与蒙古国南戈壁省汉博格德县的嘎顺苏海图口岸相对应。边境线长184.4千米。距乌拉特中旗政府所在地海流图镇130千米，距巴彦淖尔市政府所在地临河区161千米，距自治区首府呼和浩特市570千米，距蒙古国南戈壁省达兰扎达嘎德市330千米，距南戈壁省塔本陶勒盖煤矿190千米，距蒙古国奥尤陶勒盖铜矿70千米。甘其毛都口岸是距蒙古国两大矿山

中蒙边境线703界碑

最近的陆路口岸。与蒙古国首都乌兰巴托市在同一条经线上，距乌兰巴托市650千米。

清顺治年间，距今德岭山镇西1.5千米处就有一个大的集镇——乌镇，当时就有商号60多家，其中大字号有18家，这些商铺主要是收购河套东部（今五原、乌拉特前旗）的原粮加工成白面、炒米、烧酒等，供应外蒙古粮食和其他生活用品。每年阴历二月，商号派遣驼队深入草原订购货物，到阴历八月间在红旗店（毛登敖包）附近设站等待外蒙古商旅。

甘其毛都口岸毗邻蒙古国最南部资源富集的南戈壁省，被称为中国脊背上的“聚宝盆”，全省总人口4.69万人，总面积16.5万平

甘其毛都口岸城镇建设

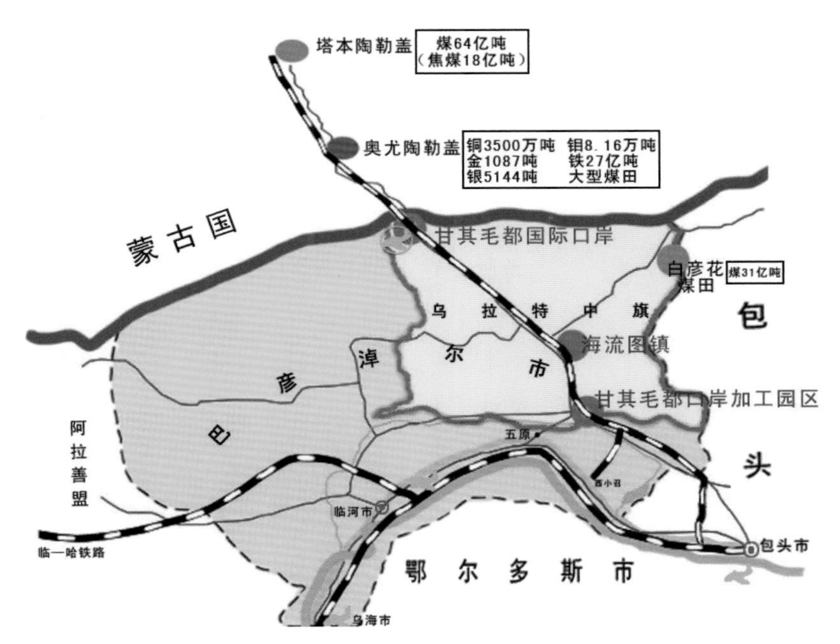

方千米，60%以上的地下都有丰富的资源，已探明煤炭储量为530亿吨，其中距中国甘其毛都口岸190千米的塔本陶勒盖煤矿储量64亿吨，其中主焦煤18亿吨，动力煤46亿吨，该煤低灰、低硫、高热值，是世界稀缺煤种，属优质冶金炼焦用煤。距甘其毛都口岸70千米的奥尤陶勒盖铜矿已探明铜金属量3500万吨，黄金1087吨，银5144吨，铁矿石27亿吨，钼8.16万吨，储量居世界第三、亚洲第一。由于蒙古国不具备加工矿产品的水、电等生产要素，甘其毛都口岸成为国内外开发利用蒙古国资源的最佳出口通道。

1989年12月20日，甘其毛都口岸被内蒙古自治区人民政府批准为对蒙边境贸易临时过货点。1992年正式辟为国家一类季节性双边口岸。2004年5月28日蒙古国原煤正式通关，同年7月5日，甘其毛都口岸议定由双边季节性开放提升为双边常年开放口岸。2007年9月12日，国务院批复甘其毛都口岸为中蒙双边常年开放的边境公路口岸。2008年10月17日，口岸通过自治区常年开放预验收。2009年6月3日，通过国家常年开放正式验收，于同年9月实现正式常年开放，年客运能力10万人。口岸开通20多年来，累计完成货物吞吐量7800万吨，实现贸易总额超过860亿元，特别

乌拉特中旗“一主两翼”产业发展平面图

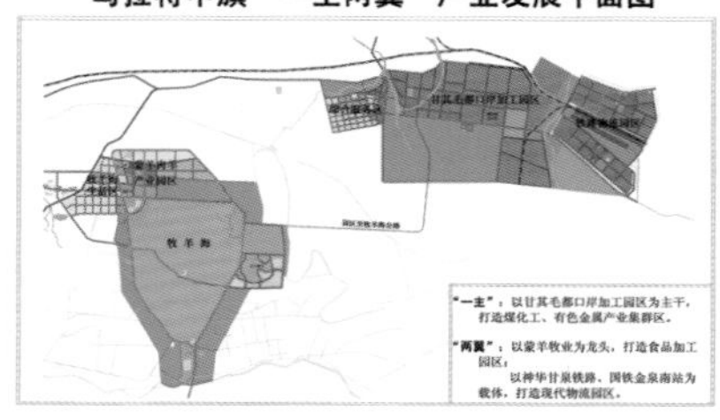

是2011—2014年连续四年进出口贸易量突破千万吨，是中蒙过货量最大的公路口岸，在对蒙经济合作中具有十分重要的地位。

甘其毛都煤炭交易平台建成运行，煤炭交易网正式上线。2012—2015年，甘其毛都口岸加工园区工业总产值和销售总产值分别超过百亿，连续四年实现“双百亿”目标。

近年来，乌拉特中旗累计投资150多亿元，规划建设了自治区级甘其毛都口岸物流园区和加工园区，完成了联检单位办公生活设施、监管查验设施、物流园区、疏港公路等工程建设，实现了规划区道路、给水、供电、供热、通信和电子报关全部畅通，口岸基础设施日趋完善。口岸城镇服务功能逐步完善，实施了镇区道路、人行道硬化、污水及垃圾处理等基础设施配套工程，新建甘其毛都学校和中蒙国际友好医院，口岸公安分局、河套农商行等20余家机关事业单位和金融机构入驻口岸。至2017年初，口岸“五出五进”原煤专用通道、疏港公路、联检楼、报关报检大楼、海关无人值守系统等一大批口岸通关基础设施建成并投入使用，双边口岸电力、公路等基础设施初步实现互联互通。口岸年通关能力达到3000万吨，6个海关监管场所仓储能力达到2000万吨，入驻贸易物流企业近120家；加工园区内已建成500千伏、220千

甘其毛都口岸城市设计图

等待过关的蒙古国商客

甘其毛都口岸拉运煤车辆入关

伏、110千伏输变电网，日供水能力可达11万吨，入驻企业达到51家，形成了新型煤化工、清洁能源输出、有色黑色金属采选冶炼等特色产业集群。

随着口岸对外贸易的迅速发展，中蒙双方的经济交流与合作进一步扩大，甘其毛都口岸的基础设施进一步完善，逐渐成为自治区乃至全国重要的人流、物流、信息流的集散地。现已发展成为自治区过货量最大的公路口岸和仅次于满洲里的综合口岸，同时也是巴彦淖尔市对外开放的前沿阵地、内蒙古西部重要的对蒙开放贸易通道和连接欧亚大陆的重要纽带、中国“脊背”上的国际边贸城。一个向北辐射俄罗斯、蒙古国，南连包头、呼和浩特到黄骅港，贯通南北的国际能源通道正在形成。甘其毛都口岸已成为蒙古国南戈壁省能源资源输出最近的出海通道、中蒙俄的经济大动脉。

呼仁敖包岩画群

呼仁敖包岩画群位于乌拉特中旗同和太牧场南呼仁敖包山上，年代为距今2000～3000年的青铜器时代，分布面积约1平方千米。这些岩画的图案大多数是动物、人物，制画手法以磨刻法为主，所反映的内容有狼、大角鹿、虎等，画面清晰、生动，有许多岩画图案比较罕见，具有较高的艺术和美学价值，真实反映出当时古人类生活与文化价值取向。呼仁敖包岩画群是十分珍贵的历史遗产，极具观赏性，是一部反映先民生产、生活和社会风貌的历史画卷。

呼仁敖包岩画群

秦长城

秦长城

乌拉特中旗德岭山水库东南山上，距海流图镇约30千米处有一段保存完好的长约15千米的秦汉长城遗址，全部为石砌遗址。长城是历史上最伟大的军事防御工程之一。长城以其规模宏大、气势雄伟、历史悠久而著称于世，被誉为中华民族的象征。乌拉特中旗地处祖国边陲，是长城文化最丰富的地区之一。这段长城最初是赵武灵王（公元前299年）修建的，从包头固阳县—乌拉特前旗小佘太—查斯太山西乌不浪口入乌拉特中旗。过境距离100多千米，最高约2米，平均高度0.5～1米左右，宽约2.5米，建于阴山北坡，山南为赵国属地，山北为匈奴属地。公元前221年，秦统一六国后，为防御北方的匈奴，于公元前214年派将军蒙恬重修长城，它东起乌拉特前旗小佘太东界与包头固阳交会处，沿山西行经乌拉特中旗、磴口县西南进入贺兰山，像一条巨龙，蜿蜒起伏，若隐若现，出没在群山峻岭之中。其规模浩大，气势磅礴，是现在长城中保存最完好的。

2009年4月20日，乌拉特中旗历时近2个月，耗资35万元，在德岭山水库西南山的遗址上，修缮长城墙体700米，复建烽燧遗址两处。新修缮的长城墙体总体呈东西走向，总体墙厚约2米，墙高1.5～1.8米。两个烽燧平面呈梯形结构，高度为3.5～3.8米。西面的烽燧较大，东面的烽燧底宽为7米。这次复建的秦长城严格按照《文物法》和古建筑维修条例以及有关古建筑规范进行，在保持秦长城遗迹不变的基础上，就地取材用秦长城原来的石块复建了长城的墙体。

塞上奇石林

塞上奇石林自然风景区坐落在辽阔的同和太草原南端（地名“斯日本”），这里地势平坦，风光秀丽，绿草如茵。这片石林东西3千米，南北4千米，占地12平方千米。走进石林，就可以欣赏到栩栩如生、酷似各种动物的奇石，有“五指石”、“木鱼石”、“迎客松”、“两刀断成三节石”、大佛石、明镜石、同心石、飞来石等。环顾四周，辽阔的乌拉特草原上还生长有山丹、针茅草等200余种野生植物，且栖息有野兔、石鸡等野生动物和蒙古百灵、白天鹅等珍禽30多种。这里曾是《我叫王土地》《白马飞飞》《文成公主》《铁骑》等多部影片的外景拍摄地，被誉为“塞上奇石林”。这片石林主要由花岗岩石组成，石林的形成主要借助于两组近似相互垂直节理(裂纹)的发育（水平节理和垂直节理），并经过了多次地质变迁和大自然漫长岁月的雕琢及几纪冰川叠加作用而形成的。成岩于偶然，成景于必然，堪称世界奇观。经受后期地壳运动的抬升作用成为陆地，期间多次遭受地下水、地表水的溶蚀，最后形成了组合类型多样的石林地貌景观。最早一期石林形成于2.5亿

塞上奇石林

塞上奇石林

年前的早二叠世晚期，而最新一期还正在形成。其间经历了玄武岩和湖泊碎屑沉积的覆盖以及多次的抬升剥蚀。在独特的地质、气候、水文条件下，多期石林继承发展形成，相互叠置，层次分明。

新忽热古城

新忽热古城位于乌拉特中旗新忽热苏木政府所在地北1千米处，占地面积1平方千米，2014年被评为国家级文物保护单位。古城为正方形，东西长950米，南北宽950米，已有2000多年的历史，建于汉武帝时期。这座古城的南墙与东墙各设一12米宽的城门，西墙、北墙没有门。在东南外设有大型的瓮城，四角均有高大的角楼，四墙均有马面，城内采集到了汉代陶片、唐代钱币、西夏陶器等文物。

新忽热古城

2007年11月，内蒙古文物局组织一批考古专家对这座规模宏伟的古城进行了考察论证，取得了一个令人惊喜的发现。经过考察，认定此城在成吉思汗时期被称为兀刺海城，是成吉思汗6次征伐西夏时每次都要首攻的城池。据了解，长久以来，史学界一直对成吉思汗西征路线争论不休，有一种说法是，成吉思汗初征西夏时是从现在的阿拉善地区进入，首攻城池是现额济纳旗境内的黑水城。此次专家认证新忽热古城才是首攻城池。

希热庙

希热庙位于海流图镇东12千米的希热山中，占地面积50万平方米。建于清康熙十九年（1680年），到现在已有300多年的历史。此庙是在康熙帝资助下兴建的，它的创始人是呼勒庆贵禅师。庙宇最兴盛时僧人达300多名，香客西至拉萨，东至乌兰浩特，北至大库伦（今乌兰巴托），名扬四海，成为东方21个佛教圣地之一。

希热蒙古语意为“石桌子”，根据火山口的形状而得名。据推测这座火山爆发于上亿年前，当时温度极高的岩浆裹着滚滚岩石流下来，所到之处皆被溶化，岩浆冷却后形成了现在看到的带气孔的玄武岩。火山经过亿万年的地壳运动和风风雨雨，覆盖在其上的岩石被风化掉，玄武岩等火山岩石由于较坚硬而得以保存下来，并逐渐显出原形。

希热庙的主要建筑有5座大殿、4个山洞、2座白塔。这些建筑大都在“文革”时期被毁。2000年由维信集团出资修建了一座庙宇，起名“康造寺”，同时对2座白塔进行了修复。2010年，旗政府出资120万元在原有基础上修复大雄宝殿，分上、下两层，建筑面积400平方米。

这里有希热泉的泉眼，这三眼泉水是希热庙的灵魂，也是呼勒庆贵禅师修炼成佛的物质基础。相传

希热庙

这三眼泉水各有妙用，一谓能治眼病，一谓能治胃病，一谓能治心血管病。几百年前来求泉水治病的人源源不断。1996年，经国家有关部门化验鉴定为天然饮用矿泉水。近两年来为了开发利用希热矿泉水，在三眼泉水下游打了一眼直径6米、深10米的大井，方便游客饮用。周围的牧民和敬仰这里佛法的香客，每年农历六月二十五都要在此举行一次庙会，祭祀、诵经、跳神。这时游人如织，甚是热闹。

乌不浪口抗日烈士陵园

乌不浪口，位于阴山中部，是河套平原与乌拉特草原的天然屏障，抗战时期，这里点燃抗日的烈火，绥西抗战中乌不浪口守军对入侵之敌进行了英勇抗击，留下了可歌可泣的抗日史话。1940年1月31日，中国军队傅作义指挥的宁夏马鸿宾部马腾蛟三十五师守军，在乌不浪口对侵华日军进行了一场殊死的反击战，烈士的鲜血染红了乌不浪口的山河大地。1986年8月5日，经乌拉特中旗党史办兰建忠首次实地勘查，发现145座坟茔，确定了83名烈士名单，同时撰写发表《乌不浪口阻击战》，并向上级和有关部门报告与建议修葺。为了纪念这段历史，乌拉特中旗政府

乌不浪口抗日烈士陵园

在1997年投资了3万余元，在乌不浪口建起了抗日英雄纪念碑。1999年，纪念碑墓地与边防一团史馆一并列为青少年爱国主义教育基地。2001—2003年，乌拉特中旗团委、民政局经请示旗党委、政府同意后对抗日烈士公墓进行规划，先后进行了一、二期工程建设。2003年8月13日，举行了“乌不浪口抗日公墓暨爱国主义教育基地落成揭碑仪式”。2008年列入第四批内蒙古自治区级重点文物保护单位。

牧羊海湿地公园

牧羊海湿地公园背靠阴山，南邻黄河，位于乌拉特中旗牧羊海牧场境内，地处东经108°23′~108°35′，北纬41°15′~41°33′，湿地地形平缓，坡度小，地貌简单，平均海拔高度1022.2米，总占地面积4000公顷。由大汉海子、刘铁海子、王坝海子、南北壕片、牧业队片、四连片及周边部分区域组成，是我国西部五省区及世界同一经纬度唯一

牧羊海湿地公园景区之一

的一块湿地，也是乌拉特中旗境内唯一的一个淡水湖。二十世纪六七十年代，这里曾是广大兵团战士和知识青年“戍垦边疆”“上山下乡”生活奋斗过的地方。我们敬爱的周恩来总理为了发展中国的畜牧业生产，用黄金从澳大利亚换回种羊，在牧羊海这块土地上建立了乌拉特中旗良种繁育养殖场。牧羊海湿地公园具有得天独厚的自然资源和人文历史资源，是可供公众游览、休闲和进行科学、文化、教育活动的特定湿地区域，开发前景广阔。

阿其山叉枝圆柏自然保护区

阿其山（阿尔其山）叉枝圆柏自治区级自然保护区位于乌拉特中旗中部，分布在新忽热、巴音乌兰苏木境内，南北长约 17 千米，东西宽约 15 千米，总面积达 14787.5 公顷，距乌拉特中旗政府所在地海流图镇 30 千米。

叉枝圆柏，俗称“爬柏”，属中国珍稀树种之一，由于此树姿身独特，匍匐于地面生长，故而得名。这种柏树多生长于山坡上和沟壑中，爬行生长，常年葱绿。这种柏树的枝叶点燃后的气味特别芳香，可做制香的原料。叉枝圆柏属长绿灌木，四季常青，游人至此，很远处即可闻到柏树的清香，令人心旷神怡、疲劳顿消，从远处看，圆柏装扮的阿其山浓郁秀丽，是大漠戈壁中一道独特的风景。

保护区现有的叉枝圆柏，分类

阿其山叉枝圆柏自然保护区风景

为柏科圆柏属，集中分布于多石山坡，形成稠密的灌丛。主干铺地平卧，顶端向上伸展，常从主枝上发出二级至三级侧枝；连叶小枝稠密，细瘦近圆柱形，直径约1毫米。据实地调查，叉枝圆柏有林地面积444.4公顷，主要公布区域面积2975公顷，盖度在40%以上。叉枝圆柏平均密度每公顷900丛，平均冠幅5.2米，平均高度0.5米，最高可达1.3米。伴生散生木有杜松、山榆、蒙古扁桃、扁桃、单瓣黄刺梅、小叶锦鸡、樱桃等。

狼山水库水利风景区

狼山水库水利风景区，位于乌拉特中旗呼勒斯太苏木境内的群山中，依托狼山水库而建，属于水库型水利风景区。景区规划总面积15.58平方千米，其中水面面积1.26平方千米。狼山水库水生动植物分布量大，酸碱度测试显中性，常年水质稳定在地表水质Ⅱ类，自1979年开辟水产养殖，推出了鲢鱼、鲤鱼、鲫鱼、鳙鱼四大品种，成为闻名河套的“五纯牌水库鱼”，鱼肉品质好，味道鲜美，是内蒙古自治区西部地区无公害有机水产品供应基地。近几年，随着旅游业的发展，狼山水库水利风景区购置快艇、人工船，开辟了水上游览项目；在水边划定钓鱼区，开辟了库鱼垂钓；在浅水区开辟了浅滩游泳；同时在水库北边，开辟了富有民族特色的蒙古大营等旅游项目。

珠丽戈泰文化产业园

珠丽戈泰文化产业园区

珠丽戈泰文化产业园区，是乌拉特中旗人民政府为推进全旗珠宝、玉器行业的产业化进程，促进行业科技创新与技术进步，依托旗内丰富的宝石、玉石、奇石、建材等资源，开发雕刻、民族文化、民用装饰品、宗教文化、建材等一系列产品的商业文化区。项目总占地10.3万平方米，总建筑面积3.8万平方米，总投资1亿元，由永恩宝石有限公司承建。按照功能分为石艺文化区和民俗文化区两部分，分两期实施，一期工程建筑面积1.2万平方米，设置琢玉、典藏、会展、洽谈、营销等设施；二期工程建筑面积2.6万平方米，设置民俗文化、民族饰品、民族工艺品、餐饮和住宿等设施。

乌镇村

乌镇村位于乌拉特中旗德岭山镇政府所在地西9千米。

该村历史悠久，早在清朝咸丰年间，晋商代表山西祁县乔家大院的兴起，带动了北方商业的繁荣。一些晋商商号在包头设立分号，开辟对外蒙古的买卖，建立两条商业通道，其中一条是以乌不浪口南邻的乌兰道本为商贸中心，经由乌不浪口、海流图、甘其毛都到达外蒙古。乌兰道本成为对外贸易的繁华驿站。光绪年间是乌兰道本农商兴盛时期，清王朝设立五原厅，当时晋商将乌兰道本取名乌镇，从此乌镇作为集镇之名沿用下来。山西代县、忻州、定襄、河曲及陕西府谷的旅蒙商人及租种土地的劳动者大量涌入，乌镇很快成为蒙旗及外蒙

狼山水库水利风景区

乌镇村牌楼

古的皮毛畜产品集散地，同时交易白面、炒米、糜米和茶烟布酒糖等生活必需品。1910—1926年，镇内常住人口5000～6000人，包括流动人口将近万人，超过五原县隆兴昌，是河套第一大镇。乌镇有大小50多家资本雄厚的买卖字号，其中有18家大字号，成为名噪一时的塞外名镇。到抗日战争时期，为阻止日本军队从佘太进入河套地区，在乌镇、乌不浪口展开了抗日阻击战。1940年、1942年日本军队两次火烧乌镇，日军残杀乌镇无辜百姓66人，昔日繁华的商业重镇就此衰亡。乌镇（乡）村民被迫易地，在东郊乌兰脑包建立新村。其后，曾名乌兰大队、乌兰村，2006年更名为乌镇村。源于旧乌镇村的历史文化底蕴深厚，是晋商文化、中原文化、走西口移民文化、草原游牧文化、黄河流域文化的大融合，同时也是开展纪念抗日战争主题与爱国主义教育的最好教材。

2015年以来，该村建成了仿晋商建筑一条街，有村历史展览馆1座、门楼1处、中心广场1处、文化宣传长廊1处。随着惠民工程项目推进，乌镇村将逐步恢复古乌镇晋商旅蒙风情，全力打造成为集旅游、休闲、娱乐、餐饮、商贸于一体的美丽乡村。

"鸿雁故乡"乌拉特文化

HUASHUONEIMENGGUwulatezhongqi

“鸿雁故乡”乌拉特文化

HONGYANGUXIANGWULATEWENHUA

“鸿雁文化”内涵丰富，涵盖了整个乌拉特草原的游牧文化、寺庙文化、边塞文化、民间民俗文化、人文思想、当代文化等多方面的内容，是乌拉特文化的集中体现。

乌拉特文化

乌拉特中旗人杰地灵，圣贤辈出，文蕴厚重，文化兴盛。自清初1648年至今，从这片戈壁草原涌现出了对蒙古语诵经贡献最大的人——乌拉特西公旗梅力更庙第三世活佛罗布生丹毕佳拉森；还有《水晶鉴》作者金巴道尔吉，他于1849年完成了著名历史书籍《宝罗尔·托里》，即《水晶鉴》的撰写工作。《水晶鉴》是一部编年史，它的内容除了记载蒙古族的历史之外，还涉及汉、藏、回等民族，以及亚洲、欧洲一些国家的历史。从这一点上来讲，《宝罗尔·托里》也是蒙古族学者编纂的第一部“世界史”。如果说，前人为乌拉特中旗积淀了深厚的文化底蕴和精神财富，那么，今天的乌拉特中旗文化事业更是厚积薄发，如日中天。

乌拉特中旗历来十分重视文化事业的繁荣与发展。中华人民共和国成立后，特别是近年来，在注重经济发展的同时，高度重视文化事业的大繁荣、大发展。为了实现由“民族文化大旗”向“民族文化强旗”迈进的奋斗目标，乌拉特中旗深度梳理乌拉特文化脉络，认真盘

乌拉特中旗文体广电局、文联办公楼与市民中心外景

图书馆阅览室

编印的非遗文化资料

点乌拉特文化家底，先后编印了《乌拉特民俗》《乌拉特民歌集》《乌拉特体育名人录》《乌拉特中旗文物图集》等。在盘点梳理地域文化等“软件”资料的同时，更加注重“硬件”建设。2011年，乌拉特中旗建设了集体育馆、影剧院、图书馆、文化馆、博物馆、非物质文化遗产博物馆、书画馆为一体，占地面积1.47万平方米的市民中心。“非物质文化遗产博物馆”“阴山岩画博物馆”成为巴彦淖尔市建馆最早的旗县级主题博物馆。2014—2015年新建笼式足球场、网球场、门球场、篮球场各一处；2016年投资800多万元建设了“乌拉特中旗公共体育场”。文化馆、图书馆、博物馆、体育场馆全部向社会免费开放，让老百姓共享改革开放的丰硕成果。

从20世纪80年代初建成全区第一个文化站——川井苏木文化站到如今，全旗93个行政嘎查（村）均建设了标准化文化活动室，实现了基层文化活动阵地的全覆盖。46个业余文艺团体常年活跃在绿色草原、金色田野上。乌拉特中旗文体广电局先后被国家文化部、人力资源和社会保障部评为全国文化系统先进集体；被国家体育总局评为全国群众体育先进单位、全区文化体育先进集体；乌拉特中旗被国家文化部命名为“中国民间文化艺术之乡”，被自治区命名为“蒙古族传统银饰工艺之乡”；旗文化馆被评

博物馆内景

非物质文化遗产博物馆内景

健身房

为全区十佳文化馆；海流图镇、呼勒斯太苏木文化站被评为全区十佳文化站。石哈河镇文化站被评为全区先进基层文化站，乌兰牧骑被自治区党委宣传部评为全区服务基层先进集体。91 家草原书屋、45 家数字书屋如雨后春笋，遍布城乡。发放“百部精品图书”4.83 万册。茫茫草原、绿色田野无不浸润在书的海洋里，到处弥漫着书的馨香。文化市场布局均衡，繁荣有序，逐步由网吧向网咖转型升级，实现了从娱乐向休闲的跨越。新闻出版广播影视“固边工程”进一步向边境区域延伸、覆盖，努力实现守土戍边农牧民安居乐业，筑牢北疆安全稳定屏障。截至 2015 年，共完成 3.45 万套户户通设备安装任务；建成 9 座地面数字电视发射站，实现了 93 个行政村、278 个自然村的广播电视户户通全覆盖。文化产业初见端倪，珠丽格泰奇石文化产业园、乌拉特中旗硕彩珠宝有限公司等一批文化企业落地生根。奇石文化、玉雕文化、根雕文化和民族手工艺研发逐渐升温。

借力文化资源打造文化品牌。2015 年，乌拉特中旗被中国民间文艺家协会命名为“中国蒙古族民歌之乡”，作为乌拉特民歌《鸿雁》（鸿嘎鲁）的发祥地，《鸿雁》这首唱响祖国大江南北的民歌正逐渐变成了地域文化的“名片”。鸿雁广场、鸿雁大街、鸿雁艺术团和《鸿雁》杂志等成为外界认识乌拉特中旗、了解乌拉特中旗的窗口。一年一度的“鸿雁文化艺术节”更是全面展示乌拉特中旗文化事业欣欣向荣、蒸蒸日上的绚丽舞台，是各族群众精神文化生活的饕餮盛宴。

城市广场，是一座城市文化脉络的点睛之笔，城市广场的每一座雕塑作品中无不透露着这座城市的文化灵魂。乌拉特中旗用“经营城市”的理念，用短短几年的时间打造出了“城市中的草原，草原中的城市”。哈萨尔广场、巴云英广场、鸿雁广场、瀚海园等反映历史烟云、极富文化内涵、独具民族特色的城市广场，随时随地让人们感受到乌拉特中旗“开放、包容、团结、奋进”的人文精神理念。穿城而过的“艾敏河”让文化的涓涓细流浸润着祖国北疆边陲小镇。清晨或傍晚，广场上，绿荫下，男女老少或翩翩起舞，或嬉戏玩耍，始终充满着生机与活力。广场红歌会、广场民歌会、广场书市、广场舞比赛、广场书法展、广场秧歌舞、广场猜灯谜让城市广场的文化气息扑面而来，让城市广场更加灵动，富有生机。

元宵灯展

作为世界上首部蒙古语电视连续剧《乔达尔与诺拉金》出品地，乌拉特中旗文艺作品创作始终没有停下发展的脚步。近年来，广大文化文艺工作者深入基层体验生活，累计编创完成各类文艺作品达348个，其中舞蹈作品《草原情深》、声乐作品《乌拉特迎宾曲》、器乐作品《鸿雁》、舞台剧《鸿雁的故乡》、小戏小品《牧民歌唱新生活》等一批主题突出，特色鲜明，融合思想性、艺术性、观赏性的艺术作品极大地丰富了各族人民的精神文化生活。

“十二五”期间，旗乌兰牧骑累计完成各类演出1122场，累计观众人数达123万人次。其创作演出作品分别荣获全区第六届乌兰牧骑艺术节团体银奖、“河套酒业情”2015中国河套艺术节暨黄河湿地文化节优秀剧目展演团体一等

赛马

奖；群舞《草原情深》《欢乐的牧场》及《黑眼睛》（三声部演唱）获优秀节目奖。乌兰牧骑声乐演员刘美丽出版了首张个人专辑《美酒哈达》，力古尔将蒙古族呼麦唱响在北京鸟巢。乌拉特中旗作为内蒙古自治区民族民俗文化生态保护区，一直以来对地区文化生态严加保护。乌拉特文化研究学会、乌拉特民间民俗协会、乌拉特民歌学会、搏克协会、红枣骝快骏马协会、民族舞蹈协会、二人台学会分别承担着保护区内文化的挖掘、传承、保护和发展的重任。

为促进乌拉特民歌的大众化和社会化，使其发挥应有的社会效益，乌拉特中旗先后投入200余万元对民歌资源进行普查。精选50首民歌在中小学校传唱；精选30首在机关社区传唱。从1999年开始，连续15年举办原生态民歌大赛，合力打造“民歌”文化品牌。87岁高龄的双胞胎姐妹乌日木格乐和孟根其其格参加首届内蒙古中西部盟市民歌大赛，获得了一等奖，参加了2016年“内蒙古蒙古语卫视春节联欢会”，让区内外电视观众领略到了乌拉特原生态民歌的悠远高亢、沧桑绵长。央视一套“中国民歌大会”节目组走进乌拉特中旗寻找鸿雁的故乡，专题报道了乌拉特民歌，对提升乌拉特中旗的知名度起到了推波助澜的作用。

“一镇一品，一苏木一特色”是乌拉特中旗群众文化体育活动的一大亮点。作为南粮北牧的边疆少数民族地区，不同地域文化的交流、融合使乌拉特中旗形成了独特的“草原文化”“戍边文化”“河套文化”“移民文化”等几大文化板块。

唱红歌

乌拉特中旗首届中老年农民运动会暨德岭山镇乡村文化节开幕式

乌拉特蒙古族敖包祭祀、蒙古语诵经、男儿三项竞技、腊月二十三祭火、“草原天骏万马会”、“冰雪杭盖”、“古城雪韵”冬季那达慕、“乡音乡情——二人台展演”、“草原情民族风——牧民文艺会演”把根脉文化、乡土文化、原生文化的正能量种子传播到了每一个角落，结出了“味道”不同、风格迥异的“果实”。地处祖国北疆的乌拉特中旗拥有自治区最大的陆路口岸——甘其毛都口岸，作为巴彦淖尔市向北开放的前沿阵地，乌拉特中旗是中国“一带一路”倡议和蒙古国“草原之路”的重要节点。为此，乌拉特中旗主动依托甘其毛都口岸，按照“请进来，走出去”的思路，主动承担“中蒙文化交流”之重任，全方位地开展对外文化交流。从1998年开始，乌拉特中旗每年组织专业和民间艺术团体到蒙古国开展文化艺术交流。连续举办三届“中蒙国际那达慕”，四届“中蒙文化交流周”活动，搭建起向北开放的大载体和大平台，谱写着中蒙文化交流的新篇章。

文化融入百姓的心灵，就会潜移默化地熏陶、感染他人。文化体育基础设施建设、各类场馆的免费开放，发放公益演出场次补贴，文艺作品推陈出新，文艺演出进牧户、走农家、走边关、进军营，这一项项发展的变迁，一件件惠民的举措，一场场精彩的活动无不折射出文化体育事业在历史变革中的恒久魅力和发展进步。21世纪的乌拉特中旗14万各族儿女“守望相助，团结奋斗”，发扬蒙古马一往无前的精神，高举社会主义先进文化大旗，跃马扬鞭，正向民族文化强旗奋进。

摔跤比赛

秧歌展演

乌拉特中旗文艺界的领头雁
——文联

乌拉特中旗文学艺术界联合会（简称乌中旗文联），是旗党委领导下的文艺界人民团体，是党和政府联系广大文艺工作者的桥梁、纽带。

旗文联办公机构设有办公室、组联部、《乌拉特文艺》编辑部、《鸿雁》编辑部、文学馆等科室。下设作家、民俗、戏剧、书法、美术、摄影、音乐舞蹈家协会等13个文艺家协会和1个企业文联，共有会员358人。

近些年来，旗文联主抓民族文化传承与发展，蒙古文长篇小说创作数量、发表数量在全区首屈一指，乌拉特中旗因此被誉为"蒙古文长篇小说之乡"。2008年建立企业文联，成为自治区第一家县级企业文联。旗文联连续三年被巴彦淖尔市文联评为实绩突出单位和作品推荐先进单位。2011年、2016年两度被评为全区先进基层文联（每五年评选一次）、文艺志愿者先进单位。

旗文联建立的文学馆是全国第一家县级文学馆，从2012年开始，全力打造"鸿雁文化之乡"，并取得丰硕成果。旗文联主席刘广星参

旗文联文学馆一角

旗内作家庆祝"世界诗歌日"合影

著名作家布仁特古斯（前排左三）与旗内部分作家合影

加2012年全国基层文联先进经验交流会、2013年全区旗县文联经验交流会、2014年全区“一旗一品”经验交流现场会等，为扩大乌拉特中旗的知名度，提升乌拉特中旗的软实力发挥了重要作用，“鸿雁文化”已成为自治区响亮的文化品牌。

2015年3月30日，自治区文联召开第七届六次全委会，乌拉特中旗文联作为全区两个旗县代表之一参加会议。

2017年5月，召开乌拉特中旗文学艺术界联合会第二次代表大会，规划和制定了新的发展蓝图。

旗内部分作家出版的书籍

非物质文化遗产打响“民歌之乡”文化品牌

乌拉特中旗素有内蒙古“鸿雁文化之乡”“蒙古文长篇小说之乡”“戈壁奇石之乡”“中国蒙古族民歌之乡”的美誉。近年来，乌拉特中旗高度重视乌拉特民歌的传承与保护，在保护中传承，在传承中发展，使这一民间文化瑰宝得以发扬光大，成为广大群众的一项重要文化娱乐活动。

乌拉特民歌是蒙古族民歌的一个重要组成部分，是非常珍贵的非物质文化遗产。早在1998年，乌拉特中旗组织专家学者、民间艺人收集、整理了800多首蒙古族乌拉特民歌，并集结出版，《鸿雁》就是其中一首。《鸿雁》原创于1900年前后，是乌拉特中旗民间艺人创作的一首歌曲，后经多方改编，到现在最后定型。2009年11月17日，蒙古族青年歌手呼斯楞在人民大会堂举办的对美国总统奥巴马进行国事访问的欢迎仪式上演唱了这首民歌，从此《鸿雁》名扬海内外。2010年，经自治区有关部门和专家认定，确认《鸿雁》原创于乌拉特中旗呼勒斯太苏木，版权属于乌拉特中旗，并颁发了证书。同时，乌拉特中旗深入挖掘“民歌文化”的内涵和外延，对打造“民

2008年7月8日，第六届"情洒乌拉特"消夏广场文化艺术节暨乌拉特大型民歌演唱会演出现场

歌文化"进行全面规划，聘请具有国家规划设计资质的设计团队对"民歌文化"产业经济圈进行规划设计，成立"民歌文化发展促进会"，全面组织协调"民歌文化"的开发、包装、推介、招商等工作。此外，加强民歌保护工作，先后投入200余万元，对民歌资源进行普查。

为使乌拉特民歌发挥应有的社会效益，乌拉特中旗精选50首民歌在中小学校传唱，精选30首在机关社区传唱，并从1999年开始每年举办原生态民歌大赛，集中力量组织品牌宣传推介活动，先后举办鸿雁文化艺术节5次，展示了乌拉特民歌的魅力，提升乌拉特民歌的知名度。乌拉特中旗积极整合区域文化资源，发挥专家学者、名人的作用和效应，合力打造"民歌"文化品牌及"民歌文化"附属的品牌旅游业。投资580万元以乌拉特民歌《鸿雁》为元素编排了大型舞台剧《鸿雁的故乡》，累计演出56场次，受到极高的评价。

从1998年开始，乌拉特中旗依托甘其毛都口岸，组织文化专业团队——乌兰牧骑每年到蒙古国开展交流演出两次，将乌拉特民歌带到蒙古国。同时，乌兰牧骑深入西安、甘肃、河南等地进行有偿演出，为传承民歌起到了巨大作用，扩大了乌拉特民歌的对外影响力。此外，乌拉特中旗积极组织本地歌手参与全国、全区、全市的原生态民歌大赛，屡次获奖，为打造"民歌之乡"奠定了良好的社会基础。乌拉特民歌的魅力，提升了乌拉特民歌的知名度。

乡村文化节

2016年9月22日—23日，乌拉特中旗德岭山镇举办了乡村文化节，全镇近500多名村民参加了踢毽子、跳大绳、翻轮胎、夫妻"赶

猪”、婆媳踢毽走、男女拾物、巧媳妇剪纸、企鹅慢步8个项目的比赛，每个项目都透着浓浓的乡土气息和民间文化特色。

在众多参赛村民中，来自苏独仑嘎查的王虎旺夫妻，他们家种着70多亩地，虽然这两天正忙着秋收，但是他们听说镇里要举办文化节，就报名参加了比赛。王虎旺的妻子爱跳广场舞，她说："现在白天干农活儿，晚上跳跳舞，日子过得很舒心。今天参加比赛，得奖不得奖不重要，主要是想和大家在一起乐一乐。"

在跳大绳比赛和广场舞表演现场，人声鼎沸，热闹非凡，参加跳大绳比赛的选手个个热情高涨，摇绳的队员专注地配合跳绳选手的节奏，以高度的默契配合完成了比赛。在广场舞表演现场，来自全镇的13支广场舞表演队，为观众表演了健身秧歌、扇子舞、佳木斯健身操等，选手们精彩的表演让现场观众大饱眼福。

在"巧媳妇剪纸比赛"现场，剪纸爱好者们按照自己的构思，灵巧地运用手中的剪刀，将一张张普通的红纸剪出了各种各样、巧夺天工、精美绝伦的图案。参加剪纸比赛的王凤英已经70多岁了，从小就跟着母亲学习剪纸。她高兴地告

乌拉特剪纸

乌拉特剪纸

诉记者，平日里，她最大的乐趣就是以民间生活为题材，用剪纸的形式反映农村风土人情和身边的变化。比赛中，只见王凤英手拿剪刀，不一会儿一幅代表祖国大好河山的风景剪纸图案，在她的一双巧手中就完成了。她获得"巧媳妇剪纸比赛"第一名。

文化节期间，德岭山镇还举办了农民歌手大奖赛、农民书画摄影展、科普知识讲座、优秀"二人台"节目展演、"扶贫攻坚"成果展、农畜产品和农机具展示、物资交流等活动。

文艺团体变迁历程记

乌拉特中旗乌兰牧骑

1957年秋，乌拉特中后联合旗试办乌兰牧骑。1962年11月，乌拉特中旗乌兰牧骑正式成立，有队员9人，演出牧民群众喜闻乐见的小型节目。演出剧目有民族歌舞，以好来宝、说书、独唱、独舞为主。1967年乌兰牧骑改建为“毛泽东思想宣传队”，1970年恢复原名称。1972年4月，旗乌兰牧骑参加自治区乌兰牧骑会演，舞蹈《红花向阳》《亚非拉人民齐战斗》《军民联防保边疆》，小剧《戈壁清泉》，歌曲《我是公社小牧民》等节目获全区乌兰牧骑会演优秀节目奖。同年5月，旗乌兰牧骑先进事迹被《人民日报》、中央人民广播电台报道。1975年9月，旗乌兰牧骑女演员巴德玛参加中央新闻电影制片厂拍摄的音乐风光片《百花迎春》，并为影片演唱插曲《草原牧民学大寨》。1977年7月，演员斯琴、高玲花参演北京电影制片厂摄制的彩色故事片《战地黄花》。1977年9月24日—10月24日，旗乌兰牧骑受内蒙古自治区党委和政府委派赴西藏慰问演出23场，观众达2.3万多人次。往返途中还为成都军区、成都机场、中共中央统战部、毛主席纪念堂等单位的领导和工作人员演出8场，观众达1万多人次。1976年6月演员马力、马代芬参加全国曲艺调演。1978年10月，演员青格勒图随内蒙古艺术团出访西非3国。1979年4月，声乐女演员巴德玛随中国青年代表团到日本访问演出。

1980年4月12日—7月12日，乌兰牧骑到甘肃、青海、宁夏三省区巡回演出87场，观众达8万多人次，所到之处均受到当地党政领导和群众的热烈欢迎与热情接待。在兰州慰问演出时，还担负了3场外事演出任务，受到美国、日本和加拿大客人的高度评价。1982年，中央人民广播电台报道了乌拉特中旗乌兰牧骑的先进事迹。同年，乌兰牧骑参加自治区乌兰牧骑成立25周年会演，舞蹈《马铃舞》获优秀创作奖，并获1983年全国乌兰牧骑式创作奖，歌舞《喜讯传草原》、歌曲《思念》获创作奖，相声《选女婿》获蒙古语优秀节目奖。同年5月，由旗电视台与内蒙古电视台联合摄制，旗乌兰牧骑全体队员参加出演全区乃至全国第一部蒙古语8集电视连续剧《乔达尔与诺拉金》的拍摄工作。1984年影片上映以后，深受广大牧民群众的欢迎和赞扬。而后被上海电视台、中央电视台及其他省市电视台译制成汉语播

牧区慰问演出

放。1987年，乌兰牧骑队员发展到25人，分设舞蹈队和器乐队。

进入21世纪，旗乌兰牧骑开始推进人事制度改革，通过考试、考核，录用新队员，充实新鲜力量。同时实行考评聘用制、艺术结构工资制，形成竞争激励机制，促进了艺术生产力的提高。由此，为以后成为全区一类乌兰牧骑、入选全区“十佳乌兰牧骑”奠定了基础。同时，乌拉特中旗乌兰牧骑涌现出一批新秀，如巴彦淖尔市艺校毕业的蒙古族女演员刘美丽，2006年任旗乌兰牧骑副队长，在全旗、全市、全区艺术节会演中均获得优秀表演奖，曾赴蒙古国南戈壁省进行文化交流演出。2016年，她发表首张个人专辑《美酒哈达》，录制乌拉特中旗鸿雁艺术节的宣传片主题歌曲《乌拉特迎宾曲》。2017年6月，刘美丽在中国原创网发布原创单曲《上马石》，并录制原创单曲《壮美内蒙古》《爱的草原》，庆祝自治区成立70周年。

近年来，乌拉特中旗乌兰牧骑积极响应服务基层、服务群众的文化惠民要求，以自编自导自演的文艺节目，将党的十八大以来的各项惠民政策送到千家万户。通过“文化三下乡”“第五届鸿雁文化艺术节”，走进军营慰问演出，走进企业消夏晚会，“关注孤残儿童、让爱撒满人间”专场文艺慰问演出等一系列文艺演出活动，将新颖、形式多样、老百姓喜爱的、具有浓郁民族特色和地方特色的节目奉献给了基层的农牧民及部队、企业。

近年来，通过举办文化惠民系列文艺演出活动，旗乌兰牧骑把与老百姓生活息息相关的好政策通过文艺节目宣传给大家，得到了各级领导和老百姓一致好评，同时也丰富了农村牧区文化生活，进一步满足了广大人民群众日益增长的精神文化需要，并讴歌了全旗新农村新牧区建设，展示了新时期农牧民的新生活。

2016年，旗乌兰牧骑完成各类演出活动126场，其中：下乡慰问演出112场，公益性专场演出14场，完成各项培训辅导38场；新编创情景歌曲作品《辽阔的杭盖》，组合演唱《阿拉腾甘珠尔》《母亲之歌》《纯洁的心》《赛音白努额吉》《永远的爱恋》等。原创歌曲有《美酒哈达》《乌拉特迎

乌拉特中旗乌兰牧骑参加2017年全区乌兰牧骑蒙古语“玛乃乌兰牧骑”春晚

宾曲》《可爱的巴彦淖尔》《思念的故乡海流图》《哈萨尔汗》等。原创舞蹈曲有《苍狼》《辽阔的杭盖》。新编创舞蹈作品：《成吉思汗赞》《苍狼阴山古韵》《单色舞》《两滴水》《青春着色》。器乐合奏作品有《蒙古舞曲》《多彩的哈达》等新作品。

发展壮大中的乌拉特中旗乌兰牧骑将更好地继承传统、展望未来，为弘扬民族文化做出更大的贡献！

旗直机关业余剧团

1954年，旗文化馆组织成立了旗直机关业余剧团，有演员90余人，演出剧目有《王秀兰》《赤叶河》《纺棉花》及传统二人台节目等。1956年，排练演出大型古装剧《挑女婿》《三不愿意》，二人台传统剧《打连城》《姑嫂挑菜》等节目，受到了海流图群众的热烈欢迎。1958年停止演出活动。1962年剧团重新恢复。1962—1964年先后到乌力吉图庙边防站和巴音杭盖、川井、呼勒斯太公社等地进行慰问演出，受到群众热烈欢迎。1965年，剧团参加巴彦淖尔盟文艺会演。“文革”期间剧团被解散。1972年，旗文化馆组织干部、职工文艺宣传队，在旗内演出，并赴临河参加全盟文艺会演，获全盟文艺会演二等奖。1980年，旗文化馆组织宣传队赴临河参加全盟文艺会演，获得好评，大型好来宝《赞摔跤手》由巴彦淖尔盟广播电台录制后播放。

随着改革开放、社会科技进步，电视、电脑、智能手机大幅普及，机关业余剧团、文艺宣传队已成为一道消失的风景，湮没在全旗人民的记忆中。然而曾几何时，在时代

下乡慰问演出

前进的风雨里，一次次兼程在峥嵘的历史进程中，他们的奉献精神必将会被载入乌拉特中旗宣传文化事业的辉煌史册中。

海流图二人台打坐腔班

二人台俗称玩艺儿、二人班。起源于山西河曲，成长于内蒙古中西部，是流行于内蒙古中西部农区、半农牧区及山西、陕西、河北、宁夏北部地区的汉族戏曲剧种。二人台的发展经历了“打坐腔”“打玩艺儿”“风搅雪”“打软包”“业余剧团”和“专业剧团”6个阶段。2006年，二人台经国务院批准列入第一批国家级非物质文化遗产名录。

海流图镇民间二人台文艺爱好者自发组织，闲时即兴演奏，大家一起娱乐。文艺爱好者们围坐演唱，

海流图二人台坐腔班

尽欢而散，此为“打坐腔”。由于歌手们演唱时情不自禁，手舞足蹈，加以表情、动作，所以打坐腔也称“打玩艺儿”。二人台主乐器有“枚（笛子）、四胡、扬琴，以及四块瓦（或梆子）。后来又增加了二胡、中胡、琵琶、笙、阮、大提琴等管弦乐器等，音乐的表现力更加丰富多彩。

除打坐腔外，遇有重要节庆，文艺爱好者们还自编自演二人台节目。

夸中旗

郭文义 编剧

（元宵节演出剧目，二人台打连城调）

甲：过罢大年喜气生，

乙：咱二人元宵佳节来观灯。

甲：西瓜灯，

乙：红腾腾，

甲：白菜灯，

乙：绿茵茵，

甲：圪溜把弯，

乙：黄瓜灯，

甲：三打金丹，

乙：炮打灯，

同唱：乃是依哟嗨，嘶噜噜起火带炮、乒乓两盏灯，乃是依哟嗨。

甲：乌拉特草原改革开放，形势真不赖。

乙：党中央的政策让咱们富起来。

甲：抓住机遇奔小康，

乙：致富路上大步迈。

同唱：乃是依哟嗨，唱一唱咱们乌拉特中旗的新气象，乃是依哟嗨。

甲：乌拉特草原改革开放，形势实在好。

乙：青山绿水蓝天白云飘，

甲：雪白的羊群美如画，

乙：绿草成茵，开金花。

同唱：乃是依哟嗨，从城镇到牧区、农村变化真是大，乃是依哟嗨。

甲：乌拉特草原实在美，

乙：牛马壮来羊儿肥，

甲：一望无际的大草原，

乙：想吃羊肉，羊群里头逮。

同唱：乃是依哟嗨，幸福的生活喜心间，乃是依哟嗨。

甲：乌拉特出产真不少，

乙：黄金、白山羊绒还有发菜草，

甲：珠宝玉翠价值高，

乙：满山遍野尽是宝。

同唱：乃是依哟嗨，吸引的远方客商直往这儿跑，乃是依哟嗨。

甲：乌拉特人民真豪放，

乙：各族人民爱把一个山曲唱，

甲：唱出了党的好政策，

乙：人人都把党来夸。

同唱：乃是依哟嗨，唱出了各族人民大团结，乃是依哟嗨。

甲：海流图本是在簸箕湾，

乙：东靠河槽北靠山，

民间艺人郭文义（中）演出二人台

甲：直不溜溜大街长又宽，

乙：两边的楼房盖了个满。

同唱：乃是依哟嗨，好人好事三天六夜唱呀唱不完，乃是依哟嗨。

石哈河地区二人台歌剧团

1955年秋，在中共石哈河区委的关怀指导下，由老艺人李起胜、姚达魁、张来成、何鲜女等23人组成石哈河地区二人台歌剧团。1956年正月初五开始演出，一直到1960年解散。演出剧目有大型歌剧《方四姐》《茶瓶记》《借亲配》《卷帘洞》《小姑贤》《老少换妻》《麒麟带》《墙头记》《梅玉配》《挑女婿》等；二人台有《走西口》《打樱桃》《打金钱》《小放牛》《探病》《尼姑思凡》《挂红灯》《拜大年》《卖碗》《卖菜》《刘海砍樵》《双喜临门》等。歌剧团团长是区派干部杨存，导演由演员张秀

荣担任。剧团走遍石哈河地区4个乡、100多个自然村，演出几百场，还去固阳、包头、后山演出，深受群众喜爱。1978年恢复，以小班形式演出，1980年赴巴彦淖尔盟参加文艺会演。解散后，变成由二人台业余爱好者自发组织，节庆日演出，保持了二人台艺术薪火相传。其中，原部北乡王发及其女儿在后山一带演唱二人台很有名气。

1965年王凤英演出《穆桂英挂帅》

乌兰脑包民间文艺剧团

乌拉特中旗德岭山镇乌兰脑包村民间文艺剧团，最早是1956年由高科举（俗称高科驹）组建成立的“娃娃剧团”。

高科举，山西河曲人，1901年出生，19岁时和父母“走西口”来到乌兰脑包村，以揽长工为生，中华人民共和国成立后分到了田地，以种地为生。高科举小时候在山西学过晋剧，特别爱好文艺，那时乌兰脑包村什么文化活动也没有，他就想把他学过的晋剧教给当地的孩子们，于是将村里9～14岁的10多名孩子组织起来义务收徒教唱戏。当时村里的人们叫他们是“娃娃剧团”，也叫娃娃戏班子、娃娃戏。高科举边劳动边教孩子们学戏，一年后就都能演出了。

张满福、梁福仙演出《大堂见皇姑》

1957年，这个民间业余剧团又增加了爱好文艺的成年人，他们负责拉二胡等乐器。娃娃剧团演出的剧目有《打金枝》《算粮登殿》《秦香莲》《打宫门》《杨家将》《杨八姐游春》《六郎斩子》《扫窑》《斩窦娥》《杀宫》《李有儿卖狗肉》《三娘教子》《采桑》《鞭打芦花》《牛郎织女》《劈殿》等。

1977 年演出晋剧《金水桥》

从 1957 年正月初八开始演出，一直到“文化大革命”开始，剧团年年节庆如有大型活动都要出演。不仅在海流图、石哈河等多个公社演出，还去磴口参加全盟会演，也去过五原、乌拉特前旗、固阳演出。

“文化大革命”开始“破四旧”，于是停止了晋剧的演出，改演大型歌剧，演出革命样板戏、二人台。演出的剧目有《红灯记》《沙家浜》《洪湖水》《红珊珊》《杜鹃山》等革命样板戏。

1975 年，演员王桂英、王凤英、段五女学习《中华人民共和国宪法》

德岭山镇文化宣传队合影

1977 年，恢复乌兰脑包村“娃娃剧团”，王凤英、贾桂枝等为主角，演出晋剧《金水桥》。演出戏装是王凤英自己用被面做成的，头饰是用纽扣、胶水等制作。

1979 年，德岭山公社把剧团调回公社，后解散。

1990 年，乌兰村（乌兰脑包村）又成立了剧团。主要演出剧目是：《两个老太太宣传计划生育》《近亲结婚人不聪明》《根旺相亲》，这些剧在巴彦淖尔盟演出获得特等奖。同时，乌兰村还组织了秧歌队，

王凤英唱山曲《夸十七大》

有舞龙、舞狮子，有骑驴、旱船、彩车，经常在旗、县、乡、镇、村巡回演出。

到2012年，剧团演出的有二人台、山曲、民歌、晋剧选段，剧目有：《赞计划生育》《夸十七大》《三个代表》《夸中旗》《夸德岭山》《新海梨花》《十对花》《挂红灯》《打金枝》《五哥放羊》等。为了传承文化，有的是旧调填新词，使非物质文化得到进一步流传。

海流图秧歌队

20世纪50年代，乌拉特中旗人民政府驻地海流图的秧歌队就活跃起来了，主办单位海流图镇政府，领导人是杨金花，技术指导燕惠成（山西河曲人，海流图镇蔬菜队队长）、王佳兵、高留维。在每年春节拜大年时组织海流图镇居民演出，项目有高跷、旱船、狮子舞等，每到正月初五开始向各单位拜年。这项活动一直延续到“文化大革命”。到20世纪80年代秧歌队再次兴起，但以健身为主，后参加的人越来越多，随着

海流图镇秧歌队

多数秧歌队员老龄化，主力削弱，多数秧歌队自动解散。21世纪以来，唯有旗老干部局“夕阳红”秧歌队仍存在，不时参加各级党委、政府的大型政治宣传活动或企业搞的庆祝庆典活动。

鸿雁艺术团

鸿雁艺术团成立于2008年，以双人马头琴——哈萨尔组合亮相于乌拉特中旗，取得了旗文体广电局、艺术同行及广大群众的一致好评。2009年起，哈萨尔组合开始壮大队伍，吸收各界人才，2012年在旗党委领导、文体广电局领导的支持下，哈萨尔组合正式命名为“鸿雁艺术团”。

鸿雁艺术团主要以马头琴、民歌、长调、原生态呼麦、民族舞、现代舞、水臌、歌剧等特色演出为主。2010—2014年曾多次代表乌拉特中旗参加巴彦淖尔市各项文艺比赛及河套艺术节演出，并获得一等奖，被评为优秀演艺组合；2013年，参加自治区西部民歌大赛，荣获优秀奖；2014年成为巴德玛老师“回望故乡”个人演唱会唯一选中同台演出的团体；2014年代表中国赴蒙古国参加中蒙国际那达慕演出。

鸿雁艺术团的主干演员已有10余名，全体演员有20余名，有毕业

鸿雁艺术团参加春节晚会

自山东大学的本科生、毕业自内蒙古艺术学院的本科生，他们都受过专业系统的训练，不仅拥有较高的学历，同时也是行业中的佼佼者。

鸿雁艺术团以发扬民族文化精髓为宗旨，彰显民族文化特色，以传承世界非物质文化遗产呼麦、长调、马头琴为基本要求，以促进民族文化产业发展、满足群众文化需求，为地区文化事业做贡献为最终奋斗目标，奋斗终生、创新终身。

哈尔嘎纳乐队

哈尔嘎纳乐队，2012 年 7 月组建于乌拉特中旗，属于民间艺术团。当年，几个怀揣音乐之梦的年轻人为了实现心中的梦想，不约而同地走到一起，开始了他们原创音乐的艰辛旅程，并以在荒漠草原上具有顽强生命活力，耐旱、耐寒、耐高温的灌生植物——柠条，即蒙古语“哈尔嘎纳”冠名乐队。

乐队坚持走原创与时尚相结合、原生态与电声乐相结合，致力于创建具有独特风格的发展道路。2012 年秋，乐队首次走上星光舞台，为广大歌迷奉献了一场现代与原始的唯美音乐盛宴。如今，经过不断地磨合，不懈地努力，几位志同道合的乌拉特音乐人带着浓香扑鼻的草原气息和都市风格引起了广大歌迷发烧友的热切关注。哈尔嘎纳乐队参加过“下基层、进企业”慰问演出、慰问环卫工人晚会、“鸿雁”艺术节民间团队专场演出等许多活动。

哈尔嘎纳乐队在“中国梦 劳动美”专场晚会上演出

蒙古文长篇小说的摇篮

乌拉特草原人杰地灵，有着悠久的历史和灿烂的文化，历史上涌现出莫日根葛根罗桑丹毕坚赞、金巴道尔吉等世界文化巨人。到了当代，涌现出丹·查格德尔苏荣、布仁特古斯等一大批蒙古文长篇小说作家。他们所创作的长篇小说名扬海内外。

蒙古文长篇小说之乡

1990年2月26日，内蒙古自治区蒙古文长篇小说研讨会在乌拉特中旗政府所在地海流图召开，这显示了乌拉特中旗蒙古文长篇小说创作的实力和影响力。

此次研讨会召开时，全区出版发行的蒙古文长篇小说有13部，其中巴彦淖尔盟（现巴彦淖尔市）占9部，而乌拉特中旗占其中6部。当时已出版发行了丹·查格德尔苏荣的《朝亥外传》、布仁特古斯的《辽阔的杭盖》《黑骏马》、色楞的《哲里木之雾》《三登西柏山》、安庆夫的《乌拉特之子》共6部小说。

研讨会期间，布仁特古斯的蒙古文长篇小说《辽阔的杭盖》受到极高的评价。参会的自治区著名作家、学者、专家对乌拉特中旗的蒙古文长篇小说创作给予了极高的评价和肯定，一致认为乌拉特中旗应得到内蒙古“蒙古文长篇小说之乡”这一荣誉称号。

春耕秋收，笔耕20载，再迎辉煌。2009年2月26日，乌拉特中旗文联组织召开了“纪念全区蒙古文长篇小说研讨会在乌拉特中旗召开20周年座谈会”。参会的著

全区蒙古文长篇小说研讨会合影（1990年2月26日）

旗文联文学馆一角

名作家、学者、专家再次肯定了乌拉特中旗在蒙古文长篇小说创作方面做出的突出贡献与成绩。

自治区研讨会后的20年，乌拉特中旗作家们又创作出版、发行了20多部蒙古文长篇小说，准备出版的蒙古文长篇小说还有20多部。由于在蒙古文长篇小说创作中取得的突出成就，自治区副主席宝音德力格尔为乌拉特中旗文联题词“蒙古文长篇小说之乡”。

著名蒙古族文化学者、字典编写者、作家、民俗家，原乌拉特中旗政府蒙古语办副主任孛尔赤

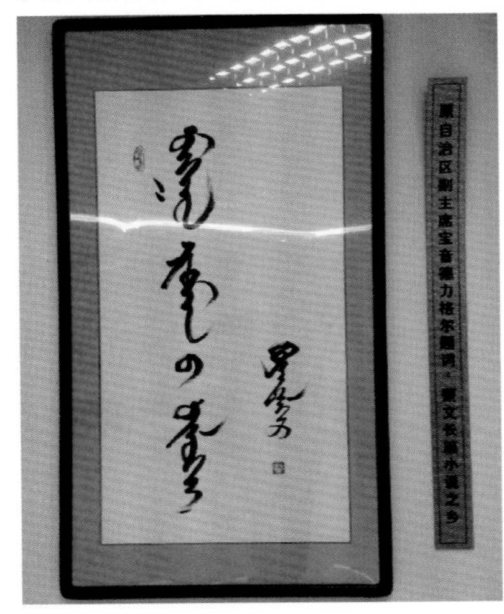

宝音德力格尔题词

蒙古文长篇小说摇篮之乡纪念碑

斤·旺吉拉（1933—2014），先后创作《呼和烛拉》《呼和图力呼尔》《呼和道西》《乌拉特简史》《乌拉特文化荟萃》《蒙古族传统农业》等著作。1990年他的名字被收入《中国名人录》，2002年被收入《世界名人录》。他多方筹措资金30多万元，在乌拉特中旗蒙古族学校院内建立起“内蒙古蒙古文长篇小说摇篮之乡，乌拉特文化九星成就”碑。

丰碑屹立校园，鼓舞后人与时俱进。建碑以来，旗文联、旗作家协会、旗蒙古族学校，都在每年的“世界读书日”举行和开展建碑祭典、诗歌朗诵等大型活动，鼓舞更多的作家以此为荣，创作出更多的优秀文学作品，为社会服务，为人民服务；勉励学生们认真读书，努力奋发学习，成为国家、民族的栋梁之材。

作家风采

1. 乌拉特文学奠基人——丹·查格德尔苏荣

丹·查格德尔苏荣

丹·查格德尔苏荣，蒙古族，1936年出生，乌拉特中旗人。他曾任乌拉特中旗第六、七、八、九届政协副主席，是中国少数民族作家协会会员。他于20世纪50年代开始文学创作，主要作品有蒙古文长篇小说《朝亥外传》《图古拉金山轻雾》《雷声》《小老师》（后三部作品待出版）；中篇小说《郎头大人》《两个出逃者》《醉酒之邦》等。他还创作了多首诗歌和多部舞台剧，受到了文学界和人们的一致好评。

2. 文化名人——安庆夫

安庆夫

安庆夫，又名陶·青柏，蒙古族，1938年1月31日出生于乌拉特东公旗（今乌拉特中旗新忽热苏木），1964年毕业于内蒙古师范学院（现内蒙古师范大学）蒙古语言文学系，在中央人民广播电台对外蒙古语播音台工作。他从20世纪80年代开始文学创作，创作多篇小说、中篇小说、报告文学等。1985年出版蒙古文长篇小说《乌拉特之子》，1995年出版第二部蒙古文长篇小说《杭盖好汉》。他的中篇小说《狼耳》被内蒙古《潮洛蒙》杂志评为优秀文集。他的长篇小说《杭盖好汉》全文在阿拉善广播电台播放。

3. 文学巨匠——布仁特古斯

布仁特古斯，蒙古族，1947年出生，曾任乌拉特中旗文联副主席。20世纪80年代开始创作长篇

布仁特古斯

小说，现已出版长篇小说《大原野》《黑骏马》《天地恩泽》《地罅》《戈壁滩上的三只弱命》《蒙古女人》等8部，中短篇小说集《家乡的白神》《驼峰山》。他曾三次荣获内蒙古自治区文学创作“索龙嘎”奖和内蒙古自治区艺术创作“萨日纳”奖一等奖。长篇小说《天地恩泽》荣获内蒙古自治区“五个一工程”奖。布仁特古斯的名字被载入蒙古族当代史册，作品被翻译成十几种语言流传国

布仁特古斯出版的长篇小说

外，他被誉为草原上的黑骏马。他的蒙古文长篇小说《辽阔的杭盖》获得内蒙古自治区文学创作最高奖“索龙嘎”奖，并成为大学教材。乌拉特中旗被命名为“蒙古文长篇小说之乡”，他立下了汗马功劳。

4. 乌拉特“三鼎石”——斯楞

斯楞

斯楞，蒙古族，1943年2月出生，内蒙古作家协会会员，在乌拉特中旗广播电视台退休。他自1986年至2007年出版发行了《哲里木之雾》《三座西柏山》《三鼎石》三部蒙古文长篇小说。他的长篇小说《三座西柏山》出版后，内蒙古电视台改编成电视剧《遥远的特日格勒》，在中央电视台、内蒙古电视台播出，并在1990年获得内蒙古自治区艺术创作“萨日纳”奖一等奖。

希日呼

希日呼出版的长篇小说《苍茫戈壁》

5. 牧民杰出作家——希日呼

希日呼，蒙古族，1943年出生，乌拉特中旗甘其毛都镇德日苏嘎查人，高小文化。内蒙古作家协会会员、牧民作家。他是一位普通的牧民，因为“文化大革命”所以未能完成学业，只有高小文化，但他热爱文学，创作了令人欣慰的优秀文学作品。他从1973年开始新闻报道写作，成为《巴彦淖尔报》著名的牧民优秀通讯员。1975年，希日呼开始写好来宝和诗歌，很多作品发表在自治区、盟市报刊上，并多次获奖。

1978年，希日呼开始收集资料创作长篇小说《苍茫戈壁》，放牧时把草原当作书房，青石板作为写字台，在矮小的土坯房里，在昏

小说《苍茫戈壁》研讨会参会人员合影

暗的油灯下，开始也没想那么多，以《孤儿》为名准备写一篇小说，在修改中改名为《飘落的树叶》。随后通过修改，写成中篇小说，改名为《无情的世界》。然后通过征求多人建议，经过多次修改、完善和不断的塑造人物，最终写成长篇小说《苍茫戈壁》。经过36年的勤奋笔耕，2014年12月内蒙古文化出版社出版了他这本52万字的蒙古文长篇小说，小说受到各界的一致好评。

功夫不负有心人。2015年7月，蒙古文长篇小说《苍茫戈壁》获内蒙古自治区文学创作最高奖“索龙嘎”奖，成为巴彦淖尔市牧民作家首次获得的奖项。

2016年，他已是75岁高龄者，还没有停下笔，他已经把创作当成了生命的一部分，并在创作第二部长篇小说《非常年代》。

6. 身残志坚的优秀作家——图布新巴图

图布新巴图，蒙古族，1948年出生，阿拉善左旗人。1968年到乌拉特中后旗巴音哈太公社毛其格生产队插队落户，后在地方学校、旗教育局、旗政府、旗土地局等单位工作和任职。内蒙古作家协会会员，是用蒙汉两种文字写作的作家。2007年，内蒙古人民出版社出版了他的第一部长篇小说《人生乐章》。2009年，乌拉特中旗党委、政府授予他“优秀文艺工作者”荣誉称号。2012年，他的第二部长篇小说《草原之恋》出版，现在正在创作第三部长篇小说《阿尔其河畔的早晨》。

7. 草原骄子——白春霖

1959年出生于内蒙古科尔沁草原，是乌拉特中旗巴音乌兰苏木桑根达来嘎查牧民。内蒙古作家协会会员，乌拉特中旗作家协会副主席、牧民作家、诗人。曾在《内蒙古日报》《呼和浩特晚报》等报刊上发表过大量诗歌，也在新浪网上发表过多篇小说。著有诗歌集《白春霖诗集》，出版了长篇科幻小说《天外之光》，长篇小说《奇绿游记》。

8. 文学创作的领头雁——纳·苏力德

纳·苏力德，蒙古族，1955年7月25日出生于杭锦后旗查干乡。1982年毕业于内蒙古师范大学蒙古语言文学系，曾任乌拉特中旗教育局副局长，2015年6月退休。内蒙古作家协会会员，巴彦淖尔市作家协会副主席，乌拉特中旗作家协会主席。作家、诗人，乌拉特中旗文联两个文学杂志《鸿雁》《乌拉特文艺》的主编。2000年出版

纳·苏力德

蒙古文诗歌集《我的蓝天》，系巴彦淖尔市首部蒙古文诗歌集。2003年出版蒙古文微型小说集《我的明天》，系巴彦淖尔市首部蒙古文微型小说集、内蒙古自治区第二部蒙古文微型小说集。2008年出版蒙古文相声、小品、电视剧、舞台剧集《金鹰》，系巴彦淖尔市首部蒙古文集书籍。2008年出版蒙古文论文、散文、随想、新闻报道集《启

《鸿雁》《乌拉特文艺》杂志

蒙之路》，系乌拉特中旗首部此类书籍。2012年编辑出版乌拉特中旗优秀小说、散文、诗歌集《鸿雁之歌》，系巴彦淖尔市首部此类书籍。2014年编辑出版同学回忆录《朋友相约》一书，系内蒙古自治区首部蒙古文同学回忆录。2014年出版首部汉语小说、散文、诗歌等综合文学集《我的北斗》。他从20世纪80年代初开始文学创作，在近30年的文学创作中，在区内外的报刊上发表诗歌300多篇，小说、散文100多篇。《我的蓝天》《我的明天》获乌拉特中旗“五个一工程”奖，多篇作品荣获自治区、巴彦淖尔市、乌拉特中旗多个奖项。纳·苏力德的两部蒙古文长篇小说《酒鬼》《镜子湖》已创作完稿，目前正在修改完善中。

9. 文学女豪——银吉玛

银吉玛，女，蒙古族，1948年出生，乌拉特中旗人，内蒙古作家协会会员。20世纪80年代开始文学创作，在报刊上发表多篇小说，如:《孤坟》《斑驳的月光》《羊脂白石》《办公室的风波》《搓毛绳的姑娘》《雷电的裂变》等。中篇小说《梦》《心中的满月》分别刊登在《内蒙古青年》和《花的原野》杂志上。2011年出版首部小说集《云青马驹》。她的蒙古文长

银吉玛

篇小说《河套往事》从2015年至2016年6月在巴彦淖尔市蒙古文文学杂志《陶如格·萨茹娜》上连载，2017年将出版发行。她的第二部蒙古文长篇小说《游牧驿站》正在修改完善之中。

10. 牧民女杰——敖特根

敖特根，女，蒙古族，1966年出生，乌拉特中旗巴音乌兰苏木人。自考大学毕业，巴彦淖尔市作家协会会员，著名牧民女作家。主创小说、散文、诗歌和长篇小说。主要作品有《有福的两位老人》《爱的链条》《我的第一任老师》《乌拉特情》《爱恋的幸福》等。1998年秋，她完成蒙古文长篇小说《索龙山下》初稿，2016年8月开始在巴彦淖尔市文联《陶如格·萨茹娜》文学杂志上连载。目前，她正在创作第二部蒙古文长篇小说《淖沿翱日格勒》。

11. 青年楷模——乌云达来

乌云达来，蒙古族，1982年出生，乌拉特中旗甘其毛都镇巴音查干嘎查人。2002年毕业于内蒙古民族大学，现任乌拉特中旗德岭山镇党委副书记。从2005年开始文学创作，先后在区内外报刊上发表过诗歌、小说、散文、报告文学等作品120多篇。报告文学《呼和苏雅拉与旺吉拉》于2012年获《内蒙古日报》创作一等奖，儿童文学小说《粉笔》于2012年获内蒙古儿童文学杂志《花蕾》创作大赛优秀奖。2013年开始创作蒙古文长篇小说《三座西博的细语》。

12. 文学名人——阿拉腾宝力格

阿拉腾宝力格，蒙古族，1949年出生。乌拉特中旗川井苏木人。1966年高中毕业，1970年参军，1986年转业后在内蒙古测绘局做翻译工作。在《内蒙古日报》《花的原野》《陶如格·萨茹娜》等报刊上先后发表过多篇小说、诗歌。与哈达朝鲁合编出版了《蒙（新蒙古文）汉·俄语对比测绘名称诗典》，与苏达那木合编出版了《天骄》蒙汉连续画册。

2009年9月24日，乌拉特中旗各文艺家协会成立大会现场

2002年出版诗歌集《人生足迹》。阿拉腾宝力格著有蒙古文长篇小说《原野之路》（待出版）。

13. 教书、写书的文人——哈日巴日斯

哈日巴日斯，蒙古族，1962年出生于内蒙古哲里木盟（今通辽市）科尔沁左翼后旗同兴嘎查。1996年毕业于内蒙古师范大学双语系。当过教师，任过校长。1980年开始在报刊上发表文学作品。2007年，小说散文集《月圆之夜》由内蒙古人民出版社出版发行，书中收录小说27篇、散文45篇。散文《静静的夜晚》《优雅的歌声》《牧马人的遐思》获巴彦淖尔市优秀文学奖。小说《地狱的来信》获乌拉特中旗首届"苍茫戈壁"征文比赛二等奖。2001年开始创作长篇小说《坎坷人生》。

14. 笔耕不辍——冯树安

冯树安，满族，1938年4月出生，辽宁朝阳人，内蒙古作家协会会员。1963年毕业于内蒙古师范学院（现内蒙古师范大学）外语系，在内蒙古杭锦后旗第一中学（现奋斗中学）任教，后在乌拉特中旗从商、从政至退休，笔耕依旧。他发表小说、散文、诗歌70多万字，新闻通讯2000多篇，其中自费出版《玫瑰花瓣》《草原之友》（合著）。有多篇小说、散文、诗歌被《女子文学》《石家庄文学》《鸭绿江》《赤壁文学》《河套文学》刊物授予文学奖。

15. "高产记者"——毕力格巴特尔

毕力格巴特尔，蒙古族，1954

“纪念全区蒙古文长篇小说研讨会在乌拉特中旗召开20周年座谈会”现场（2009年）

年10月出生，乌拉特中旗川井苏木人。1977年毕业于内蒙古蒙文专科学校，曾任巴彦淖尔日报社驻乌拉特中旗记者站记者。他从事新闻工作30多年，足迹踏遍乌拉特中旗的山山水水。在区内外报刊上发表5千余篇稿件，其中8篇稿件获得“全国好新闻”奖，20余篇获“全区好新闻”奖。还在自治区盟报刊发表过电影文学剧本《乌拉山之子》及部分小说、散文、诗歌等。2010年10月，出版《天堂人间》一书。

16. 农民作家——郭强

郭强，汉族，1962年出生，乌拉特中旗新忽热苏木人。放过羊，淘过金，教过书，打过工，还当过几天村干部。内蒙古作家协会会员。20世纪80年代开始诗歌写作，诗歌散见于《绿风》《草原》《河套文学》《巴彦淖尔日报》《黄河晚报》等报刊。有诗入选《2012中国年度好诗三百首》一书，出版诗集《擦肩而过的岁月》。

17. 教师作家——宋永贵

宋永贵，汉族，1947年10月出生，辽宁彰武人。1972年3月在乌拉特中旗当教师，扎根边疆。退休后仍不辍书笔，坚持写作。2014年11月，出版《追梦北疆写人生》一书，上、中、下三册，100多万字，是乌拉特中旗第一部教师写教师的书。2016年8月，再出版《追梦北疆写人生》的姊妹篇《乡愁》，上下册，80多万字，是乌拉特中旗首部乡土文学作品。两部散文集写的都是作者的亲身经历和他身边的人和事。

18. 中医作家——甄生联

甄生联，汉族，1966年12月

旗文联为牧民书屋赠书

出生于乌拉特草原的高台梁。中医世家的身份让他对家乡感慨颇多：回击病魔侵扰，知晓风土人情，勘察地理景观，记录历史风云等都会付之笔墨。乡间俚人冠以“赛罕塔拉上山药圪蛋谝谝匠”“调理人体的佗医”等雅号。他曾获全国生态网与中国林业网第二届“美丽中国”全国征文奖。2015年以来，内蒙古人民出版社出版其散文集《那些年　那些事》，人民卫生出版社出版其学术专著《甄氏中医祖传实录》。

三、遗著出版和译著工作

为了继承和推出前辈优秀文学遗产，扩大影响力，乌拉特中旗文联和作家协会，非常重视作家的遗著出版和著作的翻译出版工作。现在正在多方筹措资金，多方聘请专家、学者对部分作家的遗著进行校对审核，对部分蒙古文长篇小说进行翻译，准备出版发行。

丹·查格德尔苏荣老人虽然离世，但他给后世留下了《图古拉金山轻雾》《雷声》《小老师》三部蒙古文长篇小说，未出版，其中《小老师》2016年已审核校对，准备出版，其他著作也将审核校对，陆续出版。

牧民作家乌云毕力格遗留下来的蒙古文长篇小说《黄河涛涛》也将请专家、学者修订审阅后出版。

希日呼的蒙古文长篇小说《苍茫戈壁》准备翻译成汉语出版。

乌拉特传统美食

HUASHUONEIMENGGUwulatezhongqi

乌拉特传统美食

WULATECHUANTONGMEISHI

在我们这个丰衣足食的年代，更讲究吃的绿色，吃的传统地道，食材的选用、制作工艺方法成了评判美味的又一标准。

中旗美食甲天下

乌拉特中旗地广人稀，物产丰饶，由于无工业污染，常年蓝天白云，空气清新，农作物靠自然生长，不施肥，农产品质量好，饮食品总体体现一个“绿色”，加之传统的烹饪制作方法，色香味俱佳，美名远扬。

首先推崇的当然是蒙古族传统的牛羊大餐。乌拉特羊是本地未经改良的大尾戈壁羊，蹄短腰粗尾大，肉质鲜美，只需放葱、姜、盐即可烹制出上乘的手扒肉，而且肥中有瘦，无膻味。手扒肉的吃法很讲究，会吃的吃上等肉。肋骨即羊排部分，竖着切割，肥中有瘦，鲜美无比；脊骨部分较嫩适合老人吃；胸骨虽肥，但系上品，特别是山羊胸骨，有嚼头，回味无穷；肩胛骨的肉是极品，在讲究的人家，桌上每人分一块共享。山羊肉与绵羊肉也有区别，究竟哪个好吃，莫衷一是，颇有争议。

乌拉特羊肉有诸多做法，著名的有烤全羊、烤羊背、石头烤肉、羊肉汤、羊肉大葱饺子、烧卖、羊肉烩面葫芦、羊肉烩干茄子、葫芦条、葱爆羊、羊肉炒茄子、羊宝粥、炖羊肉、涮羊肉等皆是美味。此外，还有奶皮、奶酪、酸奶、馓子、炒米等“草原快餐”。

炖牛大骨、驼大骨也是草原人民盛宴中的美食，配之大碗美酒，充分体现了草原人民豪爽、奔放的性情。

乌拉特烤全羊

全羊背

牧民炖牛大骨须按骨缝解开，这点小事对于牧民朋友来说似“庖丁解牛”，游刃有余，如今城里人用现代化电锯分割牛骨,整齐划一，缺了自然美，影响人的食欲，自然形状的大骨更加趣味横生，让人胃口大开。当然美味离不开大锅，离不开柴火、牛粪的慢火熬炖。如今在城市化的今天，楼房虽好，但是人们却没机会亲自制作这样的美食了，据说，只有把牛羊身上各部位的肉都放进去，肉才更好吃，如果有一天你来草原旅行时，可以品尝正宗的草原大餐。

最值得推崇的还是风干牛、羊、驼肉，每当冬季来临之时，牧民将现杀的肉悬挂在通风的凉房之中，到第二年三四月份肉自然风干，肉色纯正，酥、脆、干，在牧区吹出来的肉，干净可口，可生吃。经切片烤制，更是天下美味，还可炖、炒，包饺子、包子，泡茶喝等。

乌拉特中旗有13座水库，盛产鲤鱼、鲢鱼、鲫鱼、草鱼、螃蟹等20多种水产品，肉质鲜美筋道，由于自然生长，水质无污染，加之生长期长，个头大，其价格是精养鱼市场价格的3倍以上。

牧民饲养的猪，并不圈养，而

手把肉

是漫山遍野地自由奔跑，其肉肥瘦相间，香气四溢。牧民养的鸡是自然孵化出来的，自由散放，无人看管，以吃石子、虫子为生，下的蛋个儿大，蛋黄金黄，味佳，用之炒食，金黄灿烂，再放点韭菜、葱花，更是锦上添花。当地有腌猪肉炒鸡蛋、羊肉炒土豆丝、油烙饼组合，称“塞外一绝”。炖牧区的鸡，因其肉质硬，至少需一小时以上，方圆几里闻得其香。

山旱区专养黑猪，据说是白猪吃了荞麦花子身上变裂子，反而成就了山旱区黑猪的美名，当地人用当地产的长白菜烩菜，味道与后套的烩酸菜截然不同。山旱区靠天吃饭，“十年九旱”，农作物不施肥，盛产小麦、莜面、土豆，小麦产量低，但筋道好吃，荞面出口国外，是上佳的保健食品，加上无数种传统的制作工艺，早已使这一地区的美食名扬四海。当地有3家加工企业，专门做天然绿色食品加工，生意红火，远销京华。

美食是千百年来人类智慧的结晶，凝聚了一代又一代人的思考与探索。每一种食品的烹饪方法能流传千年，除了人类生存的需要之外，更说明它是“精华”，就如书法，从有文字至今，留下被推崇和认可的书法家的名字只不过百余名，大浪淘沙。也如《西游记》《水浒传》《三国演义》，民间传颂了上百年，最后吴承恩、施耐庵、罗贯中成了集大成者。

烩菜

如今的美食，不但讲究色香味和制作方法、技术，更讲究的是食材的质量，绿色、无污染、环保是首选，而乌拉特中旗，这个地处祖国北疆的偏僻之地，天蓝水清，处处盛开着“绿色”之花，上好的食材为我们提供了健康的美食。

农区风味饭菜

20世纪50年代初，石哈河地区的农民以莜面、荞面为主食，山前农民则以糜米为主食，其次是扁豆、黄米、豌豆等；酸粥、酸捞饭是日常饭食，也是最具有地方风味的饭食。白面较少，普通农家只在

逢年过节、红白喜事、接待客人时吃面食。

肉食以猪肉为主，几乎家家户户都养猪，当时流传的民谣有“口里人再穷，也要念两天书，后套人再穷,也要喂两口猪。”其次是羊肉、鸡肉等。食用胡油、麻油、菜籽油，猪、牛、羊油辅之。由于后套遍布河网，农民随时可以捕鱼吃，“鱼汤泡米饭”，鱼为常食之荤。糜米焖饭开河（鲤）鱼则是一道上等饭食。后山、后套农民的蔬菜品种单调，主要有山药（马铃薯、土豆）、萝卜、白菜、葫芦、黄瓜、豆角等。冬天最常吃的就是土豆、猪肉烩酸白菜。苦菜、甜苣是人们春夏最常吃的野菜，还可用来喂猪。一般人家过节、待客、改善生活常见的高级饭菜有：油炸糕、炖肉（鸡、羊、兔、猪肉）、馒头、猪肉烩酸菜加豆腐粉条、烙油饼、炒鸡蛋、烧猪肉、酥鸡、肉丸子等。乡谚谓美食“猪肉烩菜粉条子，点心圪旦糕挠子（馒头加油糕）”。

20世纪50年代后，糜子种植越来越少，小麦逐渐成为山前农民的主要农作物。到80年代，山前农民的主要口粮是白面。吃法有：馒头、面条、面片、蒸饼、锅贴、烙饼，还有包子、饺子（扁食）、馅饼等。后山地区则以白面、莜面、糜米、荞面为主。不论山前还是山后，大米已进入寻常人家。肉食仍以猪肉为主，还有羊肉、鸡肉等。食用油增加了葵花油。农民的蔬菜品种有所增加，除原有的品种外，还有西红柿、茄子、青椒、韭菜、芹菜、菠菜、圆白菜等。

进入21世纪以来，农村饮食结构有很大变化，人们与时俱进，普遍食用白面、大米，副食有大量新鲜蔬菜、肉蛋、鱼、鸭、鸡、海味及瓜果。

农村饮食生活接近城镇，差异逐步缩小。市场食品供应日益丰富，饭菜花样逐步增多，人们讲究营养价值。特别是招待客人，酒席更为丰盛，宴席备菜一般要20余道。然而，传统的土豆、猪肉烩酸菜仍是当地冬季风味菜，待客时佐以蒸饼、米饭、馒头或锅贴，盛饭以碗大为敬，就餐以有剩为饱。

猪肉烩菜所需食材：带皮猪肉、豆腐（鲜、冻均可，切成小块）、粉条、土豆（去皮切成块）、腌酸白菜（切成丝）。先将猪肉下锅煸炒出香味，加入适当花椒、大料、葱、姜、蒜、酱油等佐料，再把土豆入锅翻炒，依次放入酸菜，加入适量水。烧沸后，在汤汁上面放豆腐，在豆腐上铺放粉条，然后用文火炖20～30分钟，待基本无汤汁时即可出锅。

其烹饪的奥妙在于酸菜入锅的顺序与火候。菜出锅后，食之有绵、香、甜、酸的特点，别具特色，且实惠耐饥，为当地家常菜。

石哈河莜面与荞面

1. 莜面

莜面，是用莜麦加工而成的面粉。莜麦，别名油麦，学名为“裸粒类型燕麦”或“裸燕麦”。莜麦为普通燕麦属植物，喜寒凉，耐干旱，抗盐碱，生长期短，是适宜生长在后山石哈河高寒地区的一种低产而营养丰富的农作物。据有关部门测定，内蒙古后山莜面包括石哈河地区的莜面，其蛋白质、脂肪等成分高于其余的粮食，被冠以“内蒙古三件宝”——“莜面、山药（马铃薯、土豆）、大皮袄”之一。

莜面是中华食品中唯一的“三熟”食品。一是炒熟，即在加工面粉时须先把莜麦放在大锅用干净的水淘洗干净，晾干水分后下炒锅煸炒，待冒过大气后，再炒至二分熟即可出锅，上磨加工，箩出面粉。二是烫熟，即在和面制作食品时将莜面置于面盆内，一边泼入开水，一边搅拌，紧接着用手将面盆内的块垒状莜面加水揉揣，达到“三净”（手净、面净、盆净）程度，再根据需要制作成各种所需成型食品。三是蒸熟，即把制成的莜面食品用蒸笼蒸熟，方可食用。一般以闻到莜面香味即可断为已熟。由于莜面是高能食品，所以俗称“四十里莜面三十里糕，十里的荞面饿断腰”。但粗加工的莜面制品除了气味大外，也有不容易消化的缺点。老乡常说，“莜面吃个半饱饱，喝碗开水正好好”。也正因为莜面不易消化，所以吃了耐饥，不会饿。在当地，莜面是一种很受欢迎的食品。

莜面

莜面可做多种食品，品种有窝窝、鱼鱼、饸饹、饨饨、圪团儿、拿糕、饺饺、块垒、丸丸、拨面、山药扁鱼子等，也可以加工成烙饼、煮鱼、炒面、糊糊、燕麦片、方便面等。其中，推窝窝、搓鱼鱼是衡量姑娘、媳妇理家的本事之一。莜面的吃法有冷调和热调、素调和荤调之分。冷调用腌菜汤，热调用大烩菜或馏汤汤；素调无肉，荤调有肉。俗话说：“庄户人上排场，莜面馏汤汤。”

主要代表品种有：

莜面窝窝　用沸水将莜面和好，取一小块面团放在平滑石板上，用手掌压成薄片，然后用食指卷成长筒，放入笼屉蒸10分钟。蘸各种汤羹食用。

鱼鱼　也称鱼子。有蒸、煮两种，做法是将莜面用开水和好，揉匀揪成小块，用手掌外侧在面板上搓成细条，有的妇女能用两手同时搓，一次搓出10余条鱼鱼。搓好后上笼蒸到冒大气即可。山区气压低，需蒸20分钟，称蒸鱼子。另有一种用手心搓挤成扁鱼状放在锅内煮，称煮鱼子。蒸鱼子打卤汤，煮鱼子炝锅煮熟食用。鱼鱼食用时，一年四季的吃法略有不同。春季，以水萝卜、黄瓜、香菜等切成丝，拌葱花辣椒，再用醋、盐水或腌菜水调和成的汤汁（俗称盐汤）拌着吃；夏季，同样佐以各种时令菜；秋季，常以大烩菜拌着吃；冬季，可将羊肉末佐以鲜姜等小料熬成羊肉汤，另加辣椒、家制小菜，并煮山药（土豆）为副食。用盐汤下饭称冷调莜面，用大烩菜和羊肉汤下饭称之为热调莜面。

2. 荞面

荞面，荞麦成熟后，籽粒脱皮磨面加工的面粉。荞麦，起源于中国，内蒙古地区的栽培历史也很悠久。别名：甜荞、乌麦、三角麦等。属蓼科，一年生草本植物。习性耐旱怕霜冻，生长期短，70天即可收获，很适宜高寒的山旱区种植，故有“七月荞麦八月花，九月荞麦收到家”之说。

荞麦果实为三棱卵圆形，棱角锐，由革质的皮壳包被，有褐色、暗褐色、黑色等几种颜色。果皮内部为籽粒，供食用。荞麦又是良好的食物性药用植物，全身都可入药，有补气润肠、帮助消化等功能，其降低血脂和胆固醇、软化血管等功效已得到普遍认可；有防治高血压、冠心病、糖尿病的作用。茎、叶、青刈可作蔬菜食用及饲料或绿肥。春秋均可播种，为优良的填闲补种和三大蜜源作物（荞麦、紫云英、油菜）之一。荞麦皮可充当枕芯，为上等填充料。

荞面是石哈河地区人们喜食的粮食品种之一。新荞面下来，农家喜欢做成圪饦或面条，配用蘑菇汤、鸡汤、羊肉汤，加葱、蒜、醋、辣椒，吃起来新鲜可口，别具风味。顺口溜为：“荞面圪饦蘑菇汤，三天不吃想得慌。”到了夏天，荞麦糁子可作凉粉（俗称生胡子粉）吃，清凉解暑。荞面吃法很多，还可压饸饹、包饺子、烙锅饼与葱花饼等；仅吃面条就有猫耳朵汤、牛犊汤等多种吃法，它还是制作灌肠的上乘辅料。

荞面饸饹　将荞面和好搓成长棒状面团，放入饸饹床子中压入滚水锅内，煮熟后捞出放卤子食用。用饸饹床压出饸饹，细白柔韧，筋道可口。河套地区有谚云：“民勤人的馍馍，梁外人的糕，后山人的饸饹做得好。”

荞面圪饦　温水和面，搓成粗条状，再掐成面剂子在手掌心搓成窝状圪团儿。煮熟后，佐以羊肉汤就食。

荞面圪饦

荞面拿糕　将荞面用凉水搅成糊状后，倒入开水锅内用力搅拌，熟后铲出，配制腌菜汤即可拌食。是一种应急的简便速食。

碗饦　荞麦脱皮后的圪糁子，加水搓揉取汁于碗中，置锅中蒸熟，成碗饦形。晾凉后切成条块，加醋、香油、姜末或葱等调食之。

荞面含有丰富的蛋白质和人体所需的微量元素，已成为现在人们

荞面碗饦

理想的保健食品。荞麦的营养效价指标为 80 ~ 92(小麦为 70，大米为 50)。荞麦面粉含 18 种氨基酸，组分与豆类作物蛋白质氨基酸的组分相似。石哈河地区的荞面曾出口日本。

河套酸饭

河套酸饭，又称酸米饭、酸粥，是乌拉特中旗山前乌加河、德岭山地区的农家地方风味饭菜之一。相传北宋时，晋北地区河曲一带常有辽国契丹军队入境，老百姓为避兵祸逃入深山，有时将泡好的糜米或谷米丢下，数日后归来舍不得丢掉就凑合着吃。食之味如酸奶浸泡，

酸粥

酸甜发筋，米色黄亮，生津止渴，余味绵长。于是将糜米之汁盛于罐中，置于灶台，使其发酵变酸，将米放入。一般在15℃以上浸泡4～8小时，捞出米或澄出米汁即将米入锅，煮焖至半熟时撇取出米汁（汤）则为干饭，不取汁则为稠粥，取出的汁随时可饮，其味酸香，余味绵长，夏食生津止渴。盛夏时，此地居民一日三餐多以此为食，辅以腌酸菜、咸菜、辣椒之类，或粥中加白糖，更加酸甜适口。家家户户灶台上至少备有一“浆（酸）米罐”，子孙相沿，爱莫能舍。自清康熙年间晋北汉民走西口、入河套、进大后山一带，食酸饭习俗亦相沿开来。

酸饭一般有三种形式：酸粥、酸焖饭和酸稀粥。这样的酸米饭，曾经是河套人民的主食，一年四季，以吃酸米饭为主，早晨喝酸粥，中午吃酸焖饭，晚上喝酸稀粥。而夏季天长，中午休息起来还要吃一碗酸米汤泡酸焖饭，然后才下地干活。俗语称“三天不吃酸饭，火就降身了（中医指上火了）”。

德岭山杨二嫂红腌菜

红腌菜是河套地区的传统美食，河套地区的红腌菜尤以乌拉特中旗德岭山杨二嫂的红腌菜最负盛名。究其原因完全得益于这里得天独厚的地理和自然环境。

河套地区过去几乎家家户户每年都要制作红腌菜，红腌菜是每家农户餐桌上必不可少的佐餐佳品，也是老少皆宜的美味零食。

红腌菜的制作原料为天然绿色植物大蔓菁。蔓菁在河套地区广泛种植，以德岭山地区的蔓菁为上品。德岭山为沙质土壤，用地下水灌溉，这里的蔓菁不柴无筋，制作出的红腌菜色泽红褐，味道鲜美，口感独特，是其他地区的红腌菜无法比拟的。

德岭山杨二嫂红腌菜选料讲究，配料精细，以传统工艺精心腌制，不添加任何人工色素和防腐剂，是地方特色开胃小菜，是传统的纯天然绿色食品。

红腌菜的原料，除蔓菁外，还有萝卜、芋头。把蔓菁、萝卜、芋头切成丝，或切成块，经腌制后混合放在缸里，用食盐腌制。第二年春天，把腌在缸里的萝卜、蔓菁、芋头捞出来，让太阳晒一晒，快干时，把它放在锅里，用腌过这种菜的酸盐汤，将其煮熟（用水煮是煮不烂的），切成细丝，或将碎菜用笼蒸熟，攥成圪蛋（圆团），把它晒干，放在坛内密封储存，这样，就制成了褐红色的红腌菜。吃的时候，把捏成团的红腌菜用手掰碎，泡在米汤里或适量的开水里即可食用。一直以来红腌菜都备受人们的喜爱。

过去，生活在大漠中的汉族人民，偶有事出门，或到邻乡谋生，都得夜以继日地在大漠里跋涉。旷野茫茫，地面没有道路可走，只能凭着经验，切着方位，径直从沙丘走过去。夜幕降临，还得在明晃晃的沙丘上过夜。如果他们的干粮、行李太多,身体就会处于疲惫状态，难以走完行程。于是，炒面诞生了。炒面作为最轻的干粮，常常作为人们穿越沙漠的主食。副食该带点儿什么呢？面对满眼望去都是黄沙的环境，面对交通不便，艰苦又遥远的行程，勤劳、智慧的劳动人民，在纷繁复杂的生活实践中，制出了红腌菜这种副食品。

杨二嫂红腌菜

红腌菜

在民间，红腌菜一直被当作一种乡土小菜而保留了下来。它不光是出门人的食粮，就连上学的孩童，也常把它装在兜里当零食吃。红腌菜很咸，干吃、泡着吃均可，吃起来特别有嚼头。约 0.5 千克重的红腌菜，其容积有四五个苹果那么大，拿它当咸菜吃，一个人能吃几十天。

近年来，随着人们生活水平的提高，同时为追求经济利益，农户种植蔓菁的面积逐步缩减，制作红腌菜的人家越来越少，加之人们对天然有机食品的推崇，红腌菜已经是物以稀为贵了。基于对非物质遗产文化保护、挖掘、弘扬的目的，在乌拉特中旗和德岭山镇两级党委、政府大力支持下，建起了德岭山镇兴德食品加工厂,主营红腌菜，而“杨二嫂”红腌菜已成为被市场认可的品牌了。

青青草原 美酒飘香 歌声飞扬

草原酿酒文化

乌拉特中旗的地域文化，既有黄河农耕文化，也有北方草原文化。就制酒的历史而言，可以追溯到有人类活动的新石器时代，阴山岩刻就是最好的佐证。在乌拉特中旗境内的制酒主要是以粮食为原料，奶酒尽管也有悠久的历史，但所占的份额却很少。据专家考证，奶酒起源于春秋时期，自汉代便有匈奴“马逐水草，人仰湩酪”的记载，流行于北方少数民族已有两千多年的历史，亦系蒙古族历史悠久的传统佳酿，一直承担着民族礼仪用酒的角色。

乌拉特中旗蒙古族，自清初由呼伦贝尔草原迁来已有360多年。奶酒是他们日常饮料，奶酒蒙古语称“阿日黑”，奶酒一般以马、牛、羊、骆驼的鲜奶为原料酿制而成，尤以马奶酒居多。每年的七八月份，草原上牛肥马壮，是酿制奶酒的最好季节。草原牧民在长期的生产生活实践中探索出一整套酿制马奶酒的方法、工艺和技术，酿马奶酒有原始的发酵法和现代科学的蒸馏法。用两种方法制出的酒的味道不同，发酵法制作的奶酒绵软清醇，蒸馏法制作的奶酒酒性稍烈。发酵法是把马奶倒入木桶里，用一根专门的木棒搅拌后盖上桶盖，静放一夜。第二天，马奶开始发酵后，每隔一小时搅拌一次，到第三天马奶完全发酵后即可饮用。蒸馏法是把发酵的牛羊奶（酸奶）倒入锅中，上面放上酒笼，酒笼上面再放上小铁锅。小铁锅下面的酒笼要用两条细绳悬吊一个接酒坛子。酿造时，在铁锅下面燃干牛粪火，使酸奶慢慢沸腾，蒸汽扑到小锅底，凝成水珠，掉进下面的接酒坛里。小铁锅里要加满冷水，用瓢不停地扬，当水热到40℃时，要换一锅水，如此换上三四锅水。如果将这头锅奶酒再反复蒸馏几次，度数还会逐次提高，一般六蒸六酿后的奶酒为上品。马奶酒喝起来不仅口感圆润、滑腻、酸甜、奶味芬芳，而且性温，具有驱寒、活血、舒筋、健胃等功效。

自近代以来，乌拉特中旗人民沿黄河北岸垦殖，使其成为有名的“塞上粮仓”，同时也是美酒的故乡。先人们由原始的一家一户的家庭酿酒，发展到具有一定规模的大小缸房，最后由名不见经传的小酒厂发展为乌拉特中旗酒厂，而后，改组为远近闻名的河套酒业集团乌拉特有限责任公司。这其中有几家缸房和酒厂的历史很值得回忆。

1. 乌兰脑包镇碾磨油酒作坊

清末民初，乌兰脑包镇（今乌拉特中旗德岭山镇乌兰脑包村）在当时已成为绥远西部繁盛的贸易集镇和商品粮集散地。那时，乌兰脑包镇有大小商号50多家，一些有实力的商号，在做内、外蒙古买卖的同时买地耕种，开碾磨油酒作坊，加工米面、榨油、酿酒。如“万和长”商号就是较大的一家，是清初由山西榆次来到河套的商户，在今德岭山镇任二明村乌拉壕畔投资开设碾磨油酒坊。

2. 后山第一家酒作坊——“双盛美”

清朝末年，后山高台梁地区的东公旗蒙古族部分牧地陆续开始放垦，有旅蒙商人郭存，山西代县人，多年在草原做买卖，积攒下的钱向垦务局买下塔拉敖包以东的土地，约30顷，由做茶布烟酒糖买卖兼种土地，产下的粮食加工成米面销往草原。后将土地转卖给了王花牛，王花牛经营了几年，他也做起了粮食生意，用米面在草原换牛羊，生意越来越兴隆，于民国二十年（1931年）建起了油坊。当地人用油菜籽换油，由于经营得当，米面油坊生意越做越好。一次，王花牛从包头返回后山途中捡到一瓶白酒，使他茅塞顿开，想起建缸坊。回来就盖厂房，请酿酒大师傅，没多久流出了白酒，酒出来后重点销往草原，4～5斤酒换1只羊，很受草原人民的欢迎，逢年过节更是热门货。春夏之间拿了酒，秋冬给付羊，当地人用粮换酒，1斗麻子换2斤酒，1斗荞麦换1斤半至2斤酒，油酒作坊建成，酒、油、米、面生意兴盛，所以，他的商号也取名叫“双盛美”。“土改”时，王花牛被划为地主，土地分给了无地少地的农民，油酒作坊仍然生产着。1953年实行粮食统购统销，才停止了制酒。但“双盛美”作为地名却留驻石哈河地区。

3. 乌拉特中后联合旗食品公司白酒厂和德岭山酒厂

1970年夏，白靖明任乌拉特中后联合旗食品公司党支部书记兼经理，建起副营小酒厂，郭文义任酒厂的厂长。从杭锦后旗南渠公社请到了一位叫朱生荣的流酒师傅。当时就有3间土房做流酒车间、制粬车间。到1971年过年时，流出来第一瓶酒，虽然不怎么好喝，但也是烧酒。当时，每天投料250千克，生产75千克白酒，产量不高，还不好喝，主要是技术不过关。大半年后，又启用了一个叫吕振忠的人，通过20天的清窖试验，质量大有改观。同样投料，产量上升到

150多千克，酒也好喝了。生产的白酒供不应求，白酒由旗工商局定价每斤1.26元。群众对产品情有独钟，传出了名气，叫“白靖明烧酒”。又过了一年，盖起新的流酒车间、制�车间、库房、办公室等，制酒环节由原来的熬扇改成冷却器，原来的手工扬渣改用了机器，大大减轻了制酒工人的劳动强度。后来为了扩大生产，在德岭山公社苗园新建了酒厂，新厂址于1976年建成，后来由于种种原因未能生产而下马。

4. 乌拉特中后联合旗原种场酒厂

1979年春天，时任原种场场长高步新为了壮大“小三场”经济，根据市场需求，通过新建小型酒厂而大力发展养猪业，走农业科研与兴办企业相结合的道路，实现猪多、肥多、粮多的良性循环。高步新不畏路途颠簸，坐着拖拉机到海流图镇聘请制酒师傅——吕振忠。为了节约资金，就因陋就简，土法上马，利用旧土房改造成制酒车间，同时挖窖池、建灶房、生产糀种、粮食下窖发酵。一个月以后开始出酒，生产规模为每天用粮150千克，出酒60千克，酒精62度以上。酒糟养猪，共120多头，当年出栏80头，创造了非常好的经济效益和社会效益。

5. 乌拉特中旗综合饲料加工厂（酒厂）

1992年2月筹建，筹建组组长为李武魁，经过近两年的建设，于1994年1月12日正式投产，8月更名为乌拉特饮食品总公司。总投资300多万元，主要以国家财政投资为主，其中贷款为30多万元。企业占地面积5万平方米，建筑面积4000平方米，主要建筑：生产车间、储酒库、灌装车间、锅炉房、办公室、宿舍、食堂等。有职工76人。第一任厂长为李武魁。

建厂时旗党政领导很重视，一名副旗长带队组织有关部门人员，赴山东青州等地考察酒厂建设、生产工艺流程等，经过考察最后决定用包头骆驼酒厂的设计方案和生产工艺，包头骆驼酒厂给予人员培训。当时生产的工艺流程是：先制酒糀、制酒发酵、蒸馏、生产出半成品入库，储存一年以上，进一步发酵，最后勾兑为成品酒，灌装出售。生产的白酒为清香型，主要品种：乌拉特二锅头（6元/瓶）、乌拉特海泉液（12元/瓶）、乌拉特宴酒（16元/瓶）。1994年底，实现产值171.8万元，产量50吨，实现利税2万元。当时生产所需原料主要靠外调，先是从土默特右旗购买，后来从东北调高粱，当地德岭山地区也种一少部分高粱，也用当地的一些玉米，主要来自德岭山和乌加河两个乡。

1994年全旗企业改革工作全面展开，1996年4月乌拉特饮食品总公司完成了第一阶段改制。1998年3月，按照全旗改革的要求，乌拉特饮食品总公司转制为乌拉特饮食品有限责任公司。最终因资金短缺，购买原料困难，半成品占用资金量大，产成品库存积压，销售市场不畅，企业处于艰难的运转中，为了做大做强企业，最终选择了兼并重组的道路。

6. 内蒙古河套酒业集团乌拉特有限责任公司

1999年3月，乌拉特中旗党委、政府与内蒙古河套酒业集团本着互惠互利、优势互补、共同发展的原则，乌拉特饮食品有限责任公司被河套酒业集团兼并，组建内蒙古河套酒业集团乌拉特有限责任公司。公司组建后，通过大规模技术改造和实施名牌战略，企业实力不断增强，产品品种不断增多，主要产品：金草原、草原春、草原烈、散白酒、金樽哈达、海泉液、蒙古骄子、蒙古情礼品酒、蒙古御酒、河套纯粮酒、特制纯粮酒、醉春秋、蒙古老窖等几十个。

公司始终坚持“巩固巴彦淖尔盟、扩展周边”的营销战略。经过十几年的发展，生产规模不断扩大，经济效益和社会效益不断提高，现已发展成为乌拉特中旗重要的饮食品企业。2009年，河套酒业集团乌拉特有限责任公司在自治区酒业排名第13位。2010年，生产加工成品酒2349吨，实现销售收入4494万元，上缴税金1056.6万元，实现利润252.9万元。公司以“金樽哈达”“海泉液”为主导产品。产品均选用优质高粱为原料，采用河套酒业集团白酒固态发酵工艺，结合独特生产工艺和现代先进科技精工酿制。产品远销呼和浩特、包头、鄂尔多斯、赤峰等各盟市旗县和宁夏、甘肃、山西等周边省市区。“金樽哈达”商标被巴彦淖尔市工商行政管理局评为“知名商标”，2010年，又荣获内蒙古自治区“著名商标”称号，还被内蒙古自治区品牌管理高峰论坛组委会评审，授予“内蒙古白酒行业十大最具发展潜力品牌”。到2015年，河套酒业集团乌拉特有限责任公司营销战略进行了调整，产品线重新进行了规划，重点打造金樽哈达、银樽哈达、海泉液三大系列产品。同时也重点拓展内蒙古核心区域。2015年底，投资9800万元的5000吨/年优质原酒在新厂区投产。

7. 内蒙古河套酒业集团金樽哈达有限责任公司

2016年9月13日，内蒙古河套酒业集团乌拉特有限责任公司更名为“内蒙古河套酒业集团金樽哈达有限责任公司”，是河套酒业集团股份有限公司的分公司之一。以白酒生产、销售为主。主导产品有“金樽哈达”“海泉液”两大系列30多个品种。

金樽哈达有限责任公司的市场主要分布在全区各地。2016年，在整体经济下行的情况下，公司销售势头良好，全年实现销售1.16亿元（首次突破亿元大关），上缴“两税”合计2376万元，实现净利润1441万元。

公司生产的金樽哈达系列白酒以传统的生产工艺、先进完善的生产设备为依托，现代化的质量检测系统全程监控，国家级白酒评委常驻公司严把质量关，使得金樽哈达白酒具有“窖香幽雅、绵甜醇厚、谐调甘爽、味净香长”的独特风格。另外，金樽哈达系列白酒从外包装的设计上具有鲜明的民族特色和独特的蒙元文化内涵。

金樽哈达白酒

公司先后荣获“巴彦淖尔市市级诚信纳税企业”“市级文明单位”“消费者信得过企业”，公司生产的金樽哈达白酒荣获内蒙古自治区科技创新奖章，A级产品称号。“金樽哈达”标识被内蒙古品牌管理高峰论坛组委会授予“内蒙古白酒行业十大最具发展潜力品牌”。“金樽哈达”商标荣获内蒙古自治区“著名商标”称号。2016年12月，在第二十五届中国食品博览会上，“金樽哈达”产品荣获全国食品工业产品创新奖。公司连年被巴彦淖尔市消费者协会评为“诚信企业”，被巴彦淖尔市政府授予“创先争优先进民营企业”、非公经济组织党建工作示范点及内蒙古自治区“文明诚信私营企业”等称号。

公司本着诚信经营，勇于开拓的原则，依托河套酒业雄厚的发展实力做后盾，不断发展壮大。综合实力和竞争能力不断增强，规模不断扩大，经济效益连年增长，知名度显著提高。并且成为当地的龙头企业、纳税大户，年产值近亿元。累计解决当地退牧转移富余劳动力

500余人次，为当地的就业及经济发展做出了应有的贡献。

高台梁酒歌

高台梁，系今乌拉特中旗石哈河地区俗称。由于地势高寒，人们与烧酒结缘情深。流传在民间关于酒文化的说辞唱词朴实无华，渗透着泥土的芳香，故择选部分，如下：

1. 夸酒

各位亲亲们都坐下，听我把河套烧酒夸一夸。

亲亲们安静仔细听，听我把酒歌唱几声。

喝酒就要唱酒歌，越喝越唱越红火；

喝酒咱就喝那个“河套老窖”，唱歌咱就唱那个爬山调；

喝酒就要喝河套酒，唱山曲离不开为朋友。

烧酒本是个五谷宝，大小那商店都经销；

烧酒本是个五谷精，舒筋活血它提精神；

河套酒是粮食精，喝在肚里暖在心；

烧酒本是五谷水，访亲探友见面礼。

烧酒好比白龙马，你没有三下两下拿不住它。

炒鸡蛋香来调黄瓜脆，河套的烧酒喝不醉；

伊利雪糕、那个大苹果，河套烧酒给你们泄心火。

河套酒是河套人酿，系列品牌都响亮；

河套的豌豆红高粱，河套的烧酒分外香；

河套烧酒品牌旺，领头就数河套王；

饭店摆上河套酒，客人来了就不想走；

商店里摆上河套酒，天天都有客回头。

烧酒越喝越亲近，赌钱越赌越无情。

孙悟空喝上闹天空，老家子喝上斗老鹰；

武松十八碗不日粗，景阳冈上打死一只虎。

男人喝了河套酒，创业路上任我走；

女人喝上河套酒，巾帼岂能让须眉。

“金樽哈达”真不赖，大小接待离不开；

年轻人喝上河套酒，五湖四海交朋友；

老年人常喝河套酒，保你活到九十九；

庄户人喝上河套酒，锄楼割地有劲头；

老太太喝上河套酒，甩开扇子扭

一扭；

买卖人喝了河套酒，走南闯北有奔头；

媳妇们端杯干一盅，孝敬公婆全家光荣；

姑娘们喝上河套酒，有红似白有看头；

大伙儿都喝河套酒，日子越过越富有。

端起酒杯见底底干，银钱挣得堆成山；

共同端起见底底干，前程事业大发展；

白酒、药酒、马奶酒，河套酒厂样样有；

河套烧酒美名扬，全国到处有市场；

河套烧酒真有名，款款儿打进那北京城；

河套烧酒传美名，人人说可比剑南春；

河套酒美名神州都传遍，喝过的人都说不亚于五粮液；

陈缸、老窖、河套白，人人都说赛茅台。

2. 祝酒

香喷喷河套酒快端起，我给亲亲们敬一杯；

亲亲们来到我家门，双手手端起酒一盅。

远处的亲亲跟前的友，我给亲亲们来敬酒；

酒盅盅不大双手端，妹妹我就在你眼前站；

双手手递给亲亲你，妹妹我要见底底。

人抬人高来人灭人低，亲亲我今天要抬举你；

敬亲亲一杯河套酒，你走到哪，哪里有朋友；

端起酒杯来敬酒，左看右看尽朋友；

头杯烧酒敬给谁，从你开始挨住走。

端起酒杯杯杯干，酒桌桌上也有官，

官大官小同样敬，要不你们还说是溜官。

亲亲坐着我敬酒，谁叫咱们是朋友。

边敬烧酒边唱歌，喝酒就是为红火。

心情好了喝不醉，豌豆烧酒顺坡坡。

你们敬罢我上来，喝酒就要敞开怀，

不为酒醉为红火，不为吃饭为听歌，

欢欢喜喜叙友谊，喝得多点也不为过。

喝多喝少是心意，亲亲随便我不强求。

喝上亲亲我酒一碗，今年你事业大发展。

3. 酒情

亲朋好友一搭搭坐，不喝两盅意不过；

你不喝三盅喝两盅，要不人家说咱们没出过门。

圆瓶瓶烧酒满碟碟菜，感谢亲亲们的好招待；

只要一搭搭喝过酒，走到天涯也是好朋友。

哥哥喝酒妹妹给你倒，亲亲我就在你眼跟前绕；

同学们聚会喝两盅，不忘当年的老感情。

战友们聚会喝两盅，开怀畅饮感情深；

朋友们相聚不喝酒，多好的感情也会丢。

酒逢知己千杯少，话不投机惹人恼；

明知道喝酒伤身体，可不喝两盅对不起。

酒杯杯不大千斤重，端得亲亲我好手困；

酒杯杯虽小是我的心，亲亲我给你敬一盅。

人多眼杂甚也不能说，只能陪亲亲把烧酒喝；

喝多喝少是我的心，人好人赖亲亲你心里明。

敬酒亲亲们别拖延，你看我端着难道不可怜；

敬给亲亲烧酒你一口蒙，谁看不出咱们感情深。

酒盅盅不大亲亲你喝尽，要不人家说我对你太偏心；

菜盘盘大，酒盅盅满，这杯烧酒亲亲你一口干。

看见亲亲你喝酒好开心，我唱段山曲曲给你助助兴；

再好的酒席终有个散，但愿我们相聚不要有个完。

4. 酒忌

烧酒本是奸臣水，向来扶高不扶低；

好人喝酒能办事，灰人喝上常受制。

酒坏君子水坏道，喝酒不醉最为高；

吃饭要吃个半饱饱，烧酒要喝个正好好。

烧酒本是百样图，喝好喝坏它全有；

喝酒千万别喝醉，伤肾、伤肝、又伤胃。

喝酒千万别攀比，喝醉了家人都心疼你；

喝酒一定要有分寸，喝多喝少也应守本分。

喝完烧酒快回家，千万不能再去洗桑拿；

喝过烧酒不能把车开，万不可逞强胡乱来。

酒后你不要骑摩托车，眼花缭乱容易惹出祸；

喝酒不要瞎纠缠，喝多喝少让人家自己端。

喝不进个就别逞能，小心酒后又伤自家又伤人；

河套烧酒虽然好，喝得过量谁也受不了。

喝上烧酒回自己家坐，千万别找小姐来按摩；

喝酒更要讲文明，不要仗着酒量收拾人。

喝完烧酒快回自己家，不要摇摇晃晃去酒吧；

喝上烧酒往自己家行，千万不要东倒西歪去歌厅。

白菜、萝卜、山药蛋，烧酒再好也不能当茶饭。

乌拉特民间故事

HUASHUONEIMENGGUwulatezhongqi

乌拉特民间故事

WULATEMINJIANGUSHI

最早撰写并出版“乌拉特民间故事”的是18世纪文人罗桑丹毕坚赞，后继者传承发展，他们的共同特点是宣扬“真”“善”“美”，鞭挞“丑”“恶”“假”。

传奇搏克手
——布和布日金的传说

乌拉特传奇搏克手布和布日金是中公旗中心苏木人。他小时候就没了爹，和母亲相依为命。布和布日金从小爱摔跤，练就一身好身板，到18岁时，人长到1.9米，力大无比，在内蒙古49个旗的那达慕大会上经常拿冠军。

布和布日金家很穷，家里只有一顶4个哈那的蒙古包，30多头小畜。有一次搬家倒场，向富户借了一峰骆驼。富户为戏弄他，专门借给他一个3岁生驼。布和布日金骑骆驼回家，把小蒙古包驮在骆驼上，上面让母亲坐上，走到半路，骆驼发脾气，卧下后怎么也不起来。布和布日金这时拿出绳索，捆好骆驼的四肢，连驼带人和物品背到目的地。有个认识的人看见后惊讶地说，真是借天工之力的大力士，将来定能成就大业。

有一年，布和布日金去东部某旗参加那达慕的摔跤比赛后回家赶路，整整走了一天，路上无一户人家。太阳快到地平线时分，碰到一口水井，井旁聚着很多人在擀毡子。他到水井边想喝一口水，但有一个人发话了，说：“今天在这里擀毡子，又要饮几群马，井水不够，不许你喝水”。好家伙，布和布日金走南闯北没有受过这等闲气。一个人喝水，能用多少水？这明明是欺负外乡人。布和布日金气得瞪大双眼看了看那个蛮横无理的人。这时，布和布日金想起母亲的教导，以和为贵，他的气消了，继续向西走去。前方不远处有一个单独的小蒙古包，包里只有一个老婆婆、一个小女孩，包外有几十只绵羊、一匹老白马。屋里的老婆婆很热情，马上熬了一锅奶茶，拿出茶点招

待客人。闲谈中布和布日金说起水井旁遇到的不顺心的事，说到那口水井，老婆婆非常生气地说，那口井是我家老汉年轻时挖的水源很好的一口井，一天能饮几千头牲畜。老汉病逝后，富户布日德霸占了那口井，附近牧户的羊群要喝水，还要收饮水费。这不，还要赶我们搬走。布和布日金听了老婆婆一番话，心里有了一个主意。

第二天，擀毡子的人们照常聚到水井旁准备擀毡子。人们看见从西慢慢走过来一个庞然大物。他们以为商人的骆驼队运来货物，想买些酒喝，到了近处才发现是一个人背着一块大石头过来了。那个背石头的人正是昨日想喝水而没有喝上的那个小伙子，背上的石头有蒙古包那么大。来者直直走到那口水井旁把那块磐石放置在井口上，人们当时吓愣了，天下还有这么大力气的人。布和布日金对众人说："吃水不忘挖井人，对你们这种忘恩负义的人，龙王爷发怒了，他命我把这口井堵死。"布和布日金走了，人们想尽一切办法，都无法把那个大石头推开。富户拿出几十两银子求他搬开那块巨石，布和布日金把银两交给那位老婆婆，把磐石推开一点，留了一个小口就走了。布和布日金走后，富户无法使用此井，也赶着羊群和马群搬迁到异地。水井旁留下的是原来的那个老婆婆，因为，她的几十只羊喝水不成问题了。

几年下来，布和布日金在内蒙古地区已无敌手。这一年盛夏时节，他起程到外蒙古想试试运气。大约走了半个月，快到大库伦时看到一户牧民人家，有一位大个子姑娘站在水井台上给骆驼饮水，姑娘用的是整块牛皮做的水斗子，大约能装 300 斤水，她提这个大水斗就像提挤奶桶那么轻松，布和布日金用羡慕的眼光看了一会儿那位姑娘，并向姑娘问了去往大库伦的准确路线，便继续赶路。谁能想到，后来两位大力士的较量竟酿成了人间的一场悲剧。当然，这是后话。

离开姑娘后，布和布日金又赶了两天路，终于来到了目的地大库伦，并报名参加了在那里举行的比赛。这次是来自漠北蒙古地区四大汗部所属所有札萨克旗的 1024 名摔跤手参加的搏克大赛。

经过两天的比赛，大赛组织者发现了从漠南蒙古来的搏克手非常显眼，具有很大的潜力，很可能是个争夺前几名的竞争对手。他们着急了，因为他们不想看到冠军的头衔被外地人拿走的尴尬局面。于是，他们为了寻找能够战胜布和布日金的搏克手而临时决定休息一日。

布和布日金也想到了可能出现的局面。所以，等到争夺冠亚军的决赛时，找了一位小男孩，给了他一些糖块，让他去对面的帐篷里看一看，自己的对手究竟是个什么样的人。不大一会儿，小男孩回来告诉布和布日金，说那个摔跤手是个女的，她正在用整块绸布包裹着她的胸部呢。

争夺冠亚军的比赛开始了。人们看到从左右两个帐篷里各出来一位搏克手，一位是来自漠南蒙古乌拉特的布和布日金，另一位是来自漠北蒙古的大力士姑娘。两人的力气相当，技巧也不分高下。他们整整摔了一个上午，也没有决出胜负。

前来观看比赛的人越来越多了。布和布日金在想，如果这样无限地耗下去对自己十分不利，因为女人的耐力远比男人强。万一对手胜了，今后如何在摔跤场上立脚混日子？不行，必须迅速战胜对手。

他的心中涌来一股男人特有的蛮劲，挣脱对手抓自己跤服的手，侧身冲过去抓住并使劲一拽对手裹胸的绸布，只见几层绸布立刻被撕开，围观的人惊叫起来，怎能让女人进入摔跤比赛！

姑娘当众出丑，慌了手脚，她不知是进是退，布和布日金乘这机会向前猛扑过去，抓住两个大乳房，弯腰从头顶上向远处扔了过去，那个女人重重地摔在地上，喊了一声“啊呀”后就昏死过去了。

众人马上围过来，有的看热闹，看看这个女摔跤手，有的人打抱不平，大声喊，怎能这样狠毒，要找布和布日金算账。虽然摔跤场有明文规定，如果出现人命事故，组织者赔偿一条公牛即可，更何况不允许女人冒名参加比赛，但现在是异地他乡，布和布日金无心领取奖牌，立即混入人群离开了大库伦。

布和布日金整整走了两天，一路荒无人烟。到了第三天晚上，看见一片胡杨林，林中有一个蒙古包，布和布日金又累又饿，打算进包休息一夜，包里只有一个白发老人，身材魁梧，像是个摔跤手或训马手。老人看见来人，取一块干胡杨树干，用手指轻轻一揉，轻轻撒在蒙好的火种上，用嘴一吹，火腾地着起来了，这说明老人硬功了得。老汉出去取锅的时候，布和布日金用手揉那根树干，只能破个边皮。

——从哪里来？哪里人氏？老人问。

——从大库伦来，到内蒙古乌

拉特。

——听说大库伦那达慕出了人命事故。

——听说了，没有亲眼见过。

老人很健谈，问这问那。通过对话老人知道了此人就是摔死他女儿的那个人。老人在此必经之道立下蒙古包,就是为了找这个人报仇。布和布日金也猜出此人与那个姑娘的关系。因为，他来的路上遇见那位大力士姑娘离这里不远。布和布日金的力气比老人差，人家又早有准备，他只能见机行事了。晚上睡觉时，老人把小伙子安排在蒙古包北端，自己手里拿一个短剑睡在门口。两人谁也没睡，只等对方睡熟后动手。布和布日金在想怎么逃出他的手心，因为，老汉有武器，他没有。半夜时分老汉开始打呼噜，布和布日金抓住蒙古包后哈那用劲向上一举，钻出蒙古包，拔腿就往南跑。老汉手中拿着短剑拼命追。比力气比不过，但比跑步还是年轻人略胜一筹。布和布日金跑一段路就找烂掉的胡杨树粗干，等老汉追过来就朝老汉膝盖骨打击。这样追了一夜，天亮时老汉已无力追赶，只好伤心地坐在地上叹气。

布和布日金到外蒙古摔死勇猛女士的故事越传越神。把那个女人说成妖精，或食人魔鬼。其实，那个女人不是什么非凡之人，只不过是一个大力士而已。

关于布和布日金这位历史人物的名字也有多种叫法，例如：布和乌日哲、布日金、乌日金、孛儿只斤、乌日哲等。不仅在广袤的乌拉特草原，而且在与乌拉特三公旗接壤的一些旗，例如茂明安旗、喀尔喀右翼旗、阿拉善旗等地，所谓的布和布日金曾经立下的大石头随处可见，而且都有一段与此相关的的故事或传说。在阿拉坦毫日格山、阿尔其斯日本山、呼勒斯太山里的河槽中间，都有他立下的磐石。这些石头一般是3块巨石上面立着一块4个哈那蒙古包一样大的磐石。这些立起来的石头是天然形成的景观还是人为造就的，好奇的人们可以去探究、考证。

莫日更“协理”

约在清朝同治年间，乌拉特中公旗有一位平民协理,名叫莫日更,蒙古语意为“聪明”。莫日更是他的尊称，后来已无人知道他的真实姓名了。最早讲述莫日更协理故事的是曾任乌拉特中旗教育局局长的齐木格道尔吉，中华人民共和国成立前他在旗衙门当差多年，知道莫日更的出身。他说，莫日更是平民，平民身份的人是绝对不能任旗协理的。那么，莫日更怎样获得“协理”

尊号？请看下文。

莫日更的童年

莫日更出生在一个平民家庭，家境中等，是标准的布衣族。莫日更的父亲是中公旗高勒苏木扎鲁特塔宾的人，这个塔宾就是50户组成为王爷放牛马、干家务的人。这些人常年跟随王爷搬迁。莫日更从小聪明伶俐，身体十分结实，在家时帮父母放羊羔群，看护牛犊，做零碎活儿。

有一年，王爷到京城当值参加轮班活动。轮班是清朝规定的蒙古王公贵族觐见皇帝的一种制度。属于一种特殊待遇。这一年，王爷决定把小王爷带到京城，让他学文识字。让谁当王爷接班人，过去都有相应的规定，其中选哪个孩子当接班人，必须从7～8 岁开始专门培养。比如，某个王爷3个男孩，1个准备继承王位，1个必须当喇嘛，1 个在家继承家业。所以当喇嘛的孩子从小学习藏文佛经，当札萨克的孩子学蒙古文、满文、汉文等。小王爷到京城上学可不是件小事，老师不用愁，在京城懂几种文字的好老师有的是，紧要的是为小王爷选陪读生。选陪读生由福晋和王府管家负责。经过好多天的观察，福晋选中莫日更，年仅13 岁的莫日更就这样远离父母到遥远的地方当贵族的贴身佣人。莫日更到京城后每天跟着小王爷。小王爷到先生那里听课，他就站在门外，一步也不能离开自己的位置，下课后随小王爷回家，闲暇时陪同小王爷玩。小王爷在屋内读书识字，莫日更能把一天教的内容全部背诵下来。莫日更在京城当陪读生虽然没有接触文字，但课文里的内容全听懂了，加减乘除也会了。五年下来，他已不是原来的莫日更。他怀有远大的抱负，人生的哲理、社会的光明与黑暗在他脑海里已有了理解与认识。

陪读生涯结束时，莫日更已是18 岁的大后生。在家住了半年后他认为应该闯一闯外面的世界。他跟上到外蒙古的骆驼运输队一走就是半年。当骆驼运输队的伙计，每月工资1银圆，管吃管住，吃的是干肉、炒米、小米锅茶，春夏秋冬住的是帐篷，每天为30多峰骆驼驮货卸货，风餐露宿对莫日更来说一点都不觉得苦，因为他立志出人头地，不吃苦怎么行。经过多年的漂泊生活，他了解到内蒙古和外蒙古人民生活风俗的差异，了解到游牧文化和农耕文化的差异。游牧文化是那样豪放自在，农耕文化是那样精耕细作。28 岁的莫日更已成为有相当社会阅历，懂得蒙、汉两种语言的精明之人。他似乎在等待着机会，但不知机会

是否能降临到他头上?

找回金印 升为“协理”

莫日更28岁那一年，中公旗发生了一件大事。王爷的金印不见了，此印是清朝政府赐封之物。印上的文字是“辅国公札萨克之印”。王爷发出通告，找回金印者赏白银500两，并封相应的爵位。此时百姓中互相传唱着一首叫《王爷的金印》的歌曲，歌中唱道：“艾不盖河畔是我家，我家公爷丢了金印，东奔西走找印忙，百姓无主怎么办？” 一个月过去了，两个月过去了，丢失的金印毫无消息。王爷到京城的日子马上到了。这时，莫日更出现了，他面见王爷说，能把金印找回来。王爷说,金印在哪里?盗贼是谁？莫日更说，这个我不清楚，但到了京城我自有办法找回金印。王爷根本不相信这个曾是小王爷的陪读生，但又别无良策，只好领上莫日更上京。王爷一行人大约走了一个月到达京城，先住在王爷买下的宅第。第二天，莫日更说，我们今天到皇宫，为了找印，我要穿你的衣服，你穿我的衣服。莫日更把带有顶戴花翎的朝服穿上，领上真王爷到太和殿，直奔太监总管府。这时，蒙古王公贵族陆续到达京城， 这种事对总管来说已是平常之事。他互通祖籍姓名后，莫日更请求太监总管借读皇上上朝前必读的《金刚经》，总管交给莫日更那本厚厚的藏文经文后嘱咐说，明早一定还上。第二天一早，总管左等右等不见经文送来，就派人到中公旗王爷住地，命把经文交回来。派去的人回来禀报,没有见着王爷。这时主管急了，因为皇上上朝前必须要有这个经文，总管亲自到中公旗王爷住地找到了王爷，用严厉的口气说马上把经文还上。这时穿了王爷服的莫日更说，我旗王府金印让贼人偷去现无下落，多念几遍经文或许能找到。实际上莫日更已猜到金印在总管手里，他是用这种办法威胁总管交出金印。果然不出莫日更所料，总管马上派人把金印拿回来， 莫日更拿到金印后把印交给王爷， 王爷验看是真印。

金印找回来了，500两白银也给了，但这个爵位不是随便封的。后面面见皇上时怎么办。王爷想了个办法,给莫日更封了一个名誉“协理”。见皇上时莫日更穿上了协理服装，戴上了协理顶戴。后来规定，对外可以称作协理，对内称“名誉协理”。

阿拉善之行

有一年，吏部给中公旗来了一道公文，内容是：最近钦差大臣到阿拉善旗，解决阿拉善旗诉讼你旗之事，你旗务必派一名要员到阿拉善旗。中公旗王爷把这个差事交给左协理关其格，当时左协理关其格年迈体弱，知道打官司是一件麻烦的事，就叫回莫日更商量，是否可代劳。莫日更问明是什么官司，应准备什么物品和人员。关其格把两个旗的主要纠纷大致说了一遍。莫日更已知道应该准备什么物品，及需要的证人、证词等。最后莫日更说，我是没有顶戴的协理，请你把你的顶戴花翎和协理服装借我使用。关其格想，莫日更这个人连王爷的衣服都敢穿，而且办成了大事，我的衣服让他穿一回也无所谓。这样，莫日更穿上协理衣服，带上有关人员准时到达阿拉善旗。阿拉善旗方面看见来的是一个年轻人，他们放心了。

钦差上堂问莫日更，乌拉特中公旗王爷在京城当值期间向阿王借了 ××× 两银子，有这回事？

——有这回事，莫日更回答。

——为什么至今未还？

——还了。

——什么时候还了，证据在哪里？

——去年阿王差役来要账时，我家王爷交给他3个儿马群90匹马，就是所借银两的赔款。

莫日更指着一个喇嘛说，这是我旗哈太庙管家喇嘛，他亲自交给阿王差役3个儿马群。马匹全是哈太庙所属财产。

钦差问阿王代表，是否有此事？

阿王代表说，有此事，但没有到一年所有马匹全部跑回了家乡。并指着一个大汉说，这是王爷马倌巴图车仁，他亲自追踪马蹄印到你们旗巴音山岱庙附近。莫日更问巴图车仁，你把3个儿马群马匹交给什么人？或什么人证明那3个儿马群确实跑回了家乡？

巴图车仁说：“我只是追踪马蹄印，没有交给什么人，没有见到马群在什么地方。”莫日更说：“现在问题很清楚，阿王的马倌只打了追踪，没有见到马群，这3个儿马群有可能跑回家乡，有可能跑到别的什么地方。我们的马群交给你们以后归属权是你们的，马群在你们地盘上待了近一年的时间，现在马群不见了，问我们见到那几群马没有？这个可以，但说我们王爷没有还所欠之账，完全是无稽之谈。”

莫日更协理的这番话，使钦差和阿王代表无言以对。钦差当场宣布，阿王上诉失败，以后不许追讨这笔债务。

其实，这3群马，早就跑回他们的家乡，跑回自己原来的草场。莫日更临走前到哈太庙马群看了跑

回来的马群，但这些马匹没有打阿王的马印，因此给了莫日更打赢官司的机会。离乡背井的马匹往回跑，有两个细节，一个是马群刚上冬时到异地，阿王马倌有警惕，看护严；另一个是从秋季到第二年春季一般不为马群打印，这是习俗，也考虑马群因打印劳累、惊吓过不了冬春，所以没有打马印。打马印一般在农历四月，马群跑回原地正是农历三月。

宝刀之谜

大清皇帝入主中原后怕蒙古贵族叛乱，专门制定法规，蒙古旗各王爷或王爷直系亲属轮流到京城上班，朝拜皇帝。这种做法叫“当值”或值班。当值的王爷必须住在京城，有时需要住几年。莫日更“协理”陪小王爷在北京城住了几年。后来小王爷继王位后曾几次派莫日更在京城“当值”，几年中他发现朝廷腐败，官场尔虞我诈，尤为突出的是刑部大臣何英无恶不作，搞得大臣人人自危。

有一天，国库被盗，盗贼用快刀斩断铸铁保险箱的吊扣，盗走大量黄金，何英派手下日夜奔波，但毫无线索。

这天，莫日更“协理”也上朝。何英想难为莫日更，就向皇帝推荐莫日更，说他是破案高手，让莫日更破此案。皇帝当场下旨，让莫日更破此疑案。莫日更说：“给我三个月的时间，并拿上被砍掉的吊扣”，皇上应允。

莫日更“协理”出发了，他领上随从，拿上被砍掉的吊扣，找有名望的铁匠，声称要做一把宝刀，条件是能砍断此铁环。他们快要到三个月的期限了，走遍大江南北，行程万里也没有发现他们所需要的铁匠。这天，莫日更到江南小镇住下，镇上有个王记铁匠铺。莫日更进铺问：“能做砍断此铁环的刀否？”铁匠们都摇头。莫日更发现另一个屋内有一个老铁匠，就凑过去问。老人说，这个活儿我们没有干过，我师傅好像做过。莫日更追问他的师傅住在哪里？怎样能见到他，老铁匠只是摇头不语，莫日更拿出二两银子塞在他袖筒里。这时老人说：“我领你们去我师傅那里。”

老铁匠的师傅是个白发苍苍的老者，他的徒弟拿出被砍断吊扣的铁环说，这位官人想打一把能把此铁环切开的宝刀，老师傅仔细看了看说，这种刀我只打过一次，打这个刀配方独特，费时费工。

——要打这种刀需要多少银子，多长时间，多少劳力？莫日更问。

——3个好汉用10天时间，需要300两白银。

——我给500两白银，求你在时间上尽量提前。

——好！在5天内打完。

因为莫日更的3个月期限马上就要到了，所以这5天对他来说特别紧要。第5天，老铁匠告诉莫日更，刀打好了，请过去验收。莫日更把铁环拿出来一砍，果然咔嚓一声断了。莫日更一边夸他手艺好，一边问老者，以前给谁打过这种宝刀。这时，老者有点忘乎所以，脱口而出："10年前，我给老乡王三打过一把，他在朝廷当大官。那一年，王三再三求我打一把宝刀，我只好答应了他的请求。"

回京城后，莫日更"协理"向皇帝汇报，盗金库的人就是皇上宠臣王三，并说出江南之行。皇上叫来王三交代盗金库之事。开始，王三死不认账，时间不长，捕快拿来从他家搜出的宝刀。莫日更拿出那把快刀，用两个刀砍那吊扣铁环，毫不费力。莫日更说出那个铁匠的姓名时，王三浑身发抖，当场交代了盗金库的事。

刑部大臣何英，万万没有想到，莫日更能破此案。从此，两人结下了仇，因为王三是盗金库从犯，主犯是何英。

设计骗局 窃回惯盗

有一年，清政府驻外蒙古库伦办事大臣来公函说，乌拉特中公旗贯盗拉合巴扎木苏在外蒙古被捕，函告中公旗拿上赎金，带上陪审人员到大库伦议事。拉合巴扎木苏是中公旗被王爷封为"神盗"的盗马贼之一。

拉合巴扎木苏到外蒙古作案多起，被捕后人们指认他是中公旗人氏。清朝政府规定，各旗籍的人在外作案必须押送回原旗进行审判，原旗必须向捕获方交纳相当数量的赎金作为赔偿费，把犯人带回旗里自行处置，根据罪行的轻重，有杀头、打皮鞭等刑罚。所以，这些人在外作案不能吐露自己的身份。如今，拉合巴扎木苏的身份已揭露，这是一个非常头痛的事情，历来遇难事绕着走的王爷，把这个差事交给莫日更"协理"。

莫日更"协理"找了8个认识拉合巴扎木苏的老乡，还抽调有关官员、差役、拉骆驼的人共40多号人到王爷府报到。王爷问，带这么多人干什么？莫日更说，一是路远时间长，可能走一冬天；二是，问题得不到圆满解决可能耽误一些日子，人少了怎么行？王爷又问，赎金从哪里出，该带多少银子。莫

日更回答，只带了路上的所需银子，至于赎金，一文不带，只准备了 100 多个毛毡口袋、牛毛口袋，还配了 80 套钥匙。带回拉合巴扎木苏时，还要带回 80 峰骆驼驮的银子。王爷听了非常欣慰，他知道莫日更的能力,玩过太监总管的人，还玩不了库伦办事大臣。

初冬时分，白昼短，莫日更他们走了一个多月，快到大库伦时，他和一部分人留下来，准备过几天到大库伦，同时派一部分人先去打探案犯的准确关押地点。

这一天，乌拉特中公旗官员及大队人马到将军府报到，他们表示主审官员莫日更“协理”因身体不适和喇嘛医生几个人留在后面，可能几天后赶到。库伦办事大臣问，你们的驼队安营在哪里？我们给你们划定地盘。中公旗代表表示谢意，并告诉库伦办事大臣，“我们不打扰你们，我们在城外宿营”。

乌拉特中公旗提审案犯的专案组一行人住下后，派多人探听案犯的关押地点。出去探消息的人接连五天没有探听到任何有价值的线索，到第六天时才探明案犯关押地点，关押在一个旧庙的四合院内，案犯戴着沉重的脚镣、手铐。情况明了之后，莫日更“协理”起程到了大库伦，面见库伦办事大臣，办事大臣见了“协理”就告诉他们，明天要共同提审案犯,准备好赎金，以便带回囚犯处置。案犯在外蒙古许多地方作案多起，主要是盗马，这些丢马匹的人联名告他的状，丢的马匹多罚金就多。莫日更对办事大臣说，明天共同审问犯人。

当天夜里，莫日更派 3 个人到达关押案犯的地点，三更时分翻墙进去，用准备好的 80 把钥匙打开了大牢的门，神不知鬼不觉地把犯人解救出来。回到莫日更住地打开脚镣、手铐，剃头更衣，装扮成喇嘛住在“协理”屋内。

第二天，莫日更只带两人到办事大臣府审案。他们等了一个晌午，办事大臣府通知，推迟审判。办事大臣在城内城外搜了多少遍，毫无线索。看护犯人的人说，当天夜里未听见任何动静，锁子原封未动，就是不见人。办事大臣也派人暗查莫日更“协理”一班人。他们 40 多个人，70 多峰骆驼，来时也没有数人数，案犯现在头也剃了，胡子也刮了，谁能认出他来，这是莫日更提前谋划好的，他带那么多人就是为了多要赔款。当时莫日更向王爷用 80 峰骆驼驮白银的承诺就要实现了。

关于犯人的谈判陆陆续续进行了一个多月。莫日更是谈判高手，又带了那么多人，每天吃住和骆驼草料钱也不是小数目。莫日更提出四个条件。一是，案犯是他们放走的，在那样严密的条件下，一个戴脚镣、手铐的犯人不可能逃走，而且牢房门锁未动，给谁都不信；二是，莫日更一行人的一切费用由办事大臣府承担；三是，倒赔赎金；四是，要护送到中公旗边境。莫日更回去时可威风了，用几十峰骆驼驮着白银，自己带着几十个人，还有外蒙古的护送队伍。

莫日更“协理”把惯犯拉合巴扎木苏押回中公旗后，旗政府根据莫日更的建议做出三项决定。一是立即处决惯犯拉合巴扎木苏；二是奖励去外蒙古的所有人员；三是用剩余款建一所庙，为民造福。传说，从外蒙古拉回的白银用80峰骆驼驮着，这些白银一部分交王爷府，大部分用在建庙事项上。建庙的事，由莫日更“协理”主办。王爷知道这些银两是不义之财所以建庙消灾。莫日更“协理”是科尔沁苏木人，家乡是在现今的乌拉特中旗温更镇一带，因此，莫日更把建庙地点选在这一带，起名为德德其乐庙，归属准苏木。建成后报清政府，清政府将其命名为“广安寺”。

建庙开光大典上，莫日更“协理”让庙里喇嘛创作一首赞美莫日更功绩的歌，歌名叫《艾布嘎河畔》，歌中歌颂莫日更怎样把中旗金印找回来，怎样用80峰骆驼驮着白银从外蒙古回来等。后来有人告诉王爷，此歌有叛旗之意，王爷下令禁止传唱这首歌。

色日玛与陶来班弟

色日玛与陶来班弟的故事发生在清朝道光年间。那时候的乌拉特草原，草场肥沃，牛羊遍野。牧民们的主要交通工具是马，而色日玛虽是女流之辈，训烈马的功夫一点不比男士差，这个姑娘生得五大三粗，臂力惊人，她徒步用绳索套马时不像别人跟马跑一阵才把马的身子转过来，她站在原地纹丝不动就能把马拉到自己跟前。

有一年秋天，色日玛的家居住在阿鲁呼都格的地方，这个地方水源匮乏，水井较远，离色日玛家最近的一口井叫黄泥井，这里有不成文的规定，单日饮大畜，双日饮小畜。有一天双日中午，色日玛赶上一群羊到达黄泥井时发现有几群马和一群牛，这是有几个捣蛋鬼专门和色日玛过不去，有意安排的。大秋天，天很热，一天来饮水的羊群蜂拥围住水井，但是水井旁边的马群来回倒腾不让羊群靠近。太阳西斜时，稍有凉意，这时羊群急着吃晚草，纷纷跑往草场。那一夜，色日玛露宿在野外,她想起昨天的事,十分生气，她决心修理一下那些捣蛋鬼，遂做出了一个决定。

第二天一早，色日玛赶到水井旁，先把自己的羊群饮好水，然后到附近山上搬来一块巨石堵住井口。中午，人们来饮马群时发现有巨石堵住了井口，几个后生全力推那磐石，但无济于事。人们知道，这件事是色日玛所为，就把色日玛叫来，请她把那磐石挪开，色日玛不情愿地推开一个小口就走了。从此，这个黄泥井，无法再饮用大畜，马群、牛群只好倒场到其他地方。

有一天傍晚，色日玛家来了一位喇嘛，自称是附近不远处的阿鲁庙喇嘛，叫陶来。这个人个子不高，精瘦精瘦，马鞍上带着很多绸子。第二天临走时对色日玛说：“这些绸子暂时放在你这里，有你喜欢的颜色你就扯上18尺，为自己缝制袍子，其余的保管好。”

色日玛的父亲叫桑布，夫妻俩到40多岁才有了色日玛。现在两个老人年事已高，家里家外的事全由色日玛一人做主。色日玛打开那个叫陶来的喇嘛留下的包袱，把绸料一一展开，从中选了一匹色泽鲜艳的绸缎扯下18尺。她平时穿的是单色粗布，没有穿过这么好的料子。过了几天，陶来喇嘛骑了一匹马，牵着一个空骑来到色日玛家把剩余的布料拿走了。听他说，要到外蒙古推销，色日玛说，到外蒙古人生地不熟，怎么卖？陶来说，一回生两回熟，况且在那里的价位比这里高多了。

过了两个多月，陶来又运来一批布料，这次比上次还多。色日玛这时起了疑心。“这么多布料，你是怎么弄到手的？为什么不存到庙里？”陶来说：“喇嘛做买卖是不允许的，所以我这事背着庙里。这些布料到外蒙古一件袍子的料可以换两匹马，我把这些马赶到包头换成布料，再把布料换成马，利润高着呢。不过这些事不能对外人讲，传出去对你我都不好。”临走时陶来留下两匹布料，说是给老人缝制合适的衣裳。

原来，这个陶来是大有来头的人，他的真名叫拉哈巴，是外蒙古绿林好汉之一。为逃避追捕，来到阿鲁庙剃度为僧，取名陶来。因为他是个喇嘛，习惯地叫他陶来班弟。色日玛单纯地认为陶来班弟是一个做买卖喇嘛，一来二去中，色日玛对陶来生出了情愫。几年后，陶来的消息中断了。色日玛是一个情感专一的女孩，为表达她对陶来的思念，创作一首歌曲。

歌中唱道：

陶来班弟身边时，
绫罗绸缎穿不完。
陶来班弟走了后，
白色粗布自己染。
陶来班弟身边时，
银嚼骏马任我骑。
陶来班弟走了后，
二岁趴驼当坐骑。

色日玛想念陶来的心情十分迫切，她为了探个究竟，变卖家产开始了漫漫寻找陶来之路，她从苏尼特开始一直打听到外蒙古境内。到了外蒙古探到他的消息，有人说："有一次他喝醉酒暴露身份被捕，现在被关在中戈壁省监狱。"

色日玛单枪匹马去了监狱门口。外蒙古的监狱十分简陋，是几间地窖式的木屋。她到了看守人员的跟前说，陶来班弟在里边不？那人说，我只知道站岗，不知道里边关的是谁？

那好，我也不跟你废话，让你知道老娘的厉害。色日玛从看守人员手里夺过土火枪，在膝盖骨上轻轻一磕，火枪钢管弯曲成九十度。看守人员脸色发白，颤颤抖抖地说："姑娘想怎样？有话好说。"

"马上打开陶来班弟的房门"，色日玛说，那个看守立即打开陶来房门。这时色日玛从怀中拿出两个钢锉，一个交给陶来，一个交给看守人员说，想活命就立即锉断刑具。色日玛在外面放风，两人很快把脚镣铁链锉开，色日玛领上陶来消逝在茫茫夜色中。

出逃的路线上，色日玛早已安排好人员和马匹。他们一直向西行走数千里，到了一个深山老林隐居。

拣一半种

传说有一年，康熙皇帝巡视后大套，从西往回返时，坐大船沿北河（今乌加河）顺流而下。一日，康熙皇帝忽然心血来潮想到岸上看看，于是扮成客商模样下了船，上了北岸。他一边信马由缰慢慢地走，一边饱览沿路风光。

那时，乌加河北人烟稀少，到处是一人多高的芨芨草和芦苇。中午，天气很热，康熙皇帝感到有点饥渴，又找不到村子和人家。走着走着忽然发现一小块西瓜地，于是过去向看瓜老汉讨了个西瓜吃。西瓜又大又沙又甜，康熙吃了饥渴顿消。他一高兴就给老汉西瓜钱，老汉说："瓜是自己种的，你是个出门人，碰上了吃一个还给甚钱？"康熙皇帝看见老人很厚道，心里就更高兴了，他说："你这点地太少了，你既然不要钱，我就给你点地种吧！"老汉说：

“你是个走路的，哪来的地？”康熙哈哈大笑，说：“别说河北，就是整个后套也全是我的地，都送给你种吧！”老汉一听也笑了，说：“原来你是个大财主，就算你有那么多地，我也怂眉哭眼种不过来呀。”康熙皇帝又是一笑，说：“那你就拣一半种吧。”

自那以后，人们到后套租地种地的越来越多，皇帝都睁一眼闭一眼。可是，经康熙皇帝金口玉言一封，后大套的地有一半成了（盐）碱地。（流传于乌加河地区）

马蹄印

康熙皇帝在乌加河北边走边玩很开心，感到当地人赤诚厚道，心中一高兴就想打马痛痛快快跑一阵子。那匹坐下龙驹几天来没有奔跑过，也有点沉不住气，被主人劈屎子一鞭，立即狂奔起来。它两条后腿一用劲，两只后蹄蹬下两个大蹄印，这就是乌加河镇境内的神克卜尔洞和黑水卜尔洞，现在看起来，还有马蹄印的痕迹呢。（流传于乌加河地区）

灯联姻

从前，后山高台梁有一家财主，雇的一个羊倌十分勤快，每日早出晚归，羊吃得膘肥体壮，财主十分高兴。但是财主非常吝啬，怕费油，常常晚上不点灯。财主有一年方十八岁的女儿，对羊倌的勤劳十分敬佩。羊倌也十分爱慕这位心地善良的姑娘。他俩慢慢产生了爱情。羊倌每天两头不见太阳，晚上吃饭又不点灯，和姑娘整天难见一面，羊倌十分难过。

一天晚上，财主一家人围坐在炕上黑摸着吃饭，羊倌心生一计，用筷子挟了一个辣椒，有意喂到在身旁财主十分疼爱的小儿子嘴里，顿时小儿大哭。财主急忙点着灯，羊倌十分抱歉地说：“是我看不见，把辣椒错喂给了小少爷。”从此，每到天黑，小少爷生怕再吃辣椒，便让父亲点着了灯。羊倌和姑娘在油灯下天天笑脸相对，爱慕之情日益加深，最后结为夫妻。（流传于石哈河地区）

当代风采

HUASHUONEIMENGGUwulatezhongqi

当代风采

DANGDAIFENGCAI

乌拉特草原这片美丽富饶的塞外原野，在21世纪阳光沐浴下，天蓝草绿，羊肥人欢，军民团结，社会祥和，各族人民同心同德，齐心协力谱写着新的历史篇章。

牧业牧区改革发展变迁记

乌拉特中旗地处内蒙古高原荒漠半荒漠草原地带，从南到北依次为山前平原、中部山地、北部丘陵高原三种基本地貌，平均海拔1020～1070米。属温带大陆性干旱气候区，四季分明，春季干燥多风，夏秋季雨量集中，降水量少蒸发量大，冬季漫长少雨雪，昼夜温差大。年平均气温3.0℃～6.8℃，无霜期120天左右，降水量115～250毫米。年平均日照3098～3250小时。

乌拉特中旗草原以温性荒漠草原为主，温性荒漠草原类在全旗各苏木（镇）均有分布。类型草原主要分布在石哈河镇、新忽热苏木、温更镇、呼勒斯太苏木，分布呈现地带性。

温性草原化荒漠主要分布在巴音乌兰苏木、川井苏木、甘其毛都镇。巴音乌兰苏木、川井苏木、甘其毛都镇也是温性荒漠和温性草原化荒漠交叉分布的地带。

温性典型草原主要分布在石哈河镇，也是全旗的最东南。温性荒漠主要分布在甘其毛都镇，也是全旗的最西北。

低地草甸类和沼泽类在乌拉特中旗是隐域性草原，全旗均有分布，呈线状或点状分布。

一、草原畜牧业经营方式的变革

1978年党的十一届三中全会后，传统的草原畜牧业经营方式发生变革，牧区实行“两定一奖”畜群联产承包到户责任制。“两定一奖”，即定成畜保育率、仔畜成活率；完成两定指标则受奖，这就使牲畜经营成果与牧民的物质利益紧密结合起来，充分调动了牧民经营饲养牲畜的积极性，促进了畜牧业

的发展。

1984年，开始把牲畜作价卖给牧民，而后又把草原使用、管理和保护建设用责任制的形式包给了牧民。草场一般是以水源为中心划片承包，以户或联户共同承包使用。牧民可在各自承包的草场上围建草库伦等设施，使用权、经营权和管理权长期不变。

畜草双承包，使牧民把开发利用和保护建设草场统一起来，这是牧区实行生产责任制的新发展。在畜草双承包的生产责任制中，草场是公有的，牧民只享有对草场的使用权和经营管理权，并承担保护、建设草原的责任和缴纳草原管理费的义务。

草双承包责任制，调动了各级政府和农牧民建设草原的积极性，形成一个以农牧民、集体、国家一起建设草场的新格局。截至1987年底，全旗共建水、草、林、料、机五配套的畜草库伦412处。从此，牧民结束了逐水草而居、祖祖辈辈的游牧生活。

二、草牧场第一轮有偿承包责任制

1988年，根据乌拉特中旗人民政府《关于实行草牧场有偿承包（试行）方案》精神，在全旗推行了草牧场有偿承包责任制。

1995年以来，乌拉特中旗党委、政府在加深旗情认识的基础上，积极探索实施符合本旗实际的工作思路，制定切实可行的经济社会发展战略目标。1995年11月，乌拉特中旗召开第十次代表大会，围绕20世纪末初步建立社会主义市场经济体制和人民生活达小康两大奋斗目标，提出实现“九五”奋斗目标的总体思路是：立稳农牧业这个基础，走农牧奠基、兴工富民之路，确立引种入牧、引牧入农、大种大养、农牧结合的发展战略；立足资源优势，大力发展农畜产品在乡镇企业和个体私营经济上有大的突破，逐步建立贸工农一体化、种养加协调发展的新格局。

三、草牧场第二轮落实草原“双权一制”

1997年，乌拉特中旗根据《内蒙古自治区进一步落实完善草原“双权一制”的规定》的精神和乌拉特中旗人民政府的《关于乌拉特中旗落实完善草原“双权一制”实施细则》在原桑根达来苏木桑根达来嘎查搞了落实草原“双权一制”的试点工作。当时的桑根达来嘎查承包草场户数为109户，人口为351人，承包草场总面积为68.39万亩。

1998年，乌拉特中旗在总结

桑根达来嘎查草原“双权一制”试点工作的基础上根据乌拉特中旗《关于进一步落实草原“双权一制”的实施意见》和《乌拉特中旗落实完善草原“双权一制”实施细则》文件精神，落实草原“双权一制”工作从当年的5月中旬开始到10月底结束，全旗牧区草牧场承包到户的划分界限图，与牧户签订的草场承包合同，草场承包合同的鉴证或公证等各项工作基本结束。当时牧区10个苏木、63个嘎查的承包草场户数为6327户，人口为21724人，承包草场总面积为2741.29万亩。

1998年，落实草原“双权一制”工作是在原联户承包草场的基础上，坚持大稳定、小调整的原则，全部承包到户。第二轮草场承包年限为1999年1月1日至2028年12月31日。

2001年5月份，国务院办公厅下发《关于2001年农村税费改革试点工作有关问题的通知》后，自治区党委、自治区政府办公厅据此转发并下发了《关于进一步做好减轻农牧民负担工作的通知》。按照这两个文件的精神，2001年全区农村、牧区税费改革工作继续在少数地方进行试点，暂不扩大范围。针对这种状况，2001年巴彦淖尔盟党委、盟行政公署办公室下发《关于进一步做好农村牧区税费征收和减轻农牧民负担工作的通知》文件。

政府扶持标准化养殖园区

2001年，乌拉特中旗牧区已收的税金789.43万元，其中：农业税金15.27万元，牧区税金284.66万元，特产税金351.48万元，屠宰税金138.02万元。已收的苏木、嘎查提留统筹总额197.93万元，其中提留（三提留）118.09万元，统筹（五统筹）791.84万元。到2002年农村牧区税费改革的总体要求全旗牧区的牧业税、特产税、屠宰税，苏木、嘎查提留统筹全部减免，就留下了牧区农业税，到2004年牧区的农业税也减免了。

2002年，“养殖富民”力度加大，农牧区经济稳步发展。

四、加快草原建设步伐促进农牧民增收

退牧还草工程为2002年项

目，于2003年批准立项。批复投资规模2835万元，其中国债资金1993.5万元，地方配套841.5万元。规划建设总规模180万亩，其中围封禁牧170万亩，划区轮牧10万亩。

2004年，全旗牧业产值3.41亿元，比上年增长29.96%，牧区牧民人均纯收入3862元，比上年增长0.4%。

围绕促进农牧民增收目标，全面贯彻落实中共中央、国务院《关于促进农民增加收入若干政策的意见》，切实推进农牧区改革。按市政府要求农业税税率降低3个百分点，乌拉特中旗在此基础上多减1个百分点，降低4个百分点。

进一步加快草原建设步伐，以退牧还草项目为中心的草原生态建设全面展开。全旗牧区天然草场围封禁牧累计完成470万亩，涉及793户牧民、23.7万头（只）牲畜。天然草场季节性休牧320万亩，涉及710户牧民、23.1万头（只）牲畜。天然草场划区轮牧190万亩，涉及310户牧民、15.42万头（只）牲畜。草原建设总面积980万亩，占全旗草场总面积的32%，涉及1813户牧户、62.22万头（只）牲畜，分别占全旗牧民总户数和牧业年度牲畜总头数的21%和32.6%。

牲畜良种繁育。2004年全旗购进优质种畜34645头（只），其中奶牛、肉牛共889头，优质绵羊22289只，山羊11090只。羊纯繁户由上年的35户增到96户，种羊饲养量由上年的7113只增到11852只。全年繁殖优质种公羊2000多只，不仅满足本地养羊户需求，还远销相邻旗县及鄂尔多斯等地，被巴彦淖尔市畜牧部门确定为全市肉羊主要育种区。为了加快牲畜改良进程，提高优质种公畜利用率，在各苏木（乡镇）新建人工授精站25处，牛冷配站18处，培训配种员20人，开始羊人工授精和牛冷配工作。

畜牧业科技示范推广，一是在农区养殖专业村、专业小区推广配方种植，每只基础母羊种植紫花苜

肉羊养殖园区

农牧民自筹资金与地方财政支持建起的标准化养殖园区

蓿 1.5 亩、青贮玉米 0.5 亩，实现低成本、高产出养殖，解决饲养效益低下问题。二是在农区每乡镇选择两个养羊小区，进行科学饲喂、称重对比活动。三是在牧区新建家庭生态牧场 100 户，累计建成家庭生态牧场 313 户，重点推广畜种结构调整、舍饲半舍饲、青贮养殖和短期育肥出栏技术。新建划区轮牧示范户 150 户，累计建成划区轮牧示范户 520 户，重点推广划区轮牧和畜群结构调整技术。新建青贮养殖户 150 户，累计建成青贮养殖户 520 户，重点推秸秆加工青贮、饲草料配合、山羊增绒和舍饲半舍饲技术。

五、“十二五”期间牧业经济总体运行情况

1. 养殖业

2011 年，全旗大小畜存栏 185 万头（只），其中存栏羊数 128.3 万只，奶牛存栏 0.1 万头，生猪存栏 2.1 万头。出栏肉羊 85 万头（只），大小畜饲养量 270 万头（只），羊的饲养量为 213.3 万只。2015 年末，全旗大小牲畜存栏 197.2 万头（只），比 2011 年增加 12.2 万头（只），增长 6.6%；出栏肉羊 130.6 万只，是 2011 年的 1.54 倍，羊的饲养量达到 325.5 万只，比 2011 年增加 55.5 万只，增长 20.65%。

2. 农畜产品加工业

2015年，全旗农畜产品加工率达48%，实现产值6.8亿元，同比增长12%，占全旗工业总产值的5%，已培育起的重点加工企业共计9家，其中肉类加工企业有3家，番茄、饲草料加工企业1家，粮食加工企业有1家。

3. 设施农业和规模养殖业建设

规模养殖和生态牧场建设稳步推进。在巩固完善已建成肉羊养殖园区的基础上，继续加强了肉羊养殖技术，利用引进新技术、新品种，从提高质量、降低饲养成本、创新养殖技术等方面入手，帮助农牧民实现了增收和畜牧业增产增效。依托财政现代农牧业生产发展资金项目，已建成52个标准化肉羊养殖园区（场），其中：巴美肉羊育种园区2个。养殖园区配套标准化棚圈、饲草料加工机械、青贮窖、储草棚等，基础设施条件建设标准提高。巴美肉羊年饲养量达到20000只规模，年培养优质巴美种羊5000只。项目区羊的饲养量达到38.5万只，其中杂交繁殖母羊8.1万只，年出栏种羊和育肥羔羊30.4万只。累计建成生态家庭牧场65个，年牲畜饲养量达到4.8万只，年出栏羊1.51万只，建设标准化棚圈3.5万平方米，养殖基础设施条件得到改善。

六、草原生态保护和退牧还草

根据乌拉特中旗牧区人口多、人均草场面积不均衡且草场生产力水平低、差异大的实际情况，为了促进草原生态的良性循环和牧民持续增收，乌拉特中旗近几年来坚

牧区实行围封禁牧后，牧民建起了标准化养殖场

持生产与生态有机结合、生态优先的方针，在牧民群众自觉自愿的前提下，在草畜平衡的基础上限制每处草场放养牲畜不超过100个成羊单位，对全旗草场统一以4.74元/亩的禁牧标准进行奖励和补偿。乌拉特中旗从2011年开始每年落实草原生态保护补助奖励机制面积2963万自然亩，2011—2015年共落实草原生态保护补助奖励机制资金6.15亿元。

七、落实惠农惠牧政策

继续落实国家惠农惠牧政策。截至2016年末，全面实施国家牲畜良种补贴政策，累计发放补贴资金698万元，补贴种公羊8522只，受益户4192户。落实畜牧业三项补贴政策，对种公羊、肉牛基础母牛和奶牛冻精三项补贴累计发放补贴资金399万元，补贴种公羊6906只，肉牛基础母牛2100只，受益户4168户。落实二狼山白绒山羊品种保护补贴项目，累计发放补贴资金12727万元。落实牧草良种补贴政策，累计发放补贴资金732.75万元。落实农作物良种补贴，对小麦、玉米良种进行补贴。落实农业保险补贴，将小麦、玉米、土豆、葵花、番茄、设施大棚列入农业保险补贴范围，保险覆盖率达到90%以上。落实畜牧业保险补贴政策，将能繁母猪、奶牛列入保险补贴范围，让农牧民得到更多实惠。

八、2016年主要生产指标完成情况

按照全市提出的“稳定发展肉羊产业、积极发展奶牛和肉牛、支持发展绒山羊和猪禽、适度发展特色养殖”的多元化发展思路，稳步推进畜牧业生产。截至2016年末，全旗大小牲畜存栏204.14万头（只），同比增长4.08%；其中存栏羊202.92万只，同比增长4.13%；能繁母羊存栏131.3万只，同比增长22%，完成任务的101%；生猪存栏10430头，同比下降9.56%。出栏肉羊122.5万只，同比下降6.21%。

1.草原生态保护与建设

落实草原生态补奖政策。在充分调查研究的基础上，制定全旗新一轮草原生态保护补助奖励实施方案。实施总面积3215.4万亩，其中禁牧860.6万亩，草畜平衡2354.8万亩。2016年共完成一年生牧草种植13.03万亩，保留多年生优质牧草0.43万亩，新增紫花苜蓿种植面积1745亩，完成任务的102.6%。实施京津风沙源治理二期工程，建设草种基地2000亩，配套饲料机械200台（套），贮草棚5000平方米，暖棚7000平方米。

草场植被恢复以后，实施以草定畜的长效奖赏机制

及时开展草原鼠虫害防治，全旗发生鼠虫害面积63万亩，其中严重危害面积28万亩，防治面积15.5万亩；加强草原行政执法工作，共立案调查非法开垦草原案件26起，移交司法机关处理案件14起。受理草原信访案件35起，结案32起。

2. 设施农业和规模养殖业建设

年内下达设施农业任务1200亩，已落实到位1605亩。建成465亩，完成任务的38.8%，累计建成设施农业10935亩，利用率为95%。

依托自治区财政支持肉羊产业发展资金项目扶持，新建肉羊养殖园区（场）10个，完成投资2489万元，建成后新增饲养繁殖母羊1.4万只、育肥出栏3.96万只。改扩建规模肉羊养殖场10个。至2016年，全旗已累计建成肉羊养殖园区（场）62个，形成饲养繁殖母羊13.5万只，年育肥出栏肉羊38.5万只规模。

3. 动物疫病防控

健全动物防疫体系，制定了全旗动物防检疫考核实施意见，提高防疫人员工资待遇，加大对动物防检疫人员的考核力度，确保动物防疫工作落到实处。组织开展春秋季动物疫病防控大会战，全旗共免疫各类畜禽606.6万头（只），免疫率100%。加强屠宰检疫和产地检疫监督管理，无害化处理布病阳性羊344只，无害化处理病死畜76只，无害化处理不合格羊产品1655千克，立案处理1起屠宰未

巴音乌兰苏木牧民危房改造后焕然一新

检疫动物案。开展养殖环节违法使用“瘦肉精”等行为的专项检查工作，监督落实生产者的主体责任。随机抽样快速检测6000份羊尿样，结果均为阴性。全年未发生重大动物疫情。

4. 土地草场承包确权

在充分尊重农牧民的意愿和确保社会稳定的前提下，严格把握政策界限，积极稳妥地推进土地草场承包确权工作。

草场确权总面积2731.09万亩，涉及牧户6388户。信息核对和外业测绘工作已基本完成。

5. 落实惠农惠牧政策

一是已发放农业支持保护补贴资金4441.7万元，补贴面积为52.16万亩。发放玉米生产者补贴资金6204万元，补贴总面积36.82万亩，落实玉米种植大户补贴220万元。二是实施二狼山白绒山羊保种项目，在保护区内完成采集绒样5972份，已全部检测完毕，共检测出符合标准的绒毛样品3202份，3个苏木（镇）、8个嘎查、575户养殖户受益。三是调剂优质种羊2116只，补贴信息录入工作正在进行中。四是落实农业保险补贴政策，投保面积130.23万亩，上交保费267.7万元，保险理赔1535万元。

九、新牧区建设焕然一新

2014年以来，乌拉特中旗深入贯彻落实自治区党委、巴彦淖尔市委决策部署，把“扶贫攻坚”工程作为一项重大民生工程、民心工程和发展工程，根据牧区、灌区和山旱区的不同特点，因地制宜，分类施策，积极推进各项工程建设，行政嘎查（村）面貌明显改观，农牧民生产生活水平稳步提高。

截至2015年10月统计，已累计完成投资6.27亿元，实施危房改造6380户，解决7139名农牧民的安全饮水问题，完成街巷硬化248.4千米，安装改造风光互补设备4089套，实施农网改造426千米，安装电视户户通设备10500套，建成地面数字基站2座，新建（改造）学校4所，新建（改造）标准化卫生室43个、便民超市63个，完成93个文化活动室的设备配套，

川井苏木巴彦高勒嘎查牧民新村外景

城乡居民养老保险参保人数达到61457人，到龄领取工资人数达到14026人，高龄津贴领取人数达到636人，实现应保尽保。

“扶贫攻坚”工程启动以来，成立了由旗党委书记任组长的工作领导小组，并结合自治区“五级示范抓引领”和“万名干部下乡驻村”工作，将县处级领导及旗直、驻旗机关企事业单位划分为12个专项工作组，对口包联苏木（镇）、场，形成了上下贯通、高效运转的领导体系和工作格局。特别是注重发挥基层党组织凝聚人心、服务群众的作用和党员的先锋模范作用，安排3300余名党员干部职工进村入户，指导参与具体工作。

坚持科学规划、合理配套、因地制宜、产业引领的原则，分类分区域制定具体工作方案，有效杜绝了低水平重复建设，形成了一批以标准化养殖业、新型农牧业和生态旅游业为主要支撑的示范型嘎查（村），实现了“扶贫攻坚”工程

党群联络户斯庆毕力格的家

川井苏木萨如塔拉文化站

的高效有序推进。

坚持建管并重，大力完善常态化、长效化管理体系，初步形成农牧户、管护队、村委会、苏木(镇)、相关部门“五位一体，分级负责”管护模式，探索建立了嘎查(村)专业管护人员经费补贴三级(农牧户、苏木(镇)、旗)分摊机制，以及村收集、镇转运、旗处理的城乡垃圾统一集中处理办法等管护制度，切实保障建设成果得到长期有效的维护和巩固。

“‘扶贫攻坚’工程实施以来，牧民走柏油路、住安全房、喝干净水、领养老金已变成了现实。”家住川井苏木巴彦高勒嘎查的牧民巴特尔感受着居住环境与居住条件的改善，他希望今后能进一步改善养殖条件。

为提高牧区公共服务水平、提升牧民生活品质，在牧区实施的“扶贫攻坚”工程采取“以奖代补”的方法。一是政府主导，牧户参与。由政府根据牧户的需求以最合理的价格购置原材料，嘎查自行组织建立工程队伍，由嘎查牧户自行建设。二是苏木实行考核验收。各嘎查待工程完工后，苏木成立验收小组进行检查验收，符合建设标准的给予奖励。三是整合便民购物资源。利用中心超市定期定点配送和边防民警、客运班车日常代购等资源，在牧区实现群众便民购物全覆盖。

“扶贫攻坚”让幸福全覆盖、城乡零距离。现在，农牧民千百年来朴实而遥远的梦想，在乌拉特草原正在成为现实。

农业农村改革发展变迁记

乌拉特中旗历史悠久，山前土地平展，水源丰富，秦时移民实业，拓土安邦，进行垦殖，农业开始兴盛。公元前215年，秦始皇帝派蒙恬大军驻河套，沿河置44县，由内地向新置九原郡移民3万多户、10万多人口，开垦农田，包括北河（乌加河）一带。汉代先后进行几次大规模移民。隋唐时期，农业生产和人口有了更大发展。其后，历代战争不断，区辖更替，农业生产几乎停滞，广大地区成为牧地。清朝中叶，农业生产得以恢复，但发展缓慢。

光绪三十二年（1906年），清政府在乌拉特前、中、后三公旗合设一个乌拉特垦务分局。翌年，乌拉特三公旗上报未开放地，草原被垦殖。中公旗从光绪三十二年（1906年）报垦到宣统元年（1909年），共放地938顷70亩2分（6258.3公顷）；同期，东公旗共放地439顷88亩5分（2932.7公顷）。

一、改革的春风催发农村勃勃生机

1978年党的十一届三中全会后，经济体制改革首先在农村取得突破性的进展。1979年开始实行生产责任制，至1981年春，乌拉特中旗271个生产队全部实行了家庭联产承包责任制。

改革的春风吹遍了大江南北，吹绿了祖国大地的山村田庄。改革开放30多年来，乌拉特中旗的农村改革大致经历了三个阶段：一是从1979年开始的以建立和完善家庭联产承包责任制为核心的农村经济体制改革，二是从2002年开始的农村综合改革，三是从2005年底开始的新农村建设。

建立和完善家庭联产承包责任制。1980年春，乌拉特中旗党委、政府根据中央文件精神，出台了《乌拉特中旗关于加强和完善生产责任制的安排意见》，并率先在德岭山公社水泉大队、红旗公社新联生产队、石兰计公社石兰计生产队、石哈河公社油房壕生产队实行了“口粮田”“商品粮田”生产责任制试点工作，这一年，全旗出现了分组作业、包产到组、定额管理和“口粮田”等多种形式的责任制。1981年2月，召开全旗三级干部会议，对实行生产责任制的做法给予了肯定，并在全旗推广，要求不管实行哪种形式的责任制，都要稳定下来，发现问题随时解决。至此家庭联产承包责任制全面推开。同年旗委出台《关于进一步落实农村生产责任制的决定》，到年底，全旗106

个生产队，实行“双包”（包产到户、包干到户）的有16780个，全旗80%以上的生产队实行了以“大包干”为主的家庭联产承包责任制。此后，承包责任制被逐步扩展到林牧渔业、社队企业、水利设施、农牧业机械的管理及科技推广等方面，开发性承包有了新的发展。从1984年开始，旗经营管理站指导各乡镇健全和完善了第一轮土地承包制度。

1997年，乌拉特中旗开始第二轮土地承包工作。

2012年12月统计，乌拉特中旗辖4个农区镇、25个村委、228个村小组，农区农牧业户20404户，耕地面积112.03万亩，家庭承包合同份数18322份，颁发土地承包经营权证份数18322份。全旗农区已流转农村土地面积24.45万亩，其中转包24.23万亩，转让0.22万亩；流转入农户的面积为21.67万亩，流转入企业2.78万亩；流转出承包耕地的农户数为3244户，签订流转合同1622份，签订流转合同的耕地面积为94182亩。近年来，乌拉特中旗农村土地流转工作按照依法、自愿、有偿的原则圆满完成。

调整和优化农村经济结构和产业结构。进入20世纪90年代，全旗围绕市场经济的快速发展，进一步加大以市场为导向的农村经济结构和产业结构调整，初步构筑了适

羊肉加工企业的饲草料基地

应发展社会主义市场经济要求的农村经济结构新框架。一是因地制宜，发挥资源优势，调整农牧林渔业和种植业内部的比例关系。“两高一优”（高产、高效、优质）农业，以玉米、葵花、小麦等为主的特色农业，以羊为主导的畜牧业，得到长足的发展，农牧林及种植业内部结构逐步趋于优化。二是调整农村经济结构，加快农业产业化进程。在稳定发展农业的同时，大力发展乡镇企业和第三产业。

2002年，内蒙古自治区按照中共中央、国务院关于农村税费改革试点工作的相关要求，制定《内蒙古自治区农村牧区税费改革试点方案》，乌拉特中旗农村牧区税费改革的基本原则是：周密部署、统筹安排、全面推行；从轻确定农牧民负担水平，使农牧民负担明显减轻，并保持长期稳定；妥善处理改革力度与各方面承受能力的关系；实行科学规范的分配制度和简便易行的征收方式；实行综合配套改革，积极推进苏木（乡镇）区划调整和机构改革及教育体制改革；完善苏木（乡镇）财政体制；坚持群众路线，促进农村牧区民主与法制建设。

全旗农村牧区税费改革试点的主要内容是：“四个取消、三个调整、一项改革”，即取消苏木（乡镇）统筹费；取消农村牧区教育集资等专门面向农牧民征收的行政事业性收费、政府性基金和各类集资；取消屠宰税；用三年时间逐步取消统一规定的劳动积累工和义务工，即2002年每个劳动力承担“两工”最高不得超过20个，2003年不得超过15个，2004年不得超过10个，从2005年起全部取消；调整农业税政策；改革嘎查（村）提留征收使用办法。

乌拉特中旗成立农牧民负担监督管理办公室，向社会公布取消专门面向农牧民的各项收费，对涉及农牧民的税费，要公布项目和收费标准，接受农牧民的监督。

2005年12月29日，第十届全国人民代表大会常务委员会第十九次会议经表决决定，《农业税条例》自2006年1月1日起废止。同日，国家主席胡锦涛签署主席令，宣布全面取消农业税。

实施农村综合改革，全面减轻农民负担，积极化解镇村债务，加大转移支付力度。

二、新农村建设推动农牧业机械迅猛发展

2004年底，中央提出建设社会主义新农村的目标，这为农村经济社会的全面发展指明了方向。乌拉特中旗紧紧抓住这一历史机遇，制定了新农村建设实施方案，分步推进，重点突破，使新农村建设取得了显著成绩。这一年农牧业机械得到了迅猛发展。

到2004年底，拥有各类农牧机服务组织14572个，服务人员17213人；农牧机户14567户，从业人员17193人。全旗农牧业机械总动力23.6万千瓦，净增0.8万千瓦；农牧业机械总值13268万元，同比增加672万元。全年机耕面积60.5万亩，同比增长6.9%；机播面积41.2万亩，增长12.3%；机收面积17万亩，增长68.3%；机灌面积42万亩，增长5%；机械脱粒粮食17万吨，增长11%；机电加工农副产品16.1万吨，增长35.3%；农机运输作业量12007万吨千米，增长2%；农机服务总收入2899万元，增长9万元。年末，旗农牧机服务中心获巴彦淖尔市农机服务中心年度农机化目标管理二等奖。

农牧机社会化服务。旗农牧机服务中心积极推进农牧机作业社会化服务。春季组织科技承包人员深入重点村组，维修、调试农机具1.5万台（套），并组织供应农机具3000余台（套），零配件0.9万余件，确保春播生产对农机具的数量、质量方面的需求。全旗完成机播面积41.2万亩，占农作物总播面积的65%，其中小麦机播14.5万亩，占总播面积的100%。同时，完成机械精少量播种12.5万亩，机械深施化肥42.3万亩，机械地膜覆盖7万亩。小麦夏收季节，组织跨地区作业。从甘肃、宁夏、河南、山西等地引进小麦联合收获机械185台，加上本旗22台，共207台联合收获机械，还有80余台割晒机投入夏收大会战，完成小麦机收面积11.6万亩，机收率达到80%以上。秋翻（收）季节，组织有机户进行规模化生产，投入农机具22974台（套），其中，耕地机械6012台，大、中、小型拖拉机12282台，玉米联合收割机3台，葵花收割机、秸秆（根茬）还田机各1台，完成机耕面积60.5万亩，秸秆（根茬）还田面积8.5万亩，机收马铃薯、玉米、青贮玉米、农

捡拾打捆机在田间机械化打捆

田牧草面积5.2万亩。

农牧机技术推广。旗农牧机服务中心围绕农牧业产业结构调整，继续加大农机及其技术推广力度。

农机教育培训。旗农牧机服务中心按照农业生产环节，适时进行农机技术现场演示等形式的培训工作。2004年，举办各类培训班、现场会12次，培训农牧民2000余人，农机人员700人（次），发放技术资料5000余份。

农机质量监督。旗农牧机服务中心加大农机生产、流通领域的整顿和规范力度。一是2004年初请自治区农机鉴定站专家、技术人员对旗内两家私营农具厂（石哈河海平农机修造厂、呼勒斯太创新农机修造厂)生产的农机产品进行鉴定。二是对农机销售、维修网点进行资格认证和验收。三是加大农机销售市场监督力度，深入乌加河、石哈河等重点农机市场开展“送法维权”活动两次，查处假冒伪劣农机产品15个批次，维护了农民的合法权益。四是在11月份开展了新颁布的《中华人民共和国农业机械化促进法》宣传活动。

青饲料收获机正在作业中

农机安全监理。巴彦淖尔市农机监理所乌拉特中旗站负责全旗农牧业机械及其驾驶操作人员的检验报户、考核发证和监督检查工作。2004年，农机监理站广泛开展“文明监理，优质服务”活动。全年共检验大、中、小型拖拉机4056台，其中初检上户1373台，考核驾驶员165人。

三、农业经济总体运行情况

随着工业经济的快速发展，乌拉特中旗工业反哺农业的力度不断加大，旗党委、政府采取了一系列措施来使农业增效、农民增收，“三农”投入逐年增加，农村经济社会等各项事业取得了长足的发展。

农业生产条件不断改善。全旗基本形成了以黄灌为主，井灌和井黄灌为辅的灌溉体系。近几年来，通过大力实施灌区节水配套、农业综合开发、土地整理等工程，全旗农田有效灌溉面积达138.86万亩，节水灌溉面积达110万亩，同时稳产、高产粮田面积明显增加，为粮食增产打下坚实基础。

1.种植业

2011年，全旗农作物完成播种面积120.5万亩，其中粮豆作物75.28万亩，小麦28.04万亩，玉米播种 36.34 万亩，杂粮 10.9 万亩，经济作物 44.19 万亩，耕地内牧草 1.03 万亩。2015 年，全旗农作物总播种面积 138.86 万亩，比 2011 年增加 18.36 万亩，同比增长了 15.24%。粮豆面积 94.29 万亩，比 2011 年增加 19.01 万亩，同比增长了 25.25%。小麦面积 30.49 万亩，玉米面积 62.72 万亩，杂粮面积 1.08 万亩，经济作物面积 40.49 万亩，比 2011 年减少 3.7 万亩，耕地内牧草面积 4.08 万亩，比 2011 年增加 3.05 万亩。粮经饲比例由 54 ∶ 37 ∶ 9 调整到 61 ∶ 29 ∶ 10，粮食、牧草面积明显增加，经济作物面积略减。2015 年粮食总产量达到 7.5 亿斤，比 2010 年增加 2.7 亿斤，年均递增 25%。

2. 社会化服务体系建设

近年来，乌拉特中旗积极为农牧民组织起来闯市场创造条件，已发展产业协会、信息服务、各类经济合作组织和专业协会共计 243 个。2015 年，全旗农牧业劳动力转移 11534 万人，富余劳动力转移至二、三产业务工创收 11912 万元。

四、设施农业和规模养殖业

近年来，乌拉特中旗认真贯彻落实全市农村牧区工作会议精神，

小麦生产全部实现了机械化，其他作物的生产机械化水平达到了 72.8%

将设施农业发展列入重要议事日程，积极采取有效措施，全力推进设施农业健康发展，并取得了有效进展。设施农业建设主要集中在石哈河镇、海流图镇、乌加河镇、德岭山镇，从 2011 年开始建设至今，累计建设面积 10220 亩，其中温室建设 5264 亩，大棚建设 4956 亩，通过整合农业各类项目资金，累计投入建设资金 14323 万元，其中：旗财政累计补贴资金 2258.47 万元。

五、农业技术推广及高产创建项目

实施高产创建活动能促进粮食生产发展，保障粮食安全，增加农民收入。2011 年，乌拉特中旗按照农业部的安排，在乌加河镇成功建设了小麦高产创建园区 1 处和玉米高产创建园区 2 处，共 3.32 万亩。从 2012 年开始共落实粮食高产创建示范片 6 处（玉米高产创建 5 处，小麦高产创建 1 处），示范片分别位于乌加河镇联丰奋斗

村、红光胜利村、宏丰村、双荣村和德岭山镇乌镇村、苏独仑嘎查。2011—2016年末，总建设面积为29.54万亩。

2011—2015年，全旗农业重点技术推广取得了明显经济效益和生态效益。以促进农业增效、粮食增产、农民增收为核心，创新推广机制，认真开展农业新技术引进、试验、示范、推广和技术培训等工作，提高了产量，提高了劳动生产率。“十二五”期间，重点推广了13项农业重点技术：小麦缩垄增行高产种植技术，玉米宽覆膜高密度高产栽培技术，测土配方施肥技术，小麦套种晚播向日葵栽培技术，三大作物高产增效、控量增效施肥技术，耕地机械深松旋耕技术，耕地质量保护与提升技术，麦后复种小秋作物栽培技术，向日葵“六推一防”综合配套技术，地膜玉米后茬免耕种植向日葵技术，玉米红蜘蛛“三防两治”绿色防控技术，向日葵螟“1+3”绿色防控技术，向日葵黄萎病绿色防控技术。每项重点技术都设立了监测点。

六、2016年农业主要生产指标完成情况

2016年，乌拉特中旗农牧业工作在旗党委、政府的正确领导和市农牧业局的积极指导下，深入贯

自走式玉米联合收割机正在田间机械化收割玉米

彻落实“创新、协调、绿色、开放、共享”五大发展理念，调整农牧业供给侧改革，推进现代农牧业发展。农牧业生产取得了显著成效，圆满地完成了全年各项任务。

1. 种植业生产

根据巴彦淖尔市玉米种植“提、压、转”的总体思路，围绕“为养而种、以种促养、以养增收”，引导玉米种植向粮改饲和整株青贮转变。全旗农作物总播面积139.42万亩，比上年增加0.56万亩。其中：粮食面积81.52万亩，比上年减少12.77万亩；经济作物播种52.46万亩，比上年增加11.97万亩；优质牧草种植面积5.44万亩，比上年增加1.36万亩。粮经饲比例调整为57 ：38 ：5。粮食总产量达到6.6亿斤。

2. 农牧业重点工作

（1）农牧业产业化建设情况

市级以上龙头企业累计已达

11家，其中，新增自治区级龙头企业2家。全旗农畜产品加工总产值达到9.65亿元。种养基地直接为龙头企业提供的产品占全旗农畜产品总量的48%以上；农畜产品加工转化率达到75%；农牧民来自产业化的收入达到5700元。龙头企业和农牧民建立紧密利益联结比例由25%提高到40%。例如：蒙羊公司通过“放母收羔”“合作舍饲”等方式带动参与合作的农牧户超过300余户。草原恒通公司与全旗六个苏木（镇）的37个嘎查（村）的养牛、养羊大户常年签订订单合同，年销售量达到30万头（只）。

（2）农牧业技术服务工作

农业方面以控肥增效、控药减害、控水降耗、控膜提效为目标，围绕“提质增效转方式、稳粮增收可持续”的工作主线，重点推广玉米宽覆膜高密度等农业适用技术16项，着力打造两个市级农业科技示范园区，积极开展盐碱地改良和控肥增效试验示范，建立绿色防控示范园区及统防统治工作。畜牧业方面以推广优良品种、开展舍施育肥、加快出栏、降低成本、提高效益为主。

（3）推广农业实用技术

完成玉米宽覆膜高密度栽培7.1万亩，小麦套晚播向日葵栽培面积1.05万亩，春小麦“两改三防”绿色栽培播种3.8万亩，玉米“一穴双株”高密度高产栽培完成2.5亩，玉米“三优两增”全程机械化高效栽培35万亩，耕地机械深松旋耕已完成3.5万亩，膜下滴灌水肥一体化完成26万亩，三大作物施肥控量增效完成22万亩。实施盐碱地改良示范面积为3000亩，设施农业“五提五增两防控”完成2103亩；无籽西瓜开沟起垄覆膜栽培示范面积为100亩。

（4）建设农业科技示范园区

园区总建设面积为25757亩，核心区建设面积为6353亩，辐射带动19404亩。其中，德岭山镇苏独仑嘎查园区建设面积14889亩，核心区3211亩；乌加河镇宏丰村园区建设面积10858亩，核心区3142亩。主要进行小麦套种晚播向日葵、玉米一穴双株、玉米宽覆膜高密度栽培技术示范种植和小麦、玉米、葫芦、向日葵品比试

技术人员实地指导

验，经测产，农业科技示范取得明显成效。

(5) 开展农作物绿色防控

建设向日葵黄萎病“三结合”绿色防控园区500亩、向日葵螟“1+3”绿色防控园区800亩，发放抗重茬菌剂共计1200千克；建设玉米红蜘蛛“三防两治”绿色防控园区500亩。组建了乌加河镇农作物病虫害防治协会和乌拉特中旗德岭山农作物病虫害防治协会两个农作物病虫害专业化防治组织。两个协会拥有防治队员26人，大、中、小药械122台，日作业能力为1600亩。

(6) 加强农牧业技术培训

根据农业生产实际需要，落实春耕生产技术培训和田间现场指导，为农牧业生产提供技术支撑，乌拉特中旗全年累计培训技术骨干2500人(次)，农牧民3.8万人(次)，发放培训教材资料4.3万余份(册)，上报农牧业信息723条，采用率99%，信息覆盖面达到95%以上。依托基层农技推广补助项目，围绕玉米、设施农业、肉羊三大主导产业开展技术指导和服务，培养种植业、养殖业、设施农业、特色养殖技术指导员230名，带动农牧业科技示范户2150户，圆满完成了2015年、2016年两年的项目建设任务。

农技推广工作人员在田间地头进行技术指导

(7) 开展盐碱地改良工作

经调查盐碱化耕地面积约为45万亩。2016年，盐碱地改良示范面积为3500亩，采取施用脱硫石膏或磷石膏、拉沙压碱等主要技术措施，配合采取深松旋耕、灌水洗盐、平整土地等改良技术，使盐碱地改良工作取得了较大进展。

七、农牧业行政执法和农畜产品质量安全监管

整合执法机构，授权农牧业综合执法大队等8个二级单位依法开展农牧业执法工作，重点加强对种子、农药、兽药、饲料、生鲜乳等生产经营场所进行监管，

技术人员实地指导

累计检查生产经营单位876个（次），出动执法人员215人（次），受理投诉案件20起，结案9起，有效地保障了农资市场的质量安全。开展农牧机监管工作，注册农机700台，年度检验3750台，发放农机驾驶证80份，签订农机安全承诺书200份，及时开展农牧机安全检查，全年未发生农机安全事故。

加强农畜产品质量安全监管工作。成立农畜产品质量安全监管办公室和农畜产品质量安全检验检测站，农畜产品质量安全监管能力体系建设逐步完善。开展蔬菜农残速测260批次，合格率100%。完成旗食品安全委员会下达的2016年70批次国检任务和巴彦淖尔市农产品质量检测中心下达的34个蔬菜样品农残抽检任务，检测结果均符合标准。全旗建设无公害绿色农产品基地60万亩，有机农产品基地20万亩，认证“三品一标”产品11个。

八、开展农业面源污染治理

制定并印发《乌拉特中旗关于推进农作物秸秆综合利用的指导意见》和《乌拉特中旗2016年秸秆禁烧和综合利用工作实施方案》，重点加强秸秆禁烧监督检查，与各苏木（镇）签订2016年秸秆

乌拉特中旗人吃上了自己种植的大棚蔬菜

焚烧工作目标管理责任书。苏木（镇）开展不间断巡查和24小时值班，秸秆焚烧现象明显减少。实施农药化肥零增长行动，制定并落实实施方案要求，推进农药、化肥减量使用。加强规模养殖（小区）场污染物治理，实现污染物综合利用和达标排放。

九、加强新农村建设，实施“脱贫攻坚”工程

以试点村建设为重点，全旗新农村建设取得了显著成绩。2013年，4个新农村示范村（德岭山镇大盛村、乌加河镇联丰村、石哈河镇石哈河村、川井苏木阿木斯嘎查）建设任务基本完成。2014年，按照自治区农村牧区“脱贫攻坚”工程要求，立足全旗玉米、葵花、小麦种植业及山旱区特色农业发展实际，加强农村基础设施和养殖业发展壮大，温棚蔬菜种植业公共服务建设，把实施农村“脱贫攻坚”工程作为今后新农村建设的中心工作。在新农村建设过

石哈河镇农村油菜花盛开季节

程中，乌拉特中旗结合“生产发展、生活宽裕、村容整洁、乡风文明、管理民主”二十字方针，一是逐步形成了“一镇一业、一村一品”产业发展新格局。奶牛养殖业带动玉米种植业、饲草种植业同步发展、迅速发展；汽车运输服务业也成为部分试点村的致富产业。二是试点村基础设施建设进度加快。农田水利建设力度加大，道路和村镇建设步伐加快，基层组织阵地建设规模加大。三是新农村试点村呈现出新面貌。以“四清四改”为突破口，大力开展了农村环境整治工作，广泛开展群众性精神文明创建活动，倡导健康文明的生活风尚。四是新型农民培训得到加强。大力开展了“双十双培一带动”“农民阳光培训”“百万农民科技培训”等工程，全方位、多层次培育新型农民。

如今，呈现在人们面前的是这样一幅幅美丽的景象：只见一条条整洁宽敞的水泥路延伸向远方，重新改造粉刷的房舍整齐划一，文化大院、人民剧场、图书室、医务室、文化墙建设一应俱全，村村通、户户通、供水、供电、便民超市等“脱贫攻坚”工程全面完成，呈现出了欣欣向荣的新农村建设景象。兴高采烈的村民们积极思进，精神面貌焕然一新，敲起震天的锣鼓，挂起大红的灯笼，扭起喜庆的秧歌，甩开彩色的舞扇，尽情地讴歌着强旗富民的好政策和人民群众幸福美满的新生活。

林业生态建设推进绿色崛起

一、21世纪以来林业生态建设效益显著

2000年以来，乌拉特中旗高度重视森林资源保护与建设工作，认真贯彻实施《中华人民共和国森林法》，不断加大资金投入，加强森林资源培育，林业生态效益显著。至2016年末，全旗林地总面积达1178.5万亩，其中，有林地26.3万亩，灌木林地337万亩，疏林地10.4万亩，未成林林地64.7万亩，苗圃地0.6万亩，宜林地739.5万亩；森林总蓄积量为171.92万立方米；全旗森林覆盖率达到10.65%。争取到国家级森林生态效益国家级公益林补偿面积310万亩，地方公益林管护面积527万亩。建成小型木材加工企业9家、林业专业合作社5家、柠条采种基地2处；国有苗圃1个，国有林场4个；国家级自然保护区1处（内蒙古乌拉特梭梭林—蒙古野驴国家级自然保护区）、38.8万亩，自治区级保护区1处（乌拉特中旗阿其山叉枝圆柏自然保护区）、22.1万亩；海流图生态园1处、6000亩。共实施完成林业生态建设重点工程213.45万亩，其中退耕还林93.7万亩（退耕地22.5万亩，荒山荒地71.2万亩），天保工程封山育林59万亩，人工造林4.5万亩，飞播造林22.2万亩，京津风沙源治理工程24.75万亩，“三北”防护林工程9.3万亩。

二、资源林政管理与区域绿化工作实绩突出

乌拉特中旗是内蒙古自治区重点防火旗县之一，也是潜在火险日趋严重的地区。面对严峻的森林防

乌拉特中旗“三北”四期农田防护林项目区

乌拉特中旗林业局被评为“2013—2015年度全国森林防火工作先进单位”

防火宣传进校园

火形势，旗党委、政府高度重视，迅速调动全旗各地各部门，上下协力同心，部门齐抓共管，加大宣传力度，社会广泛参与，采取强有力措施，确保了全旗从2000年到2016年连续16年无重特大森林草原火灾的发生，无人员伤亡事故的发生。2016年，旗林业局森林防火办公室被国家森林防火指挥部、国家林业局评为2013—2015年度全国森林防火工作先进单位，同时旗森林公安分局民警刘海亮、斯庆巴特尔荣获“全国森林防火工作纪念奖章”。

2013年以来，乌拉特中旗全面开展了重点区域绿化工作，共完成重点区域绿化面积4.05万亩。重点完成212省道、固查线公路、甘其毛都口岸加工园区至牧羊海等公路绿化220千米，面积1.41万亩。山前灌区初步形成了“三横九纵”（三横为固查公路、加工园区至牧羊海、乌宏线，九纵为德常线、乌广线、212省道、大城线、

阿其山叉枝圆柏自然保护区

乌什线、呼四线、哈银线、石狼线等）公路网绿化格局。完成德岭山镇欣荣村、乌镇村，乌加河镇奋斗小康村、联丰四队，呼勒斯太苏木哈拉图新村、东哈拉葫芦等村庄养殖园区绿化160个，面积1.86万亩，实现村在林中、林在村中、人在景中，使村庄得到美化、绿化，改善了人居环境；完成海流图镇、乌加河镇、德岭山镇、川井苏木等集镇绿化12个，面积0.54万亩；口岸加工园区、温明矿业、青青草原等厂矿园区绿化12个，面积0.24万亩。

通过重点区域绿化的全面实施，全旗人居环境明显改善，生态环境得到较大改善，生态林、景观林、经济林三林共建，城镇、城郊、乡村三区并重。初步形成两季有花、三季看景、四季观绿的景观效果。实现了生态、经济、社会效益的和谐推进。212省道绿化工程、牧羊海—甘其毛都口岸加工园区专用公路绿化工程、甘其毛都口岸加工园区绿化工程、德岭山镇乌镇村绿化工程，被巴彦淖尔市绿化委员会评为“巴彦淖尔市十项绿化优质工程”。张建华、刘俊杰同志被巴彦淖尔市绿化委员会评为“巴彦淖尔市十个绿化模范人物”。

三、野生动物保护

21世纪以来，乌拉特中旗林业局所属森林公安局全体民警开拓创新，锐意进取，严格执法，严厉打击破坏野生动植物资源违法犯罪；广泛宣传，营造良好的野生动物保护范围；积极施救，捍卫保护野生动物使者的光荣使命，为全旗的野生动物保护事业做出了突出贡献。自2002年成立旗森林公安局野生动物救护中心以来，共救助各类国家重点保护野生动物311只。

十几年来，乌拉特中旗森林公安局全体民警为全旗草原的野生动物保护事业辛勤耕耘着、奉献着，用忠诚的心和血谱写出了一曲森林卫士之歌。

乌拉特梭梭林－蒙古野驴国家级自然保护区

乌拉特中旗国家级生态公益林

海流图生态园

乌拉特中旗海流图林场大白柠条采种基地

民警给救助的石羊喂食

乌拉特中旗林业局（含二级单位）被国家林业局评为“规范执法行为，促进执法公正”优秀单位；获得了“2000年度林业工程项目研究与实施工作一等奖”，被评为“森林病虫害防治检疫标准站”；被自治区林业厅授予“野生动植物保护奖”“资源林政管理奖”；获得了巴彦淖尔市林业局“林业生态建设退耕还林（草）工程”特别奖；多次被旗党委、政府评为“目标考核实绩突出单位”。

乌拉特梭梭林－蒙古野驴自然保护区

乌拉特中旗境内有乌拉特梭梭林－蒙古野驴自然保护区，位于乌拉特后旗北部的宝音图苏木、前达门苏木和乌拉特中旗巴音杭盖苏木境内，在阴山北部，距乌拉特后旗、乌拉特中旗政府驻地各为100余千米。地理位置东经106°15′～108°；北纬41°50′～42°27′，北界以中蒙边界线为界，东西由两条季节性河流控制。东西横跨140余千米，南北纵深22千米，总面积131800公顷。其中：核心区4.28万公顷，缓冲区3.8万公顷，实验区5.1万公顷。保护区梭梭林内和戈壁草地上有丰富的野生动物资源，属于国家保护动物有蒙古野驴、鹅喉羚、北山羊、大鸨等，还有狼、狐狸、沙鸡、百灵、兔、鼠、鹰等在这里栖息繁衍。

乌拉特中旗石哈河镇退耕还林项目区

乌拉特梭梭林－蒙古野驴国家级自然保护区

乌拉特梭梭林－蒙古野驴国家级自然保护区

赤狐

草原雕

跳鼠

盘羊

岩羊

金雕

草原雕

蒙古野驴

鹅喉羚

红脚隼

高原兀鹫

黑鹳（狼山水库）

鸬鹚（红格尔水库）

大鵟

草原雕

骆驼

盘羊

骆驼

强基固本的水利建设成就斐然

1949年后，特别是改革开放以来，乌拉特中旗水利建设工作在旗党委、政府的正确领导下，在上级水利部门的大力支持和帮助下，坚持以人为本、防灾抗灾、保障服务经济社会的发展理念，积极开展以节水灌溉、安全饮水、水库建设、病险水库除险加固、水保生态治理、防洪抗旱、农田配套为重点的水利基础设施建设，到2016年末，累计完成各种水利投资30多亿元，取得令人瞩目的成绩。

一、水库建设及除险加固、防洪治理

乌拉特中旗以狼山山地丘陵与乌兰察布高原交接处为分水岭，北侧为内陆河水系，主要河流有8条；南侧为黄河水系，是对全旗造成严重山洪灾害的源头水系。旗境内黄河水系流域面积10164平方千米，流域内沟壑深狭、山势蜿蜒，由北向南大小山洪沟51条，山洪沟出口以南是冲积扇平原区，是乌拉特中旗粮食和农作物主产区。一直以来，沿山一带山洪频发，当地人民群众饱受洪害困扰，经济发展受到严重制约。

1. 水库建设

中华人民共和国成立后，为了改变这种状况，全旗人民励精图治，继往开来，团结治水。特别是20世纪70年代，在旗人民政府的

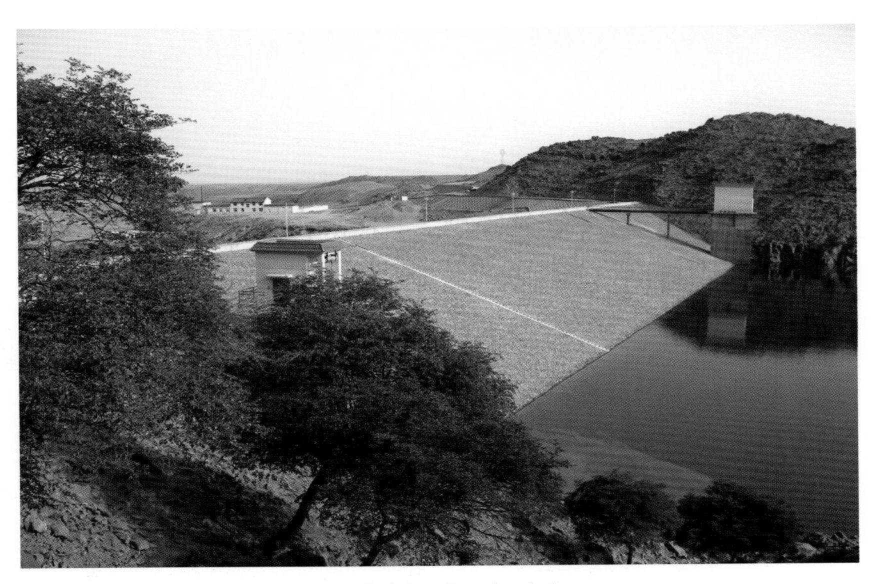

2012年建成的乌不浪口水库

领导下，全旗人民发扬自力更生、艰苦奋斗的精神，在国家经济困难的情况下，按照“依靠群众，自力更生办水利”的方针，以较高的觉悟、高昂的斗志，掀起了群众性的水利建设高潮，先后建起了19座水库，包括德岭山、石哈河、韩乌拉、红格尔、狼山水库5座中型水库，前达门、二牛湾等小（一）型水库11座，巴音河等小（二）型水库3座，防汛抗旱能力明显提高。

2012年，全旗新建完成乌不浪小（一）型水库。

2016年，启动建设联丰小（一）型水库，预计2017年全部完工。

“十三五”期间全旗拟建设呼勒斯太水库、莫楞河水库、乌兰补勒水库3座。

2. 水库除险加固

乌拉特中旗大部分水库均建于20世纪70年代，水库建设时由于时代原因，大部分为巴彦淖尔市水务局或乌拉特中旗水务局勘测、设计，施工由水库所在地公社组织

狼山水库除险加固后

民工施工，施工方法简单。在运行20多年后，全旗水库均存在不同程度的安全隐患，带病运行，经安全鉴定大坝已达不到设计防洪标准；2000年以来，国家对水利建设越来越重视，投资不断加大，乌拉特中旗通过积极争取国家投资，从2003年至2013年，将全旗的18座水库进行了除险加固，总投资21831万元，除险加固后，各水库的防洪能力达到设计标准，目前运行良好、安全。

3. 防洪治理情况

随着农业生产和国民经济的快速发展，防洪安全的需求愈发迫切，加快防洪工程的建设、加强防洪体系建设具有全局性的重要意义。

2009年开始，旗人民政府每

狼山水库除险加固后

韩乌拉水库除险加固后

韩乌拉水库除险加固后

年通过贷款投资或资金补贴的方式，组织水务部门、沿山苏木（镇）积极筹措资金，群众投工投劳，在受威胁严重的备战沟、兵房沟、吴进门沟、煤窑沟、乌不浪口、前达门、擀毡沟、黄铁矿沟等地新建护村铅丝笼坝，有效地提高了下游防御洪水的能力。

2010年，乌拉特中旗紧紧抓住国家对西部水利治理的投资走向，将流域面积大于100平方千米的8条重点沟口列入国家中小河流重点治理项目，争取国家中小河流治理项目资金8035万元，先后实施了乌不浪沟、韩乌拉沟、呼勒斯太沟、莫楞河、乌兰补隆沟、东乌盖沟6处中小河流治理项目。

2016年，乌拉特中旗实施“扶贫攻坚”工程项目，旗人民政府投资3600万元，完成各类护村坝34千米，涉及大小沟口43条。

二、节水灌溉

多年来，乌拉特中旗干旱缺水的自然条件严重制约了当地的农牧业生产和经济发展。为此，旗委、政府高度重视节水灌溉工作，在党和国家亲切关怀和大力支持下，实施了大量节水灌溉工程。从砼垄道衬砌到低压管道灌溉，一直发展到现在的高效滴灌，取得了很好的节水和增产增收效益。

现在，牧区逐步改变传统的靠天养畜、粗放经营的生产模式，充分利用宝贵而有限的水源条件，积极开发畜牧业防灾抗灾基地，为当地牧民群众生产生活提供了基本

联丰水库建设过程中

乌不浪沟中小河流治理工程

2016年，乌拉特中旗人民政府投入资金3600万元，在沿山一带开展防洪护村工程，图为正在建设中的护村坝工程

东乌盖沟中小河流治理工程

保障。到20世纪末，全旗牧区发展饲草料基地40多处，建成家庭草库伦5800多处，发展灌溉饲草料地面积达7.6万亩。进入21世纪以来，中央和自治区逐步加大对乌拉特中旗牧区饲草料地节水灌溉项目的投入，全旗牧区开始实施集中连片饲草料地节水示范项目建设，大力推广低压管道节水灌溉技术。截至2011年，乌拉特中旗建设完成了7个牧区节水示范项目和2个牧区节水灌溉饲草料地建设项目，共计投入资金1762.09万元，其中，中央投资580万元，自治区专项资金885万元，群众投劳折资297.09万元。发展节水灌溉饲草料地3.366万亩。从2011年开始，全面推广滴灌技术，新建牧区节水灌溉示范项目3处、节水灌溉饲草地建设项目2处，发展节水灌溉面积3.52万亩，投资3600万元。取得了明显的效益，牧草亩均增产600千克，青贮玉米亩均增产200千克，亩均节水100立方米。对保护草原生态、促进畜牧业发展和增加牧民收入起到积极的作用。

与此同时，灌区大搞了农田配套和中低产田改造，共完成中低产田改造面积7.96万亩，建设高标准配套农田9.65万亩。特别是2003年，在引黄灌溉水量大幅度压减的形势下，灌区开展了历史上最大规模的打井节水抗旱工作，从5月上旬开始利用近两个月的时间，新打机电井611眼，组合井1276眼，轻型井227眼，新增井灌面积16.25万亩，为全面应对旱情乃至今后引黄水量压减的缺水形势提供了有效的水资源保障。到2007年底，山旱区和灌区沿山一带新打配套机电井3997眼，发展井库灌溉面积32万亩。

在山旱区和山前井灌区大搞节水灌溉工程，积极推广低压管道和滴灌等高效节水技术。2008年，实施了德岭山胜利村利用自治区专项资金进行节水改造项目，节水改造面积4.74万亩，总投资2200万元。2010年开始实施了全国新增千亿斤粮食生产能力规划田间工程，至2015年共实施了4个年度（2011、2012年度未实施）的项目，配套节水灌溉面积5.97万亩，衬砌斗、农渠7.08千米，铺设地埋PVC管道348.15千米，共计完成投资3793万元。

2016年开始，国家和自治区全面实施高效节水工程，在中西部地区实施了节水增效项目，按照规划，乌拉特中旗共实施高效节水灌溉10万亩，计划投资1亿元。至2016年底，已完成高效节水5万亩，完成投资5240万元。

通过实施牧区节水灌溉饲草地建设、牧区节水灌溉示范、新增千亿斤粮食增产田间工程等项目，全旗共有配套机电井5878眼，全旗灌溉总面积91.4万亩，其中引黄灌溉面积42万亩，井库灌溉面积49.4万亩。其中，节水灌溉面积达到42.7万亩。牧区现有灌溉饲草地14.3万亩。

通过节水灌溉工程的实施，进一步提高了灌溉保证率，为保障乌拉特中旗粮食生产安全、改善人民群众生活、增加农民收入发挥了积极的推动作用。

三、人畜饮水安全

农村人畜饮水安全工程对全面提升农村人口的自来水饮用质量，改善广大农村居民的生活水平，推动农村社会经济的快速发展具有积极的作用。同时，农村自来水工程是新农村建设中急需改善和加强的一项基础性工程，截至2016年末，投资5400万元，全旗城镇人口已全部实现饮水安全，农村牧区已解决10.44万人的饮水安全问题，覆盖率达99.6%，其中实施集中供水工程10处，共解决了

低压管道出水口

47914人的饮水安全问题。建成小型单村供水工程158处及牧区基本供水井983眼，解决了56486人的饮水安全问题。

概括地讲，乌拉特中旗农村牧区及全旗饮水安全工程，经历了三个阶段的建设历程，采取了三种类型的措施方法，改善了三个基本条件。

1. 三个阶段的建设历程

乌拉特中旗农村牧区人畜饮水安全工程从20世纪90年代开始建设。1990—2000年，主要实施苏木（镇）所在地自来水工程，共建成自来水工程16处，解决了0.5万人的饮水困难问题。

2001—2010年，主要实施全旗85个嘎查（村）饮水安全工程，其中建成大型集中供水工程10处，小型集中供水工程98处，牧区基本供水井工程102处，共解决9.95万人的饮水安全问题。

2011—2016年，主要实施山旱区和牧区饮水安全工程，共建成小型集中供水工程60处，牧区基本供水井工程881处，共解决0.44万人的饮水安全问题。

2. 三种类型的措施方法

乌拉特中旗农村牧区人畜饮水安全工程主要涉及山前灌区集中供水工程、山旱区小型集中供水工程和牧区基本供水井工程。

灌溉机电井

高效节水膜下滴溉

（1）山前灌区

共涉及3个苏木（镇），虽然当地群众自家都有压水井，水量充足，但大部分水质超标（氟、砷超标，为苦咸水），严重影响农牧民身体健康，因此必须依托山前丰富的水资源建大型集中供水工程，以保证当地群众的人畜饮水安全。

（2）山旱区

村组分散，大部分村民饮用当地浅层岩裂隙水，就近挖掘大口井，井深14～16米，取水方式落后。但是丰水年与枯水年水量变化较大，如遇枯水年或冬季，不能保证人畜用水量，要到数千米外的地方拉水吃。因此，为了解决山旱区居民的正常饮水问题，提高人民群众的生活质量，加速当地经济发展，急需解决山旱区村民的饮水安全问题。解决办法为就近寻找好的水源建单村供水工程。

（3）牧区

牧户居住分散，受地理位置的限制，多年来形成了封闭区域，交通单一，水资源较贫乏，供水困难。当地饮用水主要靠车拉人担，饮水相当困难。因此，牧户饮用水的解决办法为：一是附近地下水较充足的牧户新打基本供水井；二是附近打不出水的牧户埋设储水罐，从较远地方拉水解决；三是附近有水源但水质不达标的牧户安装净水设备。

3.三个基本条件的改善

饮水安全项目的实施，从根本上改善了当地群众的生活及生产条件，为当地的经济发展营造了良好的投资环境，从而加快了当地基础设施建设，推动了地方经济的发展，为实现当地社会政治及经济稳定发

人畜饮水安全施工现场

人畜饮水安全施工现场

挥了重要作用。

四、污水处理工程

多年来，因乌拉特中旗财政收支紧张，每年投入的市政建设资金较少，从而造成了市政基础设施的缺失，直接影响城镇居民的生产和生活。污水没有经过处理就直接排入海流图河槽，导致城市周边地区的生态环境遭受严重污染，阻碍了城市工农业的可持续发展。由于乌拉特中旗属于干旱少雨地区，水资源相当缺乏，水资源的重复利用率也为零，水资源浪费严重的问题，已成为水资源短缺的乌拉特中旗地区社会和经济可持续发展的制约因素。因此，对污水进行二级处理，实现水资源的再利用，势在必行、刻不容缓。

乌拉特中旗污水处理厂于2009年7月开工建设，到2010年6月建成完工。工程建设投资约5662万元全部由政府出资，占地面积约33500平方米，建筑面积约2300平方米。生产区包括：进水井、粗格栅及提升泵房、配水井、细格栅、巴氏计量槽及旋流沉砂池（属于污水机械预处理部分）；厌氧池、氧化沟、二沉池、消毒池、污泥回流泵池、加氯间（属于污水生化处理部分）；污泥浓缩机房、污泥缓冲池变电站等建筑物和构筑物。

近年来，为实现中水全部回用，乌拉特中旗人民政府投资铺设中水回用管网52千米，建成中水回用泵站3座、注水4万方的景观河和滞洪渠配套工程。4—10月份中水全部用于城镇绿化及景观河用水，11月份至次年3月份中水排到滞洪渠，以待下年继续用于绿化及景观河用水，2012—2016年累计提

人畜饮水安全水源井管理房

水土流失现状图

超载放牧后的地貌

供再生水720.75万吨，2016年中水回用量为234.5万吨，每天回用量7000吨左右；“十三五”期间每年可节约水资源240万吨左右，起到了节约水资源、减少污染、优化环境的作用。

五、水土保持治理

乌拉特中旗水土流失最为严重的地区是东南土石山区，当地俗称山旱区，也叫“高台梁”。乌拉特中旗自解放以来，随着人口的不断增加及生产、生活和经济发展所需，大规模的开荒顺坡耕作和超载放牧，使得水土流失危害不断加剧。鉴于这种情况，当地政府成立了石哈河大公社水土保持工作站，并开始了最初的水土保持治理工作。建站初始，由于缺乏适合当地实际的治理经验，只能照搬乌兰察布盟(现乌兰察布市)地区的治理措施，人工修筑地埂、水平阶、水平沟等，方式简单，收效甚少。

20世纪70年代末80年代初，老一辈水保工作者在总结和借鉴外地先进综合治理模式的情况下，结合乌拉特中旗的实际，创新和发展以小流域为单元，推筑拦洪堰坝，拦蓄坡面径流，发展坝头地，补充地下水资源，开发小片水浇地的综合治理模式，取得了适合当地实际的治理经验。

在借鉴先进经验的基础上，提出了以小流域为单元，综合规划林、田、路、封禁、节水的设计理念，比如石崩沟小流域、金坝盘小流域综合治理工程，总结为：采取水土保持综合治理措施，由旱地变坝地、坝地变水地、水地加节水的综合治理模式。这一经验，得到了上级业务部门的充分肯定，并在1985年的全区水土保持工作会议上进行经验交流和典型发言。随之，自治区水利厅分别批复原楚鲁图乡张三壕小流域、石哈河乡石崩沟小流域、部北乡王栓林小流域、双盛美乡双盛美小流域，开始大规模的水土保持综合治理工作，4个小流域批复项目区治理面积300多平方千米，总投资280万元，为发展旱作农业打下了坚实的物质基础。农业产业

小流域治理后荒地变坝地

小流域治理后坝地变水地

结构的调整，为当地农业增产、农民增收、农村经济快速发展创造了条件。粮油产量由治理前的每亩40千克增加到治理后的120千克，农业人均纯收入由过去的23元/人增加到87元/人。水土流失危害得到初步遏制，生态环境和人居环境得到初步改善。

进入21世纪，国家更加重视对水土的保持工作，乌拉特中旗被自治区水利厅列为水土保持生态修复项目试点旗，试点项目区总面积202.3平方千米，国家投资250万元，地方配套150万元。项目实施后，项目区内植被盖度大幅度提高，植被平均盖度为57.7%，水土流失量明显减少，效益十分明显。项目实施前的2002年旱地小麦每公顷产量700千克，实施后的2004年平均每公顷产量1125千克；人均收入由2002年的978元/人，提高到2004年的1200元/人，增长率达23%。

随着《中华人民共和国水土保持法》和《内蒙古自治区水土保持条例》的颁布实施，乌拉特中旗水土保持工作走向了依法治理、科学规划、分区实施、综合推进的规范化、制度化轨道。水土保持治理成果得到进一步巩固，生态效益、经济效益、社会效益逐年显现。

2013年，乌拉特中旗被国家列为京津风沙源治理二期工程项目旗，到2015年累计投资2650万元，其中国家投资1962万元，地方配套688万元，完成治理面积44平方千米。2014—2015年，利用依法征收的水土保持补偿费，实施水土保持生态环境治理示范工程立项，其投入治理资金1180万元，完成治理面积4.68平方千米。

随着生态文明建设的不断推进，水土保持工作作为生态文明建设的重要组成部分，得到前所未有的重视和支持，依法治理、依法管护进一步加强，打造北疆亮丽风景线的步伐进一步加快。

依据《中华人民共和国水土保

京津风沙源治理二期工程樟子松林带

生态修复后植被现状图

持法》和《内蒙古自治区水土保持条例》，强化了水土保持监督管理不断向纵深开展。历年来，对200多个各类开发建设项目进行了检查，水土保持方案报告的编报率达90%以上，验收率达到40%，水土保持补偿费征收达2000余万元，其中1180万元用于返还治理。

通过强化预防监督，加大宣传力度，密切部门间协作，水土保持监督管理工作稳步推进，为改善生态环境、保护治理成果提供了强有力的法制保障。

六、黄灌区及灌排水工程建设

乌拉特中旗灌区位于阴山南部的冲积扇上，是河套平原的一部分，可耕地面积121万亩，其中黄河水灌溉面积43万亩，是全旗主要的粮食生产基地。

多年来，在党和国家的亲切关怀下，在旗党委、政府的正确领导下，全旗各族干部群众克服了重重困难和各种不利因素，采取各种措施，包括节约用水制度的建立和完善，调整种植结构，实行“亩次计费”，成立用水协会等，尽最大可能实现增产增收。至目前，乌拉特中旗对七条排水干沟和分干沟及两大干渠进行了全面清淤和改造，实施平地缩块面积达32万亩，建成高标准农田20.44万亩；大搞以节水为中心的水利基础产业和基础设施建设。一批又一批受到国家和各级政府资助的重点项目的成功实施，对确保灌区农田灌好适时水，争取农业丰收，改善农牧业生产条件，推动全旗经济发展产生了重大意义。特别是改革开放以来，乌拉特中旗坚持因地制宜的建设方针，分区进行了有针对性的开发和治理，使得全旗水利建设取得了令人瞩目的成绩。

生态修复宣传龙门图

七、水景观建设与水库旅游业

乌拉特草原常年干旱少雨，荒漠的草原浩瀚无边。生活在这里的乌拉特部落巧夺天工、点石成金，选择主要河道、奇山隘口修建堤坝，20座草原水库犹如一颗颗明珠镶嵌在群山怀抱之中，碧波荡漾，风光迷人，秀丽的山光水色与浓郁的民族风情让这片土地充满了神秘的色彩。这里有“高原明珠”“漠北净土”“草原天堂”等美称，是您休闲度假、旅游观光、理想的避暑胜地。

乌拉特中旗水务局以“建设草原天潭，打造青山碧水”的巧妙构思，积极开展水库旅游基础建设工作，2016年在全旗选出5座重点水库开发旅游，组织专家组对各水库的生态旅游进行可行性研究，旅游规划设计、规划评审、环境评估、各水库生态旅游基础建设已全面展开，并初见成效。

1. 基础建设及旅游资源

（1）水库建设、维修、保护的主要景点有：水库大坝、旅游观光码头、观鸟台、吊桥、人工瀑布、祭祀敖包、鸿雁岛、蒙地汉租水利工程遗迹、秦长城、赵长城、烽火台、成吉思汗边墙、匈奴古城、阴山岩画群、自然奇石林、突厥墓、备战地道、天然大草原、水库周边绿化生态治理等。

狼山水库吊桥

（2）各水库已经建设的旅游功能区：水上娱乐区、垂钓区、水产养殖区、餐饮住宿区、海滩烧烤区、自驾车营地、水库大坝观光区、敖包祭祀区等旅游功能区。

（3）保护水库栖息的大量野生动物主要有：鸬鹚、海鸥、鸿雁（国家二级保护动物）、灰鹤（国家二级保护动物）、白天鹅（国家二级保护动物）、黑鹳（国家濒危保护动物）。

水库野生保护动物——鸿雁

2. 举办旅游文化活动

（1）水库冬捕节、冰雕展、鱼王争霸赛、头鱼拍卖、滑冰比赛、冰上陀螺比赛、冰上垂钓、冰上保

水库拉网捕鱼现场

龄球、冰爬犁等。

（2）水库休闲渔业活动：2015年成立钓鱼协会、游泳协会，成功举办自治区第二十三届钓鱼比赛。每年参加全市龙舟比赛，进行捕鱼比赛、摸鱼比赛、海滩烧烤、自驾车营地宿营活动等。

休闲渔业摸鱼比赛现场

水库冬捕现场

3. 主要关联景点

（1）传说中的匈奴头曼城遗址（史记“阴山鸣镝”的故事）

乌拉特中旗在春秋战国、秦汉时期是匈奴牧地，隋唐北境为突厥所居，辽时属西夏地。据《史记·匈奴传》记载：头曼是匈奴第一代单于，公元前229年率匈奴众部占据河套地区，在今河套以北阴山头曼城（传说即今德岭山水库匈奴城）为中心建立了北方民族第一个国家政权。公元前215年蒙恬率兵至河套一带，头曼率所部北徙。秦始皇死后，头曼率众南下，再据河套。公元前209年，头曼为其子冒顿所杀，冒顿自立为单于。冒顿灭周边20余国，拥有了南起黄河、北抵贝加尔湖、东达辽河、西逾葱岭的广大地区，统一了现在的蒙古草原，建立了北方最强大的匈奴帝国。

（2）秦长城、烽火台

嬴政三十二年（公元前215年），秦始皇派大将蒙恬率领30

德岭山水库段秦长城

传说中的德岭山水库匈奴城遗址

秦长城烽火台

万人北逐匈奴，占据河套，将头曼匈奴向北驱逐700里，并修筑长城。把过去秦、赵、燕三国长城连接起来，从临洮（今甘肃岷县）到辽东，绵延万里，从此始有了“万里长城”之称。而长城成为“世界八大奇迹”之一，被列为国家级重点文物保护单位。

（3）“蒙地汉租”水利工程

海流图河与阿其河向南而来汇聚到德岭山口，形成一个天然湖泊，与周围的红泥山相互映衬，人们都称它为“红泥潭”。据水利典籍记载：乌拉特中公旗札萨克（辅国公）恭格喇布坦，在乾隆十一年（1746年），选定这里为部落永久定居点。当地牧民学习汉族治水的经验，进行局部生态治理，在“红泥潭”上游的河滩地上修建了水坝，拦截地表径流，开发灌溉河滩沃土。蒙古王爷拉森甲坝将开发出的土地租给汉人耕种，汉人用所种粮食缴付地租，并将秸秆送给当地牧民，既解决了蒙古族牧民的口粮问题，又提供了牲畜过冬的饲草，这就是史籍上所称的“蒙地汉租”（又叫甲坝地）。

（4）呼仁敖包阴山岩画群

在德岭山水库周边5千米的山

德岭山水库周边岩画

区范围内，有1700多幅阴山磨刻岩画，距今2000～3000年，属于青铜器时代。还有两幅交媾岩画，一幅上有二人,另一幅上竟有三人。这类岩画在岩画群里很少见。目前这些岩画统称为呼仁敖包山岩画。岩画图案以盘羊、马、鱼、大角鹿等动物为主，这些岩画为研究早期人类的生产、生活、迁徙和图腾崇拜提供了珍贵的实物资料。

八、全旗水库近年获得的荣誉

截至2016年末，德岭山水库、狼山水库被评为“国家级水利风景区”。

红格尔水库、乌不浪水库被评为“自治区水利风景区”。

德岭山水库秦长城遗址、狼山水库秦长城遗址被国家文物局评为“全国重点文物保护单位”。

德岭山水库荣获“国家农业部水产养殖示范场”的称号。

德岭山水库、狼山水库、韩乌拉水库荣获“内蒙古自治区无公害渔业产品产地”的称号。

牧区水产品被评为“国家农业部农产品质量安全中心无公害产品”。

德岭山水库被内蒙古钓鱼协会指定为自治区垂钓基地，并于2015年成功举办了内蒙古自治区第二十三届钓鱼比赛。

德岭山水库被巴彦淖尔市指定为龙舟训练基地，并代表乌拉特中旗参加每年一度的全市龙舟比赛。

工业挺起乌拉特中旗经济脊梁

乌拉特中旗地方国营工业的发展始于20世纪50年代。早在1872年就有人开始对乌不浪口(红旗店)一带俗称铅炭的石墨原矿进行开采。因当时石墨只用于取暖,一直到1949年也没有用作工业原料。中华人民共和国成立初期,旗境内只有小煤窑(石墨矿)和一些零星分散的手工业作坊,从业人数寥寥无几。1953年,石墨矿公私合营,它是乌拉特中旗的第一个工业企业。

乌拉特中旗集体所有制工业以二轻工业和乡镇工业为主。二轻工业企业的前身系20世纪50年代初期由一些外来工匠开办的几家私人作坊。后来,先后组织起靴鞋、铁工、木业、缝纫和皮毛等手工业生产互助组。1956年,建立旗手工业生产联合社,组织试办了缝纫、靴鞋、皮毛、砖瓦和铁木业5个手工业生产合作社。乡镇工业是从1958年开始的,当时全旗各地大办工厂,大炼钢铁,出现了许多乡镇集体工业企业,但不久大多倒闭。1977年,成立社队企业管理局,在各公社原修造厂的基础上逐步建立和发展起了乡镇工业,陆续办起黄金、石墨、珍珠岩、萤石、铁、铅锌硫、锰、石英石、原煤等采矿业。

一、改革开放 工业崛起

改革开放前,全旗工业由于基础薄弱,发展缓慢,整体实力弱,在“三产”中所占比重不大,对财政贡献率和带动地区经济社会发展的能力较小。1978年,全旗草场面积2802万亩,牲畜122.61万头(只);可耕地面积80万亩,当年农业总产值2453万元;工业规模很小,工业企业仅有13家,经济运行质量和效益不高,工业总产值1163.02万元;全旗全年各种税金收入217.9万元(其中工商税16.73万元,少于32万元的农业税和18.6万元的牧业税)。全旗全年财政收入1024.5万元;全旗三次产业结构比例为54.9 ∶ 23.2 ∶ 21.9,被形象地概括为“牧业大旗、农业中旗、工业小旗、财政穷旗”。

从1978年到2007年,在旗党委、政府的正确领导下,乌拉特中旗奋力破解和摆脱多年来的难题和坚冰,充分挖掘和发挥资源、区位等后发优势,工业经济呈现出前所未有的勃勃生机,亮点频闪,煤化工、电力、矿山资源、农畜产品加工四大具有区域特色和资源特色的支柱产业主导地位初步确立,工业经济取得跨越式发展,8家工业企业利税超500万元，全部工业上缴税费1.6亿元，对财政的贡献率提高到67%。三次产业结构比例已演进为30.9 ∶ 54.5 ∶ 14.6。

转制，企业焕发生机和活力。乌拉特中旗企业转制工作走在了全市的前列，到1998年，全旗52户工商企业，51户（注：自来水厂具有公益性，未转制）完成了一步到位转制任务，企业6008名在职职工全部和企业脱钩。企业转制后通过公司制改革，从机制上彻底脱胎换骨，产权关系变得十分明晰，甩掉了债务和冗员包袱，轻装走向市场。转制企业“九五”末为恢复增长期，企业规模虽然都不算大，但发展活力很强，生产经营普遍搞得红红火火，厂容厂貌、职工精神状态、内部管理明显改观。一些企业在激烈的市场竞争中脱颖而出，迅速发展壮大，海燕集团通过破产重组，已由产值千万元、税金100万元，发展到产值超亿元、税金1083万元；温明煤矿经转制由产值不足400万元、税金不足50万元，发展到产值15041万元、税金542万元，并进行45万吨扩建工程；莱富公司成功由巴音呼都格煤矿转制形成年产60万吨褐煤规模的企业；永兴公司成功收购磴口红矾厂，发展成为跨地区、跨行业的明星企业；索仑公司产品走出国门，供不应求。很多企业积极引进资金、技术、人才，加快技术改造和新上项目建设步伐，产品附加值和效益不断提高，成为乌拉特中旗经济建设的生力军。

开放，搞活了经济；开发，资源优势转化为经济优势。伴随着改革开放，全旗工业进入发展“快车道”，特别是“十二五”时期，全旗工业经济取得翻天覆地的变化。“十二五”时期，乌拉特中旗不断适应市场经济发展的形势要求，积极有效应对经济下行压力，在解放思想中坚定信心，在应对挑战中抢抓机遇，在开拓创新中破解难题，在不断实践中艰苦创业，边探索、边实践、边发展，走出了一条因小额贸易而活、因煤铜资源进口而兴、因落地加工增值而强的发展道路，书写了科学发展的精彩答卷，谱写了富民强旗新跨越的崭新篇章。5年间，乌拉特中旗加速推进新型工业化，全旗规模以上工业企业达到34家，规模以上工业增加值由2010年的39.34亿元增加到2015年的49.6亿元，年均增长9.3%；引进和培育了神华、蒙羊、太平矿业、京能等一批大企业，实施亿元以上工业重点项目105项；现代煤化工产业

乌拉特中旗川井风电场

形成2480万吨洗煤、120万吨焦化、12万吨甲醇产能；采矿冶金产业形成10万吨原油、8吨黄金、10万吨金属冶炼、60万吨铅锌采选和150万吨铁精粉采选产能；黄金产量连续5年进入全国十强县行列；清洁能源产业风电装机容量达到200万千瓦，光伏装机容量达到26万千瓦。工业成为拉动经济增长的重要引擎，推动了地区综合实力稳步提高，全旗产业结构不断优化，三次产业比重由2010年的17.5：72.5：10演进为2015年的17.4：70.5：12.1，三次产业比例日趋合理。综合实力稳步提高。地区生产总值由2010年的67.4亿元增加到2015年的101.6亿元，年均增长8.6%；固定资产投资由2010年的86.03亿元增加到2015年的136.42亿元，年均增长9.7%；公共财政预算收入由2010年的3.34亿元增加到2015年的8.77亿元，年均增长21.3%；社会消费品零售总额由2010年的7.87亿元增加到2015年的14.7亿元，年均增长13.3%；城镇常住居民人均可支配收入由2010年的14830元增加到2015年的25523元，年均增长11.5%；农牧区常住居民人均可支配收入由2010年的7114元增加到2015年的13391元，年均增长13.5%。工业经济的突飞猛进，带动了乌拉特中旗综合实力迈进全市第一方阵。

二、破茧成蝶的新型煤化工产业

近年来，乌拉特中旗党委、政府提出了“一主两翼”经济发展思路。“一主”，就是以口岸加工园区为重点，切实打好工业攻坚战。“右翼”，就是以蒙羊肉羊产业园区为重点，同时，依托牧羊海牧场交通便利、水资源丰富的优势，大力发展特色水产养殖，规划建设熟食加工、风干牛羊肉、脱水蔬菜和西瓜汁加工等农畜产品加工项目，不断提升农牧业产业化水平，增强农牧民抵御市场风险的能力。“左翼”，就是依托神华甘泉铁路、国铁金泉南站，加快物流园区建设步伐，全力突破服务业发展瓶颈。扶持壮大一批物流大企业，形成以传统服务业为基础，以新型物流业为主导，以金融、旅游等新兴服务业为补充的服务业产业体系，不断提高服务业对经济发展的贡献率。

为承接蒙古国进口资源落地加工，经自治区批准，2003 年乌拉特中旗按照甘其毛都口岸与加工园区一体化发展战略，规划建设甘其毛都口岸加工园区；2010 年园区被自治区列为“沿黄沿线经济带重点工业园区”；2011 年园区成为“双百亿”工程重点园区；同年，内蒙古自治区人民政府同意将甘其毛都口岸加工园区设立为自治区级

甘其毛都口岸

工业园区；2012年2月被自治区列入第六批工业循环经济试点示范园区之一；同年末，自治区商务厅认定园区为自治区第一批进口煤炭落地加工基地。加工园区承载能力不断加强，实施了道路、亮化、绿化、污水处理等一批基础设施配套工程，已建成黑色路面40千米、变电站7座，日供水能力达到5万吨，累计绿化面积163.8万平方米，入驻企业达到34家，实现了由市级工业园区向自治区级工业园区的升级，并成功跨入自治区“双百亿”园区行列。2011年，园区全年累计实现工业总产值110亿元，实现营业收入105.6亿元，全年实现税收2.88亿元；2012年，园区全年累计实现工业总产值112亿元，实现营业收入106亿元，全年实现税收3.66亿元；2013年，园区全年累计实现工业总产值105.9亿元，实现营业收入100.52亿元，全年实现税收2.69亿元；2014年，园区全年累计实现工业总产值106.71亿元，实现营业收入100.68亿元，全年实现税收1.58亿元；2015年，园区全年累计实现工业总产值71.75亿元，实现营业收入61.28亿元，全年实现税收0.87亿元。

神华煤焦化企业

煤化工是口岸加工园区主要支柱产业，洗煤行业占工业比重上升到60%。神华巴彦淖尔能源有限责任公司是龙头企业，也是市、旗两级重点企业，为乌拉特中旗经济社会发展做出了突出贡献，神华巴彦淖尔能源有限责任公司、神华甘泉铁路、神华风电太阳能等企业，乌拉特中旗的投资已逾200亿元。引进神华集团建设煤焦化电一体化项目，发展煤化工及精细化工产业，至2016年9月已完成一期一线每年300万吨洗煤、120万吨焦化以及12万吨焦炉煤气制甲醇项目的建设；一期二线每年300万吨洗煤、120万吨焦化及12万吨甲醇项目目前正在推进前期工作。目前，园区煤化工产业链已基本形成，园区现代煤化工产业已形成2480万吨洗煤、120万吨焦化、12万吨甲醇产能。

三、蒙羊的“羊文化”

蒙羊人有趣地拆解并诠释了“善”字：一只“羊”、一坡“草”、一张“口”合而为善，“一羊、一

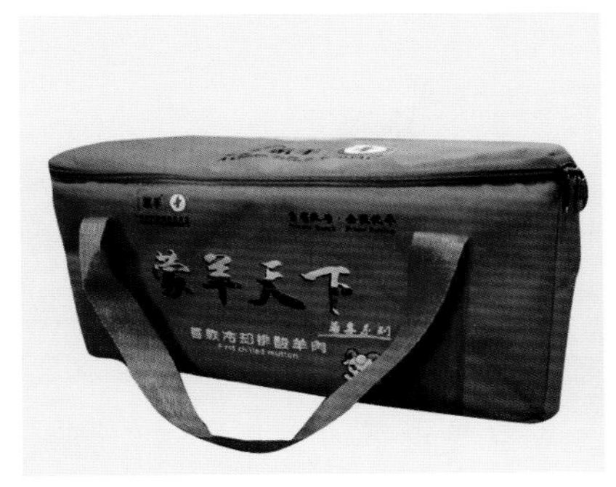

蒙羊公司产品

蒙羊公司产品

草、一口”构成大羊之善美。蒙羊人致力于打造“绿色牧场、新鲜蒙羊”，致力于成为中国羊肉领导品牌，建立了“牧者富，食者康，善行中国梦”的企业核心价值观，“绿色、安全、健康、环保”的经营理念，种、养、交、加、营全产业的运营模式，独创的“基地＋农户＋公司稳定提供羊源，银行＋担保公司保障基地建设”的以农牧民为核心的全新羊联体模式，蒙羊从羊源到终端打造包含“优质肉羊良种繁育、生态规模化养殖、标准化生产深加工、全程冷链物流体系、全国终端渠道覆盖”在内的绿色生态全产业“生态圈”，对每个关键环节严格把控，用精益求精的最高标准成就最好羊肉，全程可视、可控、可追溯系统可保障蒙羊的每一份产品都可查询、可追溯，充分保障消费者的权益，通过科技化、规模化、标准化的经营方式，不断推动肉羊产业升级，力求将乌拉特中旗牧羊海蒙羊产业园打造成国家级农牧产业园，力争把蒙羊牧业打造成中国的肉类龙头企业、知名企业和放心企业。蒙羊的智慧农业、蒙羊肉羊产业园区、光合立体牧业等项目也为振兴区域经济及产业发展提供了创新思路及解决办法，为加速提升巴彦淖尔市乃至自治区的肉羊产业发展速度贡献了蒙羊思维与价值。

蒙羊公司在迅速成长。2013年与乌拉特中旗签订战略合作协议；2014年主产品加工园区投资超1.2亿元，占地约200亩建设屠宰车间、精分割间、污水处理厂、职工公寓、职工食堂、原辅料库，年屠宰加工可达100万只肉羊；2014～2015年建设光合立体牧业科技示范园，固定资产投资3亿元。到2016年9月，50兆瓦光伏发电项目一期年20兆瓦光伏已备案，二期30兆瓦光伏、3万只种羊场与育种中心已建成，年产3万吨羊粪有机肥加工厂正在建设。

产自草原深处的乌拉特羊，吃的是中草药，喝的是矿泉水，营养鲜美无膻味，被消费者点赞为“天下第一羊”。蒙羊公司致力于开发优质营养的“乌拉特”羊肉食品，为打造“舌尖上的中旗”不断努力，企业践行着“牧者富，食者康，善行中国梦”的企业核心价值观。伴随着蒙羊企业的做大做强，农牧民和地方及消费者会越来越受益。

四、清洁能源是产业，也是一道风景线

“敕勒川，阴山下。天似穹庐，笼盖四野。天苍苍，野茫茫，风吹草低见牛羊。”阴山背后的乌拉特草原，风与鲜美的羊肉一样有名。辽阔的草原上，百万千瓦风电基地的建设成就，让慕名而来观光的游客感到震撼。

“风”景这边独好。乌拉特中旗地处内蒙古荒漠草原地带，有关气象资料显示，受强大的蒙古冷高压长时间控制，乌拉特草原成为冷空气南下的主要通道，特别是川井、巴音乌兰苏木等地是中国冷空气5条入侵路径进入中国的交汇点，是国内风能资源各项指标最理想的地区之一，占全国风能资源的1/12，占自治区的1/4。全旗可开发风场面积1.5万平方千米，理论上可开发3000万千瓦。“一年一场风，从春刮到冬。”曾经是恶劣气候象征的大风，从2004年开始，变成了大自然“赐予”乌拉

风电场

特中旗的宝藏，世世代代饱尝风沙之苦的乌拉特中旗人民，开始看到风电产业发展的广阔天地。如今，在广袤的乌拉特草原，成片的白色“大风车”随风而起，草原风电产业展现出无穷魅力。近年来，乌拉特中旗科学规划，集约发展，新型能源乘“风”而上，富集的光热资源也得到逐步开发利用。2015年11月30日，伴随着白同220千伏开闭站发出平稳、轻微的电流，历经230天艰苦奋战的巴彦淖尔首座百万千瓦风电汇集站顺利投运。白同输变电工程的建成投运，彻底解决了乌拉特中旗风电输送难的问题，打开了一条绿色能源输送的新通道。

近年来，在“一带一路”倡议及“清洁能源输出基地”发展思路引领下，乌拉特中旗利用当地风能资源优势，把新能源产业作为全旗主导产业之一，大力发展清洁能源产业，风电项目成为重点工业项目建设的亮点。与同等电量的火力发电相比，年可节约标准煤91.8万吨，减少粉尘排放约6.5万吨，减少各类有害气体排放约238.7万吨，环保效益明显，并可大幅提升对荒漠草原的利用率，使乌拉特中旗牧区收入几乎空白的荒漠草原变为生产绿色能源的效益区，从根本上推动当地经济的可持续发展。今天，伫立在一望无际的乌拉特草原，蔚蓝的天空，高耸的白色风机塔，成为草原上一道壮观的风景线。这一幅洁净美丽的画面正是乌拉特中旗发展清洁能源的写照，同时也是乌拉特中旗工业经济迅猛发展的缩影。

五、黄金产量居全国十强之列

近年来，中国黄金产业取得了突飞猛进的发展，从世界黄金产业的跟随者发展为领军者。2011年，乌拉特中旗胜利挺进全国黄金十强县（市），荣获2010年中国黄金十强县（市）称号，排名第九，为巴彦淖尔市增了光，为内蒙古自治区增了光。此后，乌拉特中旗连续5年被中国黄金协会授予全国黄金十强县（市）荣誉称号，乌拉特中旗像一块耀眼的黄金镶嵌在祖国的大地

神华风电

内蒙古太平矿业有限公司厂区

上，为中国的黄金产业发展做出了突出贡献。

乌拉特中旗已探明黄金储量约200吨以上。多年来，乌拉特中旗党委、政府特别重视黄金产业发展，加大资源整合的力度，坚决制止乱挖乱采，先后关闭采金点近100户，已有效解决了黄金开采“小、散、乱”的状况，保证了资源利用最大化及科学合理的管理。通过政府引导、企业出资将资源集中整合到两家（内蒙古太平矿业有限公司和内蒙古乌拉特中旗图古日格金矿有限公司）有实力的黄金企业。同时，利用先进技术保证低品位矿的合理高效开发，提高资源综合利用率，确保采金企业做大做强。

内蒙古太平矿业有限公司是中国黄金国际资源有限公司的权属子公司，公司位于内蒙古自治区巴彦淖尔市乌拉特中旗新忽热苏木境内。

近年来，太平矿业投资近8000万元进行了地质探矿，新探明金矿资源储量为75.9吨，已经探明的金矿资源储量达到148.5吨，太平矿业黄金采选二期扩建项目运行稳定，太平矿业日处理原矿能力由原来的3万吨上升为6万吨，年生产黄金能力由原来的4吨上升为8吨，为中国北方最大的低品位黄金堆浸矿山。内蒙古太平矿业有限公司在堆浸生产工艺中，引进国际先进水平、国内首创的埋管滴淋技术，保证了矿山在北方寒冷地区全年生产运营；贵液池覆盖技术及全密闭循环重复利用工艺填补了国内空白，减少了水的蒸发和浪费，同时也实行了生产废水的零排放，成为矿山行业节约水资源和环境保护的典范。从美国进口的黄金处理设备是国际标准的高效节能设备，有效地降低了生产成本，提高了生产效益，开创了国内低品位金矿床开发利用的先例。

近年来，太平矿业借助集团公司先进的技术和管理经验，在“超常规思维、跨越式发展”精神的指引下，克服了全球金融危机对矿业带来的严重影响，公司经营层高瞻远瞩、超前组织，加快了技改步伐，优化了工艺流程，加强了企业内部管理，通过公司全体员工共同努力，实现了跨越式发展。2010年，公司完成处理矿量966万吨，生产黄金3.55吨，实现利润3.46亿元，上缴地方税金1.37亿元，为集团公司顺利实现“四年翻两番”的目标做出了巨大贡献。公司也全面履行了“企地和谐共建、美丽与发展双赢”的社会责任，树立了集团公司作为央企在地方的良好形象。2011年，内蒙古太平矿业有限公司生产黄金4.01吨，实现利润6.3亿元，上缴地方税金2.2亿元；2012年，内蒙古太平矿业有限公司生产黄金4.3吨，实现利润7.5亿元，上缴地方税金3.17亿元；2013年，内蒙古太平矿业有限公司生产黄金4.305吨，实现利润5亿元，上缴地方税金2.4亿元；2014年，内蒙古太平矿业有限公司生产黄金5.1吨，实现利润3.04亿元，上缴地方税金1.95亿元；2015年，内蒙古太平矿业有限公司生产黄金6.8吨，实现利润2.17亿元，上缴地方税金2.26亿元。

内蒙古乌拉特中旗图古日格金矿有限公司（以下简称图古日格金矿）是隶属于核工业二〇八大队的一个集勘探、开采、选冶加工为一体的中型黄金生产企业。选冶加工能力为日加工矿石100吨。当年随着矿山建设逐步完善，又通过整合武警黄金十一支队等周边矿点，在新增储量的基础上，提高了日加工处理矿石的数量，提高到200吨的生产能力，生产工艺采用全泥氰化炭浆法。建矿初期，由于金矿地处偏僻的草原戈壁，供电主要靠自备的4台200千瓦康明斯发电机组自发电。1999年，金矿又投资150万元新增了压滤车间。使原来直接排放的尾矿浆经压滤后得到循环利用，利用率达70%，仅原来日加工处理矿石200吨的选冶厂便可年节水2700多吨。这样不仅解决了因乌拉特中旗北部地区干旱少雨，地下水量不足而造成的停机停产，而且使原来所排废水得到了循环利用，也减少了因废水排放对周边环境造成的污染，在变资源优势为经济优势的同时，实现了矿业开发与环境保护并重发展。2007年，巴彦淖尔市制定地方矿业开发政策，与核工业二〇八大队签订协议，由图古日格金矿对乌拉特中旗北部地区的黄金资源进行整合，从此图古日格金矿拥有北部区大面积的矿

业开发工作区，在此基础上，图古日格金矿预计投入资金6184.03万元进行第二次大规模的技改扩建，矿山技改工程于2016年开始实施，预计2017年6月正式投产，投产后金矿可连续生产6～8年，预计总产值86832.77万元，采矿成本26203.49万元，选冶成本31401.16万元，利润29228.12万元，纳税7307.03万元。

在政府合理规划和全力支持下，内蒙古太平矿业有限公司和内蒙古乌拉特中旗图古日格金矿有限公司两家黄金企业不断加大勘探、开采、开发力度，产金量逐年上升，探明储量明显增加。这将继续加强今后乌拉特中旗黄金产业的整合、勘探、开发力度，推动黄金产业快速发展，努力保持全国黄金十强县（市）的殊荣。

六、小微企业勇当市场经济“弄潮儿”

在激烈的市场竞争中，特别是近几年经济下行压力下，不少规模较小的企业不仅挺过了难关，而且取得了不俗的经营成绩。

乌拉特中旗草原恒通食品有限责任公司，是一家集牲畜收购、育肥、屠宰、精选、加工、冷藏、销售为一体的速冻牛羊肉制品加工企业。产品有30多个品种，销往全国各大城市。公司在北京和上海两地成立了办事处，并加入了国家安全农产品战略联盟，成为西贝餐饮牛羊肉的直供商。

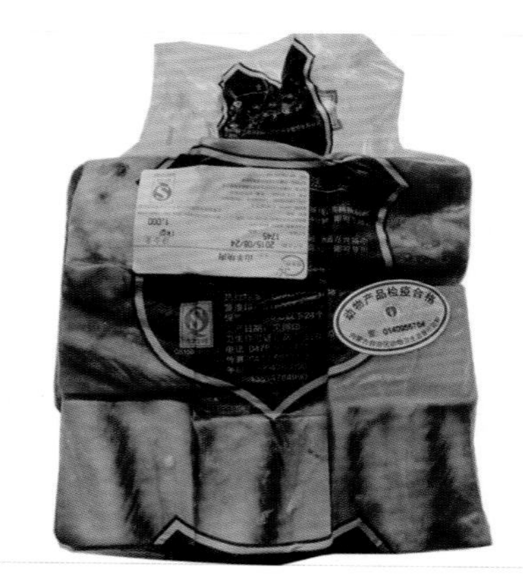

草原恒通产品

新东方实业有限责任公司由张家口远盛投资公司投资控股，远盛投资公司已获张家口市政府新建1000亩石材园区批复，产自乌拉特中旗的“雪花青”花岗岩板材样品通过冬奥组委会河北省办事处、相关设计委员会认定，喜获组委会15万平方米外墙干挂订单。该公司本着低成本、绿色环保理念，打造全方面创新产业链以及北方优质石材加工、生产基地，将充分利用张家口申奥成功有利形势，在乌拉特中旗石材产品打进张家口市场的基础上进一步开拓京津冀区域巨大的市场，做大做强企业。乌拉特中旗石材产业渐成气候，铎宝、张佳等石材企业生产经营良好，全旗大型的大理石、花岗岩石材加工园区初见端倪。

索仑肉类食品有限责任公司，是乌拉特中旗较早成立的一家畜产品加工企业，“索仑”商标具有相当的市场知名度和美誉度。该公司主动念好市场经，走创新发展路，确定冷链物流经营发展方向，自筹投资1158万元，在公司大院临街处扩建建成了总计5769立方米的冷鲜库房、车间、门店、宿舍，即将投用生产经营熟制品加工，干鲜货、调料、水果、蔬菜仓储，企业完善了食品链条，扩大了经营范围，方便了人民群众，发展前景看好。

希热矿泉公司，经过搬迁技改，在希热庙水源地建成日产150吨天然矿泉水生产线，引进国内先进的消毒、过滤、灌装设备，极大地提高了矿泉水质量，产品畅销全旗及周边地区，打进蒙古国的市场。该企业采取“工业＋旅游”的经营模式，高标准的厂区和极具蒙古族特色的蒙古包群成为乌拉特草原独具特色的旅游风景点。

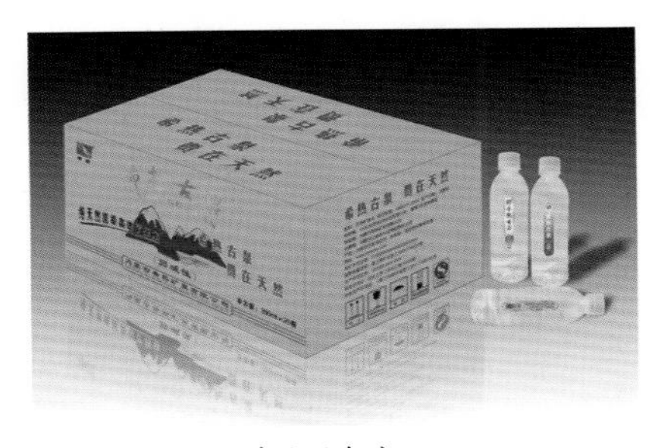
希热矿泉产品

乌拉特中旗高塔梁原生有机食品有限责任公司建在乌拉特中旗石哈河镇，石哈河镇属于内蒙古北部半农半牧地区，独特的地理位置和气候条件十分适宜“粗、杂、特”的旱地小麦、荞麦、莜麦、土豆、油葵籽、油菜籽等农作物的生长，所产的农产品具有丰富的营养价值和特殊的保健功能。该公司已建成清理、剥壳、制粉等先进的生产线，可生产精选有机荞麦米、有机旱作小麦粉、有机荞麦粉、有机莜麦粉及有机马铃薯等产品，产品主要销往各大中城市。2011年被评为巴彦淖尔市农牧业产业化经营重点龙头企业，2012年被评为自治区级扶贫龙头企业，2013年“高塔儿梁”注册商标被评为内蒙古自治区著名商标。

乌拉特中旗小微企业居多，小微企业创业成功登顶案例不胜枚举。小微企业在促进经济发展、繁荣城乡市场、扩大社会就业、方便人民生活等方面发挥着重要作用。乌拉特中旗认真贯彻落实国家“大众创业、万众创新”精神，抓大不放小，抓大项目、大企业发展的同时，努力优化发展环境，减轻中小微企业负担。同时积极争取国家、区、市各项扶持政策

和资金支持，助推小微企业创业发展，做大做强。

七、政企联动合力 打造经济大船

过去的5年里，乌拉特中旗主动适应经济发展新常态，科学谋划了“做精农牧、做大工业、做强三产、做活口岸、做美城乡、做优环境、做实民生”的发展思路，并围绕这一思路，拼搏进取、攻坚克难，持续保持了经济社会健康发展的良好势头。

乌拉特中旗党委、政府立足投资拉动、项目带动、创新驱动，积蓄长远发展后劲和着力保持全旗经济社会平稳健康发展。千方百计做好项目资金争取和招商引资工作。认真研究国家和自治区、市战略布局和政策导向，积极对接好新装备、新能源、信息化产业等一系列利好机遇，带着使命、感情、责任加大跑办力度，争取更多的项目进入全市、全区乃至全国项目盘子。紧盯各类招商洽谈会和专业招商活动，提前精心准备，实施务实招商、精准招商，积极“走出去”承接产业转移，“引进来”壮大支柱产业，做到有的放矢，确保招商引资工作取得实效。

旗党委、政府按照“一二三产融合、大中小项目齐抓”的原则，注重抓好项目落地实施，项目布阵全线抓开工，全力抓落实，全程抓进度，全员保落实。实行政府部门领导分工负责，对重点项目实行清单式、问题式、精准化管理。强化督查调度，强化项目时间进度清单管理，把项目争取和实施情况纳入实绩考核指标范畴，作为评价各级领导班子和领导干部工作成绩的重要依据，严格落实奖优罚劣，充分发挥实绩考核风向标和指挥棒的作用，不断激发各级领导干部干事创业的积极性。经济、发改、财政、国土、银信等部门，在项目审批、资金、用地等方面加强协调对接，调动一切积极因素，注重破解瓶颈制约，提升项目服务水平，加强要素保障，着力破解用地、供水、供电、交通等制约，搭建项目融资平台，开辟重点项目“绿色通道”，有效解决项目建设过程中存在的各种问题，争取项目早日落地。

大力践行“总干”精神，“全党抓经济，重点抓工业，突出抓效益”，旗党委、政府以高度的责任感和使命感，把工业摆在各项工作的中心位置，把主要精力、物力、财力都投入到发展工业上来，领导力量向工业倾斜，优秀的管理人才与技术人才向工业领域倾斜，各种可调控的财力向工业项目与基础建

全旗经济工作暨农村牧区工作会议

设上倾斜，对加快工业发展的思路明确，信心坚定，使全旗经济转移到工业经济建设和发展上。为帮扶企业谋实招、办实事，旗党委书记、旗长经常到园区、进企业送服务，现场办公，从减税降费、金融扶持、流通体制等方面，及时帮助企业解决困难和问题，实现更好发展。

近几年，神华集团在经济下行压力下重新规划布局压缩下属企业的数量，在旗党委、政府和神华集团在乌拉特中旗的企业努力下，神华巴彦淖尔能源有限公司不仅幸存，而且得到神华高层的大力支持，对神华巴彦淖尔能源有限公司的建设决心不变，还要加大力度，神华巴彦淖尔能源有限公司的总部目前已经由临河搬回园区，重组了优秀的领导团队，此前部分工厂一直处于停工状态的神华巴彦淖尔能源有限公司陆续全面复产。在地方各级政府和职能部门的大力支持和神华总部的强有力领导下，化压力为动力，实现口岸、优质资源、铁路的一体运营，生产经营措施优化到位，节本增效，实施多元化发展；大力推进绿色农畜产品加工产业，做强做精绿色农畜产品加工业。鼓励蒙羊牧业企业加强原料基地建设、专业化生产、规模化经营水平，完善农畜产品后端销售网络。蒙羊牧业两年间，以规模化、标准化、产业化的全新思维与发展模式，成为内蒙古自治区农牧业产业化重点龙头企业、自治区扶贫龙头开发企业、中国航天事业合作伙伴、中国肉类协会常务理事单位，荣获中国最有价值品牌500强、国际肉类展会肉制品品评金奖；总投资15亿元的乌拉特中旗海明矿业110万吨/年铁精粉采选项目是市、旗重点工业项目。旗党委、政府全力支持该项目建设，先后投资3200余万元实施了18千米供水工程，投资近1.1亿元建成了48千米高压线及海明110千伏变电站，投资2100余万元建成了21.3千米三级砂石路，同时统筹解决了供水、通电线路沿途牧民生活用电和人畜用水问题，为海明矿业项目建设提供了极大的便利；乌拉特中旗经济局等职能部门提供优质服务，乌拉特中旗经济局帮助海明矿业在争取上级支持和挖掘盈利潜力

上下功夫，积极申报海明低品位铁矿石综合采选利用项目争取上级部门政策资金等尽可能多的支持，尽力能够享受到国家的相关鼓励政策。针对我国铁矿主要为贫矿的资源现状，国家鼓励企业发展低品位矿采选技术，充分利用国内贫矿资源。提前申报加入电力多边交易，海明矿业110万吨/年铁精粉选矿厂及露天采矿场年耗电约2亿度，电力多边交易使每度电下降了0.0693元，每年可节省电费1300余万元。鼓励企业采用最先进的进口设备和工艺，高标准建厂，高效益发展。

现在全旗上下形成了浓厚的抓工业、上项目、促发展氛围，锤炼了一支敢于担当、善于作为的干部队伍。乌拉特中旗经济局提出“当好企业和投资商保姆”“一位领导一面旗、一名骨干一颗星、一个岗位一颗螺丝钉”的响亮口号，突出抓好重点地区、重点行业、重点企业和重点产品，特别是新增点的运行监测分析，超前研究矿产品、农畜产品因市场变化带来的机遇和挑战，及时发现倾向性、苗头性问题，有针对性地研究、采取对策措施，防止工业经济运行出现大起大落。2006年，铁选厂因税费过重，生产经营陷入困境，乌拉特中旗经济局局长刘世英及时敏锐地发现了这一问题，经过精心调研和测算，提出建议向旗领导汇报，并积极与有关部门协调解决相关问题，旗党委、政府果断决策，降低税负，使28家铁选企业恢复生产，确保企业在良好的生产环境中达产达效。近年来，经济下行压力较大，旗经济局通过向上级申请电力政策补贴，有效地帮助企业脱困前行。电力多边交易市场方面，截至2016年，乌拉特中旗先后有神华、太平矿业等8户企业加入电力多边交易市场。到2016年9月份，8户企业共完成电力多边市场交易电量约4.2亿千瓦时，降低企业用电成本约2462.8万元；优惠电价补贴方面，截至2016年上半年，全旗涉及优惠电价补贴的企业有永旺、希里科等4户企业。1～6月份，4户企业享受优惠电价补贴共约290万元左右。停产、半停产和季节性生产企业方面，2015年积极争取，共为旗内8户信誉较好的停产、半停产和季节性生产企业在办理减容和暂停业务期间减免了基本电费，8户企业在2016年1～6月份节约用电成本100万元左右。乌拉特中旗经济局“十二五”期间为企业共争取到扶持资金234万元，切实缓解了企业的资金困难。有关部门都能立足各自的职能，积极帮助企业排忧解难，通力合作，形成合力，为经济建设做出了贡献。

乌拉特中旗党委、政府大力推进工业转型升级。一方面充分尊重企业在运营管理方面的主体地位，注重积极引导、督促和支持企业加快产业转型升级步伐，发展高新、节能、环保、循环式的经济模式，在提高工业经济品质上下功夫。另一方面把节能降耗、循环经济提到了更加重要的位置，要求有关职能部门加强监管，积极开展矿业秩序治理整顿工作，从源头上控制环境污染和生态破坏。和重点企业签订责任状，强化节能降耗管理，按照政策坚决淘汰落后产能。经过“修枝剪叶”，促进了地方经济健康茁壮成长。

八、顺势而上　又好又快发展

乘势扬帆逐浪高，跨越发展正当时。进入“十三五”全面建设小康社会的决胜时期，乌拉特中旗党委、政府认识新常态、适应新常态、引领新常态，牢固树立创新、协调、绿色、开放、共享的发展理念，认真贯彻落实党中央、国务院供给侧结构改革的决策部署，按照“十个更加注重”的要求，把发展的旗帜举得更高，把发展的氛围造得更浓，把发展的正能量聚得更强，把发展的环境创得更优，把握形势，凝心聚力，自觉负重加压，精准施策发力，全力把乌拉特中旗推上快速发展、科学发展、和谐发展、跨越式发展的轨道，以钉钉子的精神既抓顶天立地的大项目，也抓铺天盖地的小项目，一步一步地打开乌拉特中旗工业强旗富民的筑梦空间。

乌拉特中旗大步伐扩大开放，积极参与中蒙俄经济走廊建设，积极推进中蒙甘其毛都经济合作区建设，加大与蒙古国在矿产资源、特色农畜产品加工等方面的协作、交流，大力发展畜产品的精深加工，与蒙古国合作开发具有地方特色的出口畜产品和绿色食品。乌拉特中旗到“十三五”末农畜产品加工转化率将努力达到60%以上，建成全市绿色畜产品加工基地。乌拉特中旗增强对外投资和扩大出口结合度，培育以技术、标准、品牌、质量、服务为核心的对外经济新优势，支持企业建立境外资源开发加工基地，重点支持企业在蒙古国建设矿业、煤化工、农畜产品精深加工等合作项目，带动设备、材料、产品和服务出口。打造对蒙古国煤炭进口黄金通道，继续深化口岸和加工园区一体化发展战略，充分利用支

持口岸经济发展的叠加政策，按照“两个国家共建一个园区”的模式推动大物流、深加工产业发展，加快建设现代化、规模化新型煤化工基地，努力将园区打造成为沿边开发试验区、综合保税物流园区和跨境经济合作区，积极争取将甘其毛都口岸加工园区列为国家级战略资源引进加工基地和国家级新型工业化示范基地。推动神华集团实施后续煤化工项目，构建煤制甲醇、乙二醇、乙二醚、聚丙烯和焦油、燃料油、石脑油等产品，深化下游产品产业链，积极发展煤基多联产业链，化工副产品、液体和气体燃料及其他工业气体，利用工艺过程产生的热量发电，实现煤炭资源就地转化、循环利用。力争到“十三五”末，焦炭产能达到480万吨/年，焦油产能达到24万吨/年，甲醇产能达到48万吨/年，聚丙烯30万吨/年；抓住建设蒙西千万千瓦风电基地和电力外送通道的契机，参与研究制定向蒙古国供电方案，推进中蒙跨境大型风电、光电基地建设。乌拉特中旗战略性新兴产业将积极培育新能源、新材料、装备制造业和节能环保产业，依托丰富的风能资源大力发展新能源装备制造业，实现以风电装备制造业为主，形成以风机组装、风叶、箱变、塔筒为龙头的风机装备制造业板块。

蒙羊肉羊产业园区，作为乌拉特中旗“一主两翼”经济发展重心之一的“右翼”，已经做好继续打好工业攻坚战的规划。一是2017年建设饲用粮食收储及饲草料加工、应急储备项目，投资2.5亿元，占地250亩，包括建设年产12万吨反刍饲料加工厂一座、年产10万吨草颗粒加工厂一座、饲草应急储备库一处等子项目。二是2017年投资0.2亿元建设活畜交易中心，其中包括：电子交易平台、活羊交易区、活牛交易区、其他交易区、交易大厅、服务中心。三是2017年预投资2.5亿元建设副产品加工园，总投资2.5亿元，占地200亩，建成后年产肠类制品600吨、干制品300吨、发酵类100吨、副产品1000吨、民族制品1000吨、传统制品1000吨、调理产品1000吨；生物制品加工包括生产羊胎素、肝素钠、硫酸软骨素、羊血红素及羊肠衣加工厂项目。四是2018年投资0.5亿元建设研发与检验中心，其中包括：会议中心、产品体验区、研发中心、检验中心、羊文化馆、行政中心。五是2018年建设冷链仓储及物流园区项目，投资1.5亿元，占地300亩，建设内容包括冷冻库、冷藏库、冷链配送中心，建成后冷冻库储存能力达1.5万吨，冷藏库储藏能力达1万吨，年交易能力达到4.5万吨，目前正在开展前期工作，计划2018年启动建设。六是2016—2020年预投资2亿元建设百万只羊联体项目。

金属采冶加工业将重点发展铁、锌、铅、铜、金等金属矿产品和石墨、花岗岩等非金属矿产品，延伸矿产品开发产业链条，增加矿产品附加值，促进矿产业从资源采掘业向产品加工型转变。力争到“十三五”末，铜、锌、铅有色金属冶炼能力达到120万吨，铁精粉生产能力达到240万吨，黄金产量达到40万吨，非金属产业构建“多晶硅——单晶硅——切片”产业链，推进产业向下游延伸。大力发展阴山红花岗岩资源。加快石墨非金属资源开发利用，乌拉特中旗与丰域烯碳科技集团有限公司签订了关于石墨先进碳材料产业开发战略合作协议。丰域烯碳科技集团有限公司所属的乌拉特中旗新忽热苏木大乌淀石墨矿项目，经过近4年地质勘查，于2016年1月提交了勘探报告，共探明石墨矿物储量1775.58万吨，为超大型晶质石墨矿。丰域烯碳科技集团有限公司欲在乌拉特中旗打造新兴石墨高新技术产业园区，建立集资源开发、新能源利用、高新技术研发的产业集群，成为“资源+科技+环保+深加工”的现代矿产资源产业化开发区。同时对石墨选矿的尾矿进行综合开发利用。积极承接产业转移，积极引导工业园区通过多种形式与东南沿海地区、京津冀地区、东北地区合作共建或委托经营产业转移园区，提升乌拉特中旗园区承接转移能力，打造高水平产业承接平台。

晶质石墨

抓好企业创新发展。充分发挥企业在创新驱动方面的主导作用，支持企业与国际、国内大企业与大集团重组联合，利用高新技术改造提升现有产业，提高综合素质和竞争能力。完善中小微企业“工作、政策、融资、服务”四大体系，建设中小微企业创业基地和孵化基地，搭建创业基地，建立创业失败者再创业指导和援助机制，增强创业信心和创业能力。完善联企帮企机制，动员一切力量为企业发展搞好服务，特别是对发展前景好、增长后劲足的重点企业，要倍加呵护，强力扶持。要认真贯彻落实各级关于扶持企业发展的各项政策措施，统一思想，合力攻坚，开启旗域经济社会发展新征程。

而今迈步从头越，持续发展天地宽。今日的乌拉特中旗，发展环境更加优良，发展氛围更加浓厚，后发优势日益凸显。如今，崭新的“十三五”蓝图已经绘就，集结的号令再次吹响。这片充满希望的热土，正踏上全面转型、加速崛起、富民强旗的历史新阶段。地方工业经济突飞猛进的发展让家乡父老乡亲倍感自豪。实现宏伟目标——“中国梦”的“第一个百年”目标，全面建成小康社会，建设富裕、文明、美丽、开放、幸福、和谐乌拉特中旗，需要我们不忘初心，继续前进，开放、包容、团结、奋进。

乌拉特中旗是经济欠发达地区，当前主要矛盾仍是发展不足，坚持发展仍是解决乌拉特中旗所有问题的关键，要金山银山，就必须守住发展底线，主动作为，抓住发展这个第一要务不动摇，充分发挥好投资拉动作用，坚持不懈抓招商引资和重大项目建设，加快启动甘其毛都口岸自治区级重点开发开放试验区建设，加快中蒙经济合作示范区建设进度，努力推进“两化融合”，加快工业强旗富民进程。乌拉特中旗是生态脆弱地区，必须守住生态底线，要绿水青山，就要严格执行国家产业政策和环保政策，坚决淘汰落后产能，坚决杜绝低水平重复建设，决不以牺牲环境、浪费资源为代价换取一时的经济增长，走低碳、循环发展、绿色崛起的新型工业化道路。守住民生底线，坚持富民与强旗并重，让工业经济发展成果更多更好地惠及广大人民群众的民生改善，稳就业、增收入、优保障。感悟改革开放30多年变化，我们相信破茧成蝶、振翅高飞的乌拉特中旗工业会显示出日益旺盛的生机与活力，通过工业反哺农牧业带动整个地区经济的发展，将有一个政治稳定、文化繁荣、民族团结、社会进步的和谐乌拉特中旗在祖国北疆崛起，我们一定会把乌拉特中旗建设成为祖国北疆风景线上的璀璨明珠，一定会把乌拉特中旗打造成为自治区一流的边境旗县。

构筑北疆内外互联交通动脉

乌拉特中旗作为自治区“向北开放桥头堡和沿边经济带”的重要战略阵地，交通运输一直以来是全旗经济社会发展的先行官。近年来，伴随着新型工业化、城镇化、农牧业现代化进程的加快，构建与沿边经济和城乡一体建设相适应的交通路网体系已成为旗域发展的关键所在。

乌拉特中旗立足旗域面积广阔、乡镇布局分散、自然地形复杂的交通环境，构建出了旗外“3小时包头、2小时临河”、旗内“1个半小时到达”的公路时空圈，将深居北疆内陆的群众的生活带入现代化的快轨，将沿边经济带入深化改革的车道。

一、形势逼人 全新布局

近年来，在巴彦淖尔市“主干线高速化，国省道高等级化，县乡道黑色化，通村路网络化”的总体布控下，乌拉特中旗交通运输局审时度势，客观分析了全旗的交通现状：山区公路网密度相对平原地区较低；城镇之间联络均需绕道海流图镇；旗内干线公路等级较低，难以适应公路快运的需求；对外公路运输路径单一，导致海五线交通运输压力大。结合以上实际，乌拉特中旗交通运输局在“提升公路等级、完善交通网络”的思路下，首先谋划了“三横五纵”的交通布局；境内可通过S212省道线与G6、G7和G110国道相连接，通往呼包鄂，西接临河、乌海、银川，与G335、G331、G242国道相互贯通，直通各地。有新运行1座通用机场，是内蒙古自治区第一个新建的中途运输通用机场。有甘泉、西金两条铁路线与包神、包兰线实现了互联互通，可联通天津港、黄骅港两个出海口，可达福建泉州，具备东进西出、南下北上的区位条件。境外可通过G242国道、S212省道与蒙古国草原之路倡议战略相对接，中蒙经贸物流大通道畅通无阻。其次以国、省干线公路为依托，加大干线公路建设，建设海流图镇互通式立交桥及连接线、甘其毛都口岸至口岸加工园区的载重公路及机场公路，呼四线、固查线路面补修等工程，实现全旗对外无缝对接。最后完善镇与镇之间联系的公路，以“村村通”的形式实现对内公路全覆盖。

甘泉铁路铺轨

省道212线摊铺现场

二、城乡共进 全速构建

“三横五纵、内部油路连通”的思路掀起了全旗交通建设热潮，干部群众心往一处想，劲往一处使，再现了巴彦淖尔市的“总干”场面，轰轰烈烈地展开了交通建设大会战，集中力量建设了一批重点干线和通村公路建设工程。

截至目前，乌拉特中旗公路总里程达4505.6千米，其中国道3条，里程为516.3千米；省道5条，里程为398.8千米；县道12条，里程为704.2千米（边防公路3条，里程为242.7千米，地方公路9条，里程为461.5千米）；乡道31条，里程为817.94千米；村道141条，里程为1980.3千米；农牧林场专用通道12条，里程为88千米，公路密度为19.59千米/百平方千米，截至目前等级路为2274千米，低等级路为2231.6千米，等级公路密度为9.89千米/百平方千米，等级路为总里程的50.5%。乌拉特中旗公路建设，为全旗经济社会快速发展提供了重要的基础设施支撑和坚强的堡垒。

三、多方推动 全效落地

10多年来，为了从根本上解决群众出行难问题，乌拉特中旗党

2011年5月22日，甘泉铁路架桥铺轨立交通过省道海五公路时的施工现场

建成后的甘泉铁路

委、政府每年都把公路建设列入旗政府头等大事来抓。在多年实践的基础上，旗政府总结出“政府主导、分层负责、统筹规划、因地制宜、适度超前、协调发展”的交通建设和项目落地原则，乌拉特中旗交通运输局循着此方法进一步解放思想、大胆探索，引入一切有利于加快公路交通发展的措施。

资金筹措往往是交通建设项目落地的第一道门槛，在积极争取上级投资、银行贷款的同时，通过主动出击寻找门道，采取BOT、PPP、沿线企业捐资、施工企业垫资、政府分期拨付、群众投工投劳等多种方式筹集资金；各级党委、政府出台的推动交通运输发展优惠政策，也为公路交通发展创造了良好的外部环境；严格基本建设程序，严格执行项目法人制、招投标制、工程监理制和合同管理制，加强勘察设计、施工现场的精细化管理；坚持转理念和调方法相结合、固基础与抓关键相结合、强监督与服好务相结合，强化四级质量保证体系，落实项目法人、从业单位的质量责任，切实增强质量监督的有效性。

四、新起点 寻求新跨越

一条条平坦的沥青路，干支交错，村村相连；一辆辆飞驰的汽车穿梭于城乡村镇之间，也通到了百姓的心田；一张张灿烂的笑脸，一句句温馨的话语，感动着运输业户的心弦。一年365个日日夜夜，乌拉特中旗交通人把青春和热血泼

洒在交通文明创建的大路上，奏响了一曲曲文明之歌。

不忘初心，矢志于业。近年来，乌拉特中旗交通运输局坚持将精神文化融入交通事业的发展之中，以加强队伍建设、规范行业新风为主要任务，在群众满意、政府放心上下功夫，抓教育，强素质，树形象，打造了“文明标兵”“青年文明号”“市级文明单位”等一系列和谐交通品牌，全面推进乌拉特中旗交通运输局健康有序发展。

作为经济社会发展的先行官，以打造综合交通体系为目标，把交通建设与城乡一体化建设有机结合，努力实现建设一条公路、搞活一片流通、打开一个窗口、带动一线产业、繁荣一带经济的目的，不断加快全旗城镇化、产业化进程。

乌拉特中旗交通事业已经站在了新的起点上，也必将寻求新突破、实现新跨越。尽管当前交通改革和发展的任务仍十分艰巨繁重，尽管前进的道路上仍面临着一些新的困难，但是全体交通人相信，在旗党委、政府和上级交通部门的领导下，在广大人民群众的大力支持下，乌拉特中旗交通运输事业也必将谱写更加辉煌、壮丽的篇章。

乌拉特中旗通用机场

五、草原开通低空天路网

2016年1月31日，乌拉特中旗通用机场正式通航运营。

乌拉特中旗通用机场是《内蒙古自治区民航发展第十二个五年规划》中10个通勤通用机场项目之一，是国家拓展通用航空服务领域的试点。机场位于温更镇呼日木图嘎查，与海流图的直线距离为17.2千米，距离中蒙边境110千米，于2014年8月正式开工。机场项目按一类通用机场标准建设，总投资8990万元，飞行区等级2B，新建一条长1200米、宽30米的跑道，一条长179.25米、宽10.5米的垂直联络道，一个长96米、宽72米的站坪。机场建成后，主要用于开展短途运输、飞行员培训、无人机测试、草原病虫害防治、飞播牧草、人工增雨、应急救援、边境巡防、航拍航测、旅游观光等通用航空飞行。已开通乌拉特中旗至临河、包头、呼和浩特、乌海、鄂尔多斯的短途运输航线。

2016年7月6日，乌拉特中

乌拉特中旗通用机场正式通航暨首航仪式现场

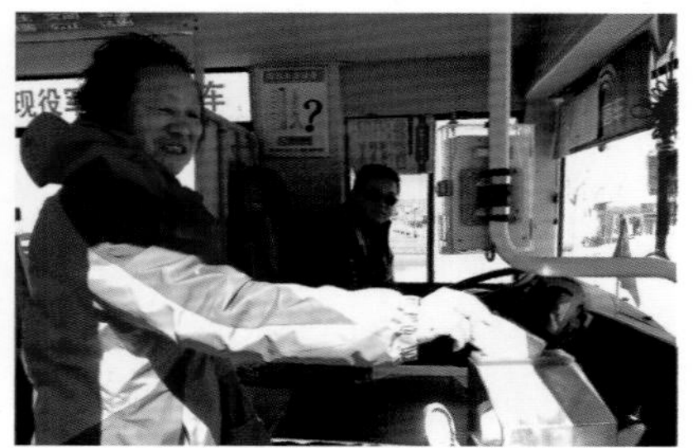
市民乘公交

旗机场在乌拉特中旗海流图广场隆重召开以“低空俯瞰大美草原、激情放飞蓝天梦想”为主题的中国西部首家通用机场低空观光飞行的启动仪式。

近年来，乌拉特中旗不断推进新型工业化，扩大对外开放，发展口岸经济，社会事业得到长足进步，特别是随着中蒙经贸往来活动的日益频繁，带动了人流、物流、资金流快速增长，公路和铁路运输已经不能满足民众出行和经济社会发展的需要，而乌拉特中旗通用机场的正式通航，构筑起该旗公路、铁路、航空三位一体的立体交通网络，大大缩短了乌拉特中旗与各地的时空距离，有利于提升区域经济竞争力，扩大地区知名度和影响力，推动地区经济发展。

六、海流图镇通行公交车

近年来，乌拉特中旗坚持规划先行、路网先行，不断加大资金投入，城市框架逐步拉开。随着城市扩容提质和人口的迅速增加，尤其是海流图新区建设以来，城市公共客运交通供需矛盾日渐突显。为切实解决城市交通中存在的出行难、停车难、候车难等问题，乌拉特中旗于2013年5月开通了海流图镇城市公交，投入12辆公交车，车辆使用绿色环保的天然液化气燃料，设有最先进的GPS实时监控系统。客运公司对乘坐公交的市民实行低票制，票价每人1元，自动售票。60周岁以上的老年人及残疾人、现役军人、城镇困难人群可免费乘车。城郊线路总里程达300千米，实现了乌拉特中旗海流图镇城区公交车全覆盖，为广大市民出行带来了极大的方便。到2014年9月，增加到24辆公交车，公交线路从原来的两条线路，增加到3条线路。

截至2016年末，全旗城市公交全年客运量109万人次，运行里程139万千米，政策性补贴410万元，3条公交线路22辆公交车运营正常。

教育在筑梦路上高歌奋进

岁月背着沧桑匆匆离去，教育踏着旋律阔步前行。乌拉特中旗教育是在曲折中前进、波浪式发展。1950年建立乌拉特中旗人民政府时，接管了奔巴台庙小学，当时教师只有十几人，学生不足200名，校舍是破烂的土房，桌凳全是泥台，师资质量低，教学设备短缺。旗人民政府成立后教育事业才开始慢慢起步，20世纪50年代，底子薄、基础差、规模小，教育负重前行；“文化大革命”中，教材缺失，教学秩序混乱，学生无心向学，教师有书难教，教育蜗步前行；80年代调整、恢复、发展、稳中有升；90年代“两基”全面落实，全旗教育有了重大改善；新世纪、新气象、新任务，2014年以来，乌拉特中旗党委、政府立足实际，提出实施“全民兴教工程”，举全旗之力，奋力在这片土地上实现义务教育均衡发展。承载着实现乌拉特中旗人民美好教育梦想，在全旗教育工作者的辛勤努力下，唱响了一曲曲推进义务教育均衡发展的颂歌，边境教育工作开始了新的篇章。

一、基础建设促均衡

风雷动，人振奋，起宏图，乌拉特中旗继“两基”验收后又一次刮起教育旋风。旗党委、政府坚持以改薄弱促均衡，全面改善义务

乌拉特中旗第一小学塑胶操场

德岭山学校特色大厅

教育学校办学条件，统筹城乡义务教育资源均衡配置，推进义务教育均衡发展。2008—2014年，旗政府累计投入3.45亿元，统筹推进校安工程、薄弱学校改造和学校标准化建设工作，全旗中小学校辅助用房、专用教室、办公用房、厕所、食堂、宿舍等校舍达到了标准化建设水平，全面优化了校园环境。

2015年，投入1.2亿元，完成德岭山学校和乌拉特中旗第一小学操场建设等12项工程；投入1120万元，为学校购置实验仪器、图书、课桌椅、计算机、音美器材、体育器材、多媒体设备等，实现全旗“校校通”“班班通”全覆盖，城乡教育资源同步升级，为全旗各学校提供平等的发展机会。

2016年，在打造校园文化、配备数控一体机等方面又投入1000多万元，进一步提高各学校办学条件。经过努力，有效缩小了城乡之间和校际之间的差距。无论是山旱区生源流失严重的石哈河学校，还是位于中国脊背、边陲小镇上的甘其毛都口岸学校，只要是红旗飘扬的地方，就努力为孩子们创造同样的求学环境，让城乡孩子展露同样开心灿烂的笑脸。

教师风采

首届校园足球联赛启动仪式

二、师资共享促均衡

教育大计，教师为本。教师是教育事业发展的基础，是教育发展的第一资源，是提高教育质量、促进教育均衡的关键。

为了均衡配置教师资源，让每一个学生享受优质教育。积极实施教师、校长交流工作，实行城区与农村牧区学校对口帮扶、校长教师定期轮岗交流制度，鼓励优秀教师到农村牧区及薄弱学校任教，城区到基层任教教师月补贴1500元，基层到城区学校交流月补贴500元，共计交流校长6名、教师47名。开展薄弱学校帮扶、“送教下乡”活动，打破城乡壁垒，优秀教师资源共享，不再“一枝独秀”。选聘10名优秀大学毕业生到基层任教，给乡镇学校及时注入新鲜血液，激发教师的教学活力与热情。

同时狠抓教师队伍建设，全面提高教师队伍的整体素质。在全市率先推行校长去行政化工作，对中小学校领导进行公开选拔、聘任和管理，三年一聘，共计选聘62人（次），提升了履职能力。组建了8个名师工作室，充分发挥名师的“传、帮、带”作用。通过脱产培训、国培计划、远程培训等多种方式，对所有专任教师进行全方位培训。

2015年，组织全旗184名班主任参加了华东师范大学远程网络培训，组织11名校长赴天津等地

幼儿搏克

学习培训，组织骨干教师到包头开展学习交流活动。聘请知名心理教育专家金子谦、敖特根格日乐等，开展心理健康教育培训，培训4次、473人（次）。

输血融入造血，为了满足教育教学需要，改变教师年龄老化、学科结构不合理现象，建立教师长效补充机制。2012年以来，累计招聘幼儿专业教师、中小学缺科教师、特长教师191人。为了让教师们安心在乌拉特中旗这片土地上奉献他们的才华和智慧，出台了《乌拉特中旗关于建立健全教师激励机制推进教育振兴实施方案（试行）》，幼儿园、小学班主任月津贴400元，初、高中班主任月津贴500元，旗级名师年津贴12000元，校级名师年津贴6000元，充分激发教师们的工作热情与动力。

三、内涵发展促均衡

以体益智，以艺冶情。在抓好教学质量的同时，更重视学生的素养教育，培养学生创新精神和实

蒙古族幼儿园楼道文化

乌拉特中旗蒙古族学校教学楼

乌拉特中旗蒙古族幼儿园全景

践能力，努力实现“人人都合格，个个有特长”。开展社会主义核心价值观宣传教育、“我的中国梦”主题教育活动、“乌拉特民间故事比赛”、“中华经典诵读”等系列活动，利用乌不浪口抗日烈士陵园、国防素质教育基地等资源，组织开展爱国主义教育活动。推进“三化三高”工程，确保学生每天1小时的体育锻炼时间。开展 “十大养成教育”活动、“好习惯示范班”和“好习惯示范校”评选活动。组建173个社团，参与学生5800余人。开展足球进校园工作，招聘10名足球教练，组织“校长杯”“旗长杯”中小学足球联赛，打造两所国家级足球特色学校。开展中小学田径运动会、大课间操展演、汉字听写大会和科普教育等，推进学校科技馆、乡村少年宫建设，参加全区中小学校园艺术节、科技节等活动，并获得了优异成绩。争取67.5万元投资，在乌拉特中旗第一小学、乌拉特中旗第一中学、乌拉特中旗第二中学、德岭山学校、乌加河学校等9所学校建设梦想课堂教室，与上海梦想基金会联系做好教师的培训工作，让乌拉特中旗的孩子们与发达地区的孩子同样享受到优质教育。

教化之本，始于学校，学校之名，在其文化。校因文化而恒久，文化育人是一个古老而又崭新的话题，在追求教育均衡与和谐发展的今天，一校一文化，一校一特色，体现了历史的传承与积累，也体现了时代的发展与创新。乌拉特中旗第一小学的“崇文养善”，乌拉特中旗第一中学的“礼、义、诚、和”，乌拉特中旗第二中学的“诚朴、博爱”，乌拉特中旗第二小学的“礼仪、仁爱、才智、诚信”，德岭山学校的“尚德、笃学、励行”等，

蒙古族幼儿园特色文化

受到师生的喜爱和家长的好评。同时，积极打造爱国主义教育基地、校史馆、少年军校和科技活动、科普教育、法制宣传等特色品牌，展示校园文化风采。乌拉特中旗第二中学的少年军校、乌拉特中旗第二小学的科技馆及少先队活动室、甘其毛都学校的军旅特色、蒙古族学校蒙元文化特色等，发挥了浓厚环境的育人功能。

课程改革如火如荼，方兴未艾。按照“范式引领、典型带动、分类推进、全面实施”的原则，全面实施有效教学改革。结合乌拉特中旗实际，探索实施了伏羲教育、三导六步法、阅读教学法、特长教学改革等教改模式，定期组织开展听课、交流、点评和蹲点指导等教研活动，提高了课堂教学水平，培养了学生的表达能力、探究能力，促进了教育质量的提高。

乌拉特中旗第一中学教学楼

四、规范办学促均衡

为适应新时期教育发展的需求，结合城镇化、新农村新牧区建设进程，合理优化中小学校布局，促进教育资源布局均衡，解决“择校热”问题，严格执行划片招生，

乌拉特中旗运动会腰鼓队走过主席台

乌拉特中旗第二中学励志楼

就近入学政策，全面推进“阳光分班”工作，不设“重点班”“实验班”，让所有孩子公平接受教育。成立了全旗规范办学行为领导小组，制作规范办学行为公示牌，通过电话访谈、定期抽查监测、发放问卷调查等形式，开展规范办学行为督查。出台规范中小学校办学行为和减轻学生过重课业负担实施意见，各学校能够开齐规定课程，开足规定课时。全面落实阳光体育一小时活动、两课两操，严查在职教师有偿补课行为，淡化成绩考核评定体系，不公布考生考试成绩和名次。

严抓学校安全管理，高度重视学校安全工作，认真落实安全管理办法，每年投入300多万元深入实施农牧区学生周六日安全免费乘车工作。采取民购公助形式购置8辆校车，主动服务基层学校。公安、卫计、交通等部门积极参与校园及周边环境治理工作，将安全目标任务细化到部门、分解到人头，确保教育教学秩序安全有序。

乌拉特中旗第二小学鸟瞰图

甘其毛都学校特色大厅

五、优先重点发展民族教育促均衡

乌拉特中旗是一个以蒙古族为主体的边境旗县，民族教育举足轻重。近年来，乌拉特中旗政府加大对民族学校的经费投入，用于教师培训、教育基础和配套设施建设及办学条件的改善，优化了民族学校的办学环境。对义务教育阶段民族学校的学生全部实行免费教育，进行全额补助，民族教育高中阶段实行奖学金制度，按照每生生活补贴的10%作为奖学金，对优秀学生进行表彰和奖励，蒙古族幼儿园实行“一免一补”政策，确保孩子们顺利求学。民族学校在重视学校常规教学的同时，对特色教育进行了整体规划，继续弘扬乌拉特民族文化，深入研究结合孩子的成长规律，办自己的特色教学和课题。

乌拉特中旗幼儿园园徽主题墙

同时，扎实推进民族团结教育。出台《乌拉特中旗创建“民族团结教育示范学校”评估实施方案》，坚持把民族团结教育与爱国教育、德育教育相结合，利用主题班会、宣传栏等多种形式，深入推进民族团结和谐校园创建工作。大力宣传党的民族政策，普及民族知识，增强中小学生的民族团结意识，以实际行动维护民族团结。蒙古族学校积极开展民族团结教育主题活动；乌拉特中旗第一小学将民族团结教育内容融入各项文体活动中；德岭山学校开设了“马头琴兴趣班”；乌拉特中旗第一中学选编校本教材《蒙古语日常用语学习读本》，组建了蒙古语学习社团。

六、关爱工程促均衡

“教育如没有情感没有爱，如同池塘没有水一样。没有水，就不能称其为池塘，没有爱就没有教育。”在乌拉特中旗党委、政府指导下，各苏木（镇）、旗直各部门沟通协作，各司其职，共同做好“控辍保学”工作，实施关爱工程。签订了义务教育均衡发展工作责任书，建立完善了留守儿童、三残儿童关爱体系，保证三类残疾儿童实

现随班就读，入学率达93.75%。旗教育局开展了“同心童愿·圆梦中旗”关爱留守儿童系列活动，为107名留守儿童送上心愿礼物。旗妇联开展了“爱心妈妈”巾帼志愿者献爱心活动。各学校建立了“留守儿童之家”，让更多的留守儿童感受到了“家”的温暖。旗政府将进城务工人员随迁子女入学问题纳入教育发展规划，给予适龄儿童、少年平等的入学机会。近年来，实现了进城务工人员随迁子女就读义务教育阶段学校比例达到100%。

爱，是一种正能量，它让冷漠的心得到温暖，让缺少爱的人得到关怀，让沉睡的爱心得到激发。实施关爱工程，兑现了我们“不让一个孩子因家庭困难而失学，不让进城务工人员子女有一人失学”的庄重承诺。

回首过去，硕果累累。经过几年的不懈努力，乌拉特中旗义务教育均衡发展取得了一定成绩，得到了人民群众的普遍认可。从2013年开始出现生源回流现象，并且继续呈上升趋势。2016年中高考再创佳绩：中考满分人数达28人，7.9分人数达20人，7.5分以上人数达101人，全旗中考满分人数较2015年增加了71.4%。高考在三年前全旗中考6.7分以上考生几乎全部去外旗县高中学校就读情况下，2016年高考本科合计上线186人，上线率达44.5%，实现了“低进高出”的目标。旗蒙古族学校本科上线率达到73.68%，文化类考生全部上线。2016年度秋季高一新生入学率创历史新高，

幼儿射箭

入学率达到81.0%，较2015年增长了9.2%。

乌拉特中旗教育取得的成绩也备受上级领导的肯定：2010年，被市政府和市教育局评为年度教育工作实绩考核优秀单位；2011年，被市政府和市教育局评为年度教育工作实绩考核优秀单位；2012年，被市教育局评为年度教育工作先进集体，获全市中小学后勤管理工作创新奖；2013年，获全市中华优秀经典朗读、书写比赛优秀组织奖，获全市第二届幼儿教师教学大比武活动集体二等奖，获全市第三届蒙授小学教师精英课堂教学大比武暨创新课展示活动集体一等奖；2014年，被评为全市安全工作先进集体；2015年，被市教育局评为年度教育工作实绩考核先进集体和全市安全工作先进集体；2016年，顺利通过国家义务教育均衡发展基本均衡县内蒙古督导检查评估，并在全区34个迎检旗县中独占鳌头。

展望未来，信心百倍。在推进义务教育均衡发展的道路上，全旗教育战线工作者将更加无畏与卓越，更加豪迈与坚强。辽阔草原，见证着乌拉特中旗教育的发展；悠悠清泉，流淌着乌拉特中旗人民的教育情怀。“长风破浪会有时，直挂云帆济沧海。”站在新的起点，全旗教育战线工作者将奋发努力办好人民满意的教育，为实现打造教育品牌，实现教育强旗，再续篇章，再铸辉煌！

校园文化艺术节文艺会演

蓬勃发展的医疗卫生事业

光阴似箭，日月如梭。乌拉特中旗医疗卫生事业经历了中华人民共和国成立以来的风云岁月，伴随着国家改革开放的步伐一同前进，而今，全旗医疗卫生事业取得长足发展，为全旗14万人民编织了一张牢固的“健康网”。

一、新农合撑起农牧民健康“保护伞”

中国是一个农业大国，解决农牧民医疗保障问题始终是中国卫生事业的头等大事。为了保护农牧民身体健康，中国共产党早在20世纪40年代开始陆续建立传统农村合作医疗制度，萌芽于陕甘宁边区，曾经盛极一时。中华人民共和国成立后直到20世纪80年代，因保障资金来源不足，传统合作医疗解体，农牧民主要靠自费看病，经济负担沉重，“因病致贫、因病返贫”情况尤为突出。“小病拖，大病扛；救护车一响，一头猪白养；脱贫三五年，一病回从前”，这曾是农牧民看病就医的真实写照。

医务人员为新农合患者报销

为了解决农牧民看病就医困境，构建长效的农村牧区医疗保障体系，乌拉特中旗借着新一轮医改东风，于2007年全面启动新型农村牧区合作医疗工作。“要是没有政府这么好的新农合政策，我拿什么来给母亲看病，是新农合让我看到了希望。”乌拉特中旗石哈河镇柏木井村景兴昌组的陈小平在乌拉特中旗人民医院为母亲办理出院手续时激动地说。

新型农村牧区合作医疗制度在乌拉特中旗实施十年来，随着国家对新农合投入力度的逐年加大，个人筹资标准的逐年增加，新农合补偿政策的逐步完善，新农合人均筹资水平和报销比例逐年提高，保障覆盖面不断扩大。参合率由2007年的90.7%提高到2016年的97.99%，财政补助标准由人均47.7元提高到420元，个人缴费由人均10元提高到135元，人均筹资标准由57.7元提高到555元，住院封顶线由2万元提高到20万元，住院费用实际报销比例由28%提高到51.9%，受益人群由40984人次扩大到135297人次，明显改变了农牧民“小病拖、大病扛”的历史，为农牧民撑起健康“保护伞”。

二、新农合大病保险政策更惠民

随着医改的深入推进，新农合重大疾病医疗保障机制进一步完善，乌拉特中旗于2009年率先在全市实施新农合大病补充医疗保险制度，旗财政每年单列100万元用于大病补充医疗保险，用于享受基本医疗保险补偿后个人承担费用在5000元以上患者的二次补偿。2009年，大病住院补偿1222人次，补偿金额54.31万元；2010年，大病住院补偿587人次，补偿金额32.48万元；2011年，大病住院补偿576人次，补偿金额32.61万元。2012年，执行市级统筹后，乌拉特中旗于2013年10月20日引入新农合大病商业保险机制，全面启动新农合大病商业保险，将乳腺癌、宫颈癌、肺癌、食道癌、直肠癌、结肠癌、胃癌、急性心肌梗死（包括心肌梗死）、脑梗死（脑梗塞）、慢性粒细胞白血病、血友病和艾滋病机会性感染12种重大疾病和无责任方意外伤害纳入新农合大病商业补充保险范围。2013年，人均筹资标准20元，发放补偿款165.22万元，补偿1899人；2014年，人均筹资标准23元，发放补偿款127.15万元，补偿1469人；2015年，人均筹资标准23元，发放补偿款249.43万元，补偿1703人；2016年，人均筹资标准32元，发放补偿款150万元，补偿283人。12类重大疾病由商业保险补充后政策范围内住院报销比达到85%，切实缓解了大病患者因病致贫、因病返贫的问题，更加惠及民生。

三、医疗卫生综合服务能力显著提升

乌拉特中旗人民政府成立之初，医疗卫生事业“一穷二白”。当地人患有疾病主要靠少数的喇嘛医和蒙医，基本上没有任何医疗卫生设施，广大农牧民贫病交加，鼠疫、梅毒、天花、麻疹、布杆病、炭疽等传染病、地方病猖獗流行，当时10户人家中仅能看到2～3名小孩。“寅时还在阳关道，卯时已到鬼门关”是当时妇女生育的真实写照。

1951年，乌拉特中旗建起第一所卫生院——旗卫生院，即现在的乌拉特中旗人民医院。当时全院人员仅10余人，其中医师2名、喇嘛医1名、助产士1名、药剂士2名，病床10张，土木结构房屋12间，占地面积还不足450平方米。“两条凳子一张床，破旧桌上开处方”就是当时医生医治诊疗的形象概括。血压计、听诊器、体

温计就是医生开展工作的“三大件”，也是当时最好的医疗设备。全旗散落在民间的医生也屈指可数、寥若辰星。

随着经济社会的发展进步，改革开放步伐的不断加快，全旗医疗卫生机构得到迅猛发展，医疗卫生服务体系进一步健全，医疗卫生资源总量继续增加。全旗医疗卫生机构从20世纪70年代末的28个（旗直3个，包括旗人民医院、防疫站、妇幼保健站；地区中心卫生院4所；公社卫生院16所；工矿学校医务室5所）发展到“十二五”期间的127个[旗直6个，旗人民医院、蒙中医医院、妇幼保健院、疾病预防控制中心、卫生监督所、计划生育服务站；苏木（镇）中心卫生院4个，一般卫生院10个；政府办社区卫生服务中心（站）3个，民营办社区卫生服务站3个；标准化村卫生室49家；海流图镇个体诊所32家，医务室2个，乡村级个体诊所18家]。病床从20世纪70年代末的242张增长到“十二五”期间的440张。医疗卫生人员从20世纪70年代末的352人增加到“十二五”期间的679人。“十二五”期间，每千人口拥有卫生技术人员、执业（助理）医师、注册护师（士）分别为4.1人、1.76人、1.37 人。婴儿死亡率、孕产妇死亡率分别下降到2.16‰、0/10万。旗乡村三级医疗卫生网络进一步健全，医疗卫生服务设施条件明显改善，服务可及性进一步增强。

近几年来，各级政府对医疗卫生的基础设施投资显著增加，乌

新建的乌拉特中旗人民医院

拉特中旗的医疗卫生事业得到了全新的发展。全旗紧紧抓住新一轮医改的重大机遇，持续加强医疗卫生基础设施、人才队伍、公共服务等方面建设，综合医疗服务能力得到全面提升。累计争取中央、自治区和地方财政卫生项目投入资金6000余万元，新建了乌拉特中旗人民医院住院楼、门诊楼、医技楼、传染病楼、附属楼，床位180张，临床科室19个。

2014年8月，旗人民医院引进核磁共振。医技科室8个、职能科室11个。有卫生专业技术人员132人。其中高级以上职称32人，临床执业医师50人，护士109人，卫生专业技术人员占全院总人数的84%。新增16排螺旋CT、日本原装四维彩超、德国原装腹腔镜等20余种先进医疗设备。可开展腹腔镜手术，脑出血微创引流术，髋、膝关节置换术等20余种大型手术。经过30多年的改革发展，现已成为一所集医疗、教学、科研、保健于一体的二级甲等综合性医院。2016年，总建筑面积6000平方米，总投资1500万元的妇幼保健计划生育服务中心综合服务楼和总建筑面积6500平方米，总投资1896万元的乌拉特中旗蒙中医医院业务用房及托养中心已开工建设，将于2017年完成建设任务。

2014年8月，乌拉特中旗人民医院引进核磁共振

采取请进来、送出去的办法加强卫生人才队伍建设。近3年来，累计面向全国为旗直公立医院招聘23名、为基层招聘41名专业技术人员。同时，通过定期邀请北京大学第一医院、天坛医院等院的专家到乌拉特中旗坐诊、教学，加大人才培训力度，聘请旗内知名专家及返聘旗内退休专家坐诊等方式，提高医疗业务水平。

近年来，乌拉特中旗通过大力开展爱国卫生运动、实施国家免疫规划和重大疾病防控防治政策，建立了覆盖全旗的计划免疫信息网络，严重威胁群众健康的重大传染病得到有效控制，消除碘缺乏病，有效控制了鼠疫、布杆病、天花、麻疹、炭疽等曾经严重威胁人民群众健康的疾病。结核病、艾滋病、乙型肝炎等防控工作取得较好成效。地氟病、地砷病这些地方病严重流行趋势得到有效遏制。不断加强妇幼健康服务体系建设，妇幼

乌拉特中旗蒙中医医院返聘的专家教授，原旗人民医院院长白达富（左）、贺希格达来

健康服务水平持续提升，孕产妇死亡率为0，新生儿破伤风发病率为0，乌拉特中旗妇幼保健院和乌拉特中旗人民医院成功创建“国家级爱婴医院”。完善突发公共卫生事件应急预案和多部门处置突发公共卫生事件联动机制，有力有效应对了各类卫生应急事件，经受住了重大考验。2016年，开展应急演练培训8次，完成了巴彦淖尔市第一届民族传统体育运动会暨吉祥草原那达慕大会、全市老年人运动会等20余次重大卫生医疗应急保障活动任务。全面开展卫生监督协管服务，集中开展整顿医疗秩序、打击非法行医等专项行动，监督覆盖率100%。

昨日惠风过，今朝满眼春。经过全旗医疗卫生工作者半个多世纪坚韧不拔的奋力拼搏，全旗城乡整体医疗卫生综合服务能力发生了翻天覆地的变化，有力保障了人民群众生命健康和国家公共卫生安全。

四、“健康保障小药箱”撑起“农牧民大健康”

乌拉特中旗草原辽阔，原始的散居方式给牧区群众的医疗卫生工作带来诸多困难。为了破解边远地区居住分散的农牧民看病就医难题，2013年卫生部门启动实施了“健康保障小药箱进牧户工程”，小药箱内除装有体温计、绷带、创可贴、乳胶手套、消毒水等急救药品及常用药品和宣传资料、随访登记、健康手册、责任医生联系卡外，还根据家庭成员健康情况配备个性化的药品。同时将小药箱与新农合、公共卫生服务、基本药物制度和牧区巡回医疗车相结合开展，实行家庭责任医生定期随访和签约上门服务制度，指导牧民合理用药和自我保健。截至2016年底，累计免费发放“小药箱”4800个，实现牧区全覆盖。“小药箱”工程作为一项因地制宜的医改惠民工程，有效缓解了牧区群众看病难问题，

乌拉特中旗妇幼保健院

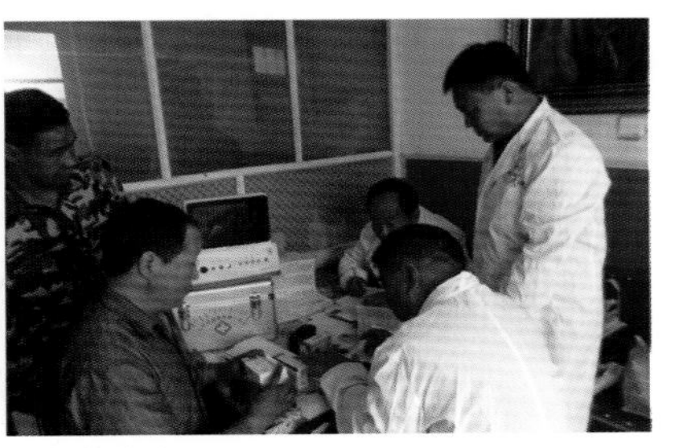

巴音乌兰卫生院下乡随访

让牧区群众享受到看得见、摸得着的实惠，深受牧民欢迎，作为先进经验被《人民日报》《健康报》及新华网等多家媒体刊登报道。

五、基层医改让农牧民就医不再难

全面落实国家基本药物制度。2011年5月1日，乌拉特中旗率先在全市开展基本药物零差率工作。制定出台了《乌中旗苏木镇卫生院综合体制改革实施方案》《乌中旗苏木镇卫生院实行药品零差率销售实施方案》《乌中旗海流图镇社区卫生服务机构改革实施方案》《乌中旗乡村一体化管理实施方案》，建立了药物分类管理制度，严格执行基本药物网上集中采购、统一配送、集中收付等制度。全旗14所苏木（镇）卫生院、6个社区卫生服务机构及49家一体化管理的村卫生室全部配备基本药物并实行零差率销售。与改革前相

新忽热卫生院为辖区牧民发放小药箱

比，基本药物价格平均下降21.2%左右。

2009年以来，乌拉特中旗积极争取中央预算内投资和地方配套资金1589.98万元，完成了10所卫生院、1所牧场卫生院、47所嘎查（村）卫生室基础设施建设；更新配套了多功能彩色超声机、300毫安X光机、全自动麻醉呼吸机等设备18台件；投资1150.5万元，为甘其毛都镇卫生院配置了DR、彩色多普勒超声诊断系统、全自动生化分析仪等基本医疗设备59类335台件；为19个基层医疗机构配置了DR、彩超、全自动生化分析仪、心电图等先进医疗设备15类262台件；配置电脑和打印机13套；为48个村卫生室配置医疗设备8类384台件、计算机48套件。实施人才“三五”培训计划，每年基层医疗机构各类人员参加各种培训300余人次，基层医务人员业务水平明显提高。开展“建设群众满意的卫生院”活动，乌加河中心卫生院和石哈河中心卫生院成功创建“群众满意的卫生院”。认真落实自治区和旗财政对实行乡村一体化管理的嘎查（村）卫生室各项补助政策，乡村医生待遇持续提高。有效调动医务人员工作积极性，将卫生院业务收支结余的50%

新建标准化村卫生室

用于医务人员的绩效奖励。基层医疗卫生机构的硬件建设、软件建设、服务能力明显提高，有效解决了农牧民看病就医难题，基本实现了“小病不出村，常见病不出苏木镇”的目标。

六、公立医院改革让百姓更受益

“我父亲因胆总管结石发作，需要住院手术治疗，在没有实行药品零差率前药费是973元，这次只花了792元，旗人民医院不仅是药品实行零差率，大型医疗设备的诊断费用也降低了，确实减轻了我们的看病负担。”乌拉特中旗乌加河镇红光胜利村的村民任光喜滋滋地说。

2014年，乌拉特中旗被确定为国家县级公立医院改革试点旗，2014年8月1日，乌拉特中旗人民医院、乌拉特中旗蒙中医医院、乌拉特中旗妇幼保健院同时启动了以破除“以药补医”机制为切入点的旗级公立医院综合改革试点，取消药品加成,实行药品零差率销售。3年来,乌拉特中旗紧紧围绕维护公立医院的公益性和群众的健康权益,不断深化旗级公立医院综合改革。2015年,代表自治区接受国家卫计委副主任、国家中医药管理局局长王国强考察调研,受到高度赞扬和充分肯定,乌拉特中旗旗级公立医院改革作为先进经验在全区推广。

2016年,乌拉特中旗又被自治区确定为公立医院改革示范旗,乌拉特中旗紧紧围绕家庭医生签约服务、分级诊疗、中蒙医药服务等方面深入推进旗级公立医院综合改革示范旗创建工作,成立旗级公立医院管委会,通过《旗级公立医院管委会章程》,制定出台旗级公立医院院长公开选拔聘用相关政策,拟定《乌拉特中旗旗级公立医院机构编制配置方案》,完成公立医院医疗服务价格调整工作,制定出台院长管理实施办法,完善配套制度,加强对公立医院的行业管理。严格控制医院次均费用、药占比、住院率、出院患者平均住院天数和满意度等指标。开展院内处方点评、临床路径管理,开展了12个专业24个病种临床路径管理。推行单病种定额付费制度,首批选择26个常见病种开展单病种付费工作,有效控制医疗费用不合理增长。实行绩效工资制度,将医院收支结余的30%～45%用于院内医务人员绩效奖励分配,辅之严格量化考核,通过工作数量、技术难易程度、工作质量、群众满意度等指标,体现出多劳多得、优绩优酬的考核奖励机制,充分调动职工的工作积极性。

公立医院改革以来,群众就医负担明显下降,与改革前同期相比,门诊次均费用降低15.5元,住院次均费用降低350元,住院天数缩短0.6天,苏木(镇)卫生院门诊和住院人次比改革前同期分别增长15.6%和65%。旗域内就诊率由88.31%提高到90.84%。2016年,乌拉特中旗人民医院成功晋升二级甲等医院。

中蒙国际友好医院落成投入使用

5.12 护士节表彰优秀护士

七、公共卫生服务筑起百姓健康坚实屏障

“以前只觉得城里的人才有健康档案，现在我们村里人也都有健康档案了”，家住石哈河镇西羊场村的郭大爷高兴地说。新一轮医改启动后，为落实预防为主的卫生工作方针、有效控制疾病流行、提高居民对公共卫生服务的可及性、逐步缩小城乡和地区间差异、改善居民健康状况、促进社会和谐，2009 年，国家启动以儿童、孕产妇、老年人、慢性疾病患者为重点人群的基本公共卫生项目，由各级政府购买公共卫生服务，基层医疗机构负责项目实施，免费为城乡居民提供建立居民健康档案、健康教育、计划免疫、传染病防治、儿童保健、孕产妇保健、老年人保健、慢性病管理、重性精神疾病管理 9 类 22 项基本公共卫生服务。2016 年，基本公共卫生服务项目增加到 12 类 45 项。基本公共卫生服务经费由 2009 年的人均 15 元提高到 2016 年的人均 45 元。实施了 15 岁以下人群补种乙肝疫苗、农村牧区孕产妇住院分娩、农村牧区妇女“两癌”筛查、生育妇女免费补服叶酸、农村牧区无害化卫生厕所建设等重大公共卫生服务项目。

截至 2016 年 12 月底，累计共为 12.56 万居民规范建档，其中电子建档 124590 份，电子档案合格率为 93%；健康管理 65 岁以上老年人 12303 人，规范化管理率为 93%；健康管理高血压患者 11465 人，规范化管理率为 93%；健康管理糖尿病患者 2318 人，规范化管理率为 97%；规范管理重性精神病患者 390 人，规范化管理率为 90 %；农村牧区生育妇女免费补服叶酸，服用率达到 97.8 %；0 ~ 6 岁儿童健康管理率为 95.53%，新生儿破伤风发病率为 0；居民健康素养基本知识知晓率为 85%；孕产妇规范管理率为 96.42%，住院分娩率为 100%；高危产妇管理率和住院分娩率均达 100%；孕产妇死亡 0 人；免费婚检率保持在 90% 以上。为 3132 名农村牧区妇女每人发放 400 元住院分娩补助款；为 44262 名妇女免费开展宫颈癌筛查，查出宫颈癌 5 例。为 31095 名妇女免费开展乳腺癌筛查，查出乳腺癌 18 例；建成无害化卫生厕所 6144

处。实施公共卫生服务项目以来，全旗居民健康意识不断增强，不良生活方式逐渐转变，自我健康管理理念逐渐树立，主要健康危险因素减少，传染病及慢性病的发生和流行得到有效预防和控制，为保障全旗14万人民健康构筑起一道坚实的屏障。

八、中蒙医药事业发展惠及人民群众

近年来，乌拉特中旗高度重视中蒙医药事业发展，旗党委、政府在蒙医中医学科建设、内涵建设、人才梯队建设、继承创新以及对外交流和学术提升上给予大力支持，全旗蒙医中医医疗资源快速增长，蒙医中医药服务能力显著增强。2015年，乌拉特中旗卫生和计划生育局增设乌拉特中旗蒙中医药管理局。乌拉特中旗认真落实国家、自治区对蒙中医药发展的扶持政策，2014年8月启动公立医院改革工作，旗财政将乌拉特中旗蒙中医医院在职职工全额工资列入财政预算，全部实行药品零差率销售（包括蒙药、中药饮片），蒙药、中药饮片零差率销售后，差价由旗财政补贴，补贴标准按中成药15%、蒙药和中草药25%执行。蒙中医医疗服务项目上调60%，调整蒙中医其他服务项目价格53项。将针灸、针刺、熏蒸、放血、拔罐、蒙医中医刮痧等蒙医中医特色诊疗项目纳入新农合和医保住院报销范围。将蒙医药纳入新农合基本医疗保险药品目录。在乌拉特中旗蒙中医医院住院，蒙医、中医药报销比例在原有基础上分别提高15%和10%，住院患者起付线下调20%。积极支持乌拉特中旗蒙中医医院基础设施建设、等级医院建设和蒙中医特色优势重点专科建设。2012年以来，全旗共投入2000余万元用于中蒙医事业发展。建成了以乌拉特中旗蒙中医医院为龙头，苏木（镇）卫生院为枢纽，村卫生室为网底，涵盖乌拉特中旗人民医院的三级中蒙医药服务网络。乌拉特中旗蒙中医医院于2015年晋升为“二级甲等蒙医中医综合医院”，建成1所蒙药制剂室。2016年，乌加河、乌梁素太、石哈河、川井4所卫生院建成中医馆、蒙医馆并投入使用。全旗85%以上的苏木（镇）卫生院、社区服务中心（站）

疾控中心工作人员到幼儿园开展预防接种宣传

利用祭敖包开展公共卫生宣传

开设了中医科、蒙医科和中药房，配备神灯、中频理疗仪等中医诊疗设备，运用多种中蒙医方法和手段开展常见病、多发病的中医药服务；全旗100%的村卫生室、社区卫生服务站能够运用中药饮片或中医非医药疗法开展常见病、多发病基本医疗和预防保健服务。

2016年，乌拉特中旗蒙中医医院中医脑病科成功创建自治区级中医重点专科。持续开展著名老蒙中医药专家经验继承工作，加强中蒙医人才队伍建设，实施人才培训“三五”计划。2016年有31名中蒙医人员参加各级培训，招录应届生蒙医本科订单定向免费医学生1人。乌拉特中旗蒙中医医院与内蒙古自治区国际蒙医院建立对口帮扶，内蒙古自治区国际蒙医院定期选派蒙医、中医专家到乌拉特中旗坐诊，发挥传、帮、带作用，有效提升乌拉特中旗蒙中医服务水平，受到群众好评。积极开展中蒙医适宜技术推广工作，推广火针治疗带状疱疹、斜圆刃针刀等8种中蒙医适宜技术。深入普及中医“治未病”理念，积极探索“治未病”预防保健服务，从2016年3月份开始，乌拉特中旗卫生计划生育局在全旗卫计系统医护人员中推行健身气功“八段锦”。

2016年，乌拉特中旗卫生计划生育局组织召开两次全旗学术论坛会，历时7个月，编辑出版了集中医常见病治疗和养生保健为一体的通俗易懂的《常见病单方验方选编》一书，作为中医药进万家科普宣传资料，免费印刷1万册，发放到全旗广大人民群众手中，深受广大群众喜爱和社会的好评。为12536人65岁以上老年人、3109名0～3岁儿童提供中医健康管理指导服务。随着乌拉特中旗中蒙医药事业快速发展，蒙医中医药“简便验廉”的独特优势得到充分发挥，最大限度地减轻全旗群众看病负担。

乌拉特中旗蒙中医医院

古今乌拉特诗词选录

HUASHUONEIMENGGUwulatezhongqi

古今乌拉特诗词选录

GUJINWULATESHICIXUANLU

乌拉特地区最早见于唐代边塞诗，至元明清均是以边疆地区军旅见闻和奇异的塞外风光为题材的诗。中华人民共和国成立后，最负盛名的诗赋是原旗长杨介中的《乌拉特赋》。

唐朝诗词

塞上曲

唐·李白

大汉无中策，匈奴犯渭桥。
五原秋草绿，胡马一何骄。
命将征西极，横行阴山侧。
燕支落汉家，妇女无华色。
转战渡黄河，休兵乐事多。
萧条清万里，瀚海寂无波。

王昭君

唐·张仲素

仙娥今下嫁，骄子自同和，
剑戟归田尽，牛羊绕塞多。

夜上受降城闻笛

唐·李益

回乐峰前沙似雪，
受降城下月如霜。
不知何处吹芦管，
一夜征人尽望乡。

过五原胡儿饮马泉

唐·李益

绿杨著水草如烟，
旧是胡儿饮马泉。
几处吹笳明月夜，
何人倚剑白云天。
从来冻合关山路，
今日分流汉使前。
莫遣行人照容鬓，
恐惊憔悴入新年。

度破讷沙

唐·李益

一

眼见风来沙旋移，
经年不省草生时。
莫言塞北无春到，
总有春来何处知？

二

破讷沙头雁正飞，
鸊鹈泉上战初归。

平明日出东南地，
满碛寒光生铁衣。

塞下曲

唐·李益

蕃州部落能结束，
朝暮驰猎黄河曲。
燕歌未断塞鸿飞，
牧马群嘶边草绿。

塞上曲

唐·周朴

一阵风来一阵砂，
有人行处没人家。
黄河九曲冰先合，
紫塞三春不见花。

元朝诗词

扈从羽猎

元·耶律楚材

湛然扈从狼山东，
御闲天马如游龙。
惊狐突出过飞鸟，
霜蹄霹雳飞尘中。
马上将军弓挽月，
修尾蒙茸卧残雪。
玉翎犹带血模糊，
马录马耳嘶鸣汗微血。
长围四合匝数重，
东西驰射奔追风。
鸣鞘一震翠华去，
满川枕籍皆豺熊。
自笑中书老居士，
拥鼻微吟弓矢废。
向人忍耻乞其余，
瘦兔瘸獐紫驼背。
吾儒六艺闻吾书，
男儿可废射御乎！
明年准备秋山底，
试一如皋学射雉。

狼山宥猎

元·耶律楚材

扈从车驾，出猎狼山。围既合，奉诏悉宥之，因作是诗。

君不见
武皇校猎长杨里，
子云作赋夸奢靡；
又不见
开元讲武骊山傍，
庐陵修史讥禽荒。
二君所为不足法，
徒令千载人雌黄。
吾皇巡狩行周礼，
长围一合三千里。
白羽飞空金镝鸣，
狡兔雄狐应弦死。
翠华驻跸传丝纶，
四开汤网无掩群。
天子恩波沐禽兽，
狼山草木咸忻忻。

明清诗词

云中曲

明·卢楠

高阙塞头战云横，

居延川里少人行，

黄沙欲渡李陵墓，

明月长悬苏武城。

出 塞

清·圣祖玄烨

森森万骑历驼城，

沙塞风清碛路平。

冰畔长河堪饮马，

月来大野照移营。

邮签纪地旬余驿，

羽辔行边六日程。

天下一家无内外，

烽销堠罢不论兵。

黄 河

清·曾志忞

黄河黄河出自昆仑山，

远从蒙古地，流入长城关。

古来圣贤，生此河干。

独立堤上，心思旷然。

长城外，河套边，

黄沙白草无人烟。

思得十万兵，长驱西北边。

饮酒乌梁海，策马乌拉山。

誓不战胜终不还。

君作铙吹，观我凯旋。

河 套

清·屈大均

三面黄河阻，千群铁骑飞。

受降城已没，白马将无归。

风乱哀笳曲，霜生利剑威。

赫连台上望，杀气接金微。

五 原

清·顾光旭

霜落五原树，边城朔吹哀。

乱泉随地出，孤鸟向人来。

汉节萧关道，唐宗灵武台。

山川自莽苍，立马一徘徊。

当代词赋

中后旗好地方

赵九卿

中后旗，好地方，

编段快板讲一讲。

工农牧业大发展，

千里草原好风光。

人畜两旺生活美，

各种建设不平常。

修水库，搞绿化，

饲料基地繁殖场。

公社建起发电站，

电线杆子排成行。

家家安个小喇叭，

白天晚上歌声扬。

供销社里百货全，

卫生医院保健康。

草原新镇海流图，
建起制革纺织厂。
幼儿园，中小学，
适龄儿童把学上。
日新月异在发展，
远景规划更理想。
牧区建设说到此，
再把牧民生活讲一讲，
蒙古包，新帐房，
绸缎被褥好几床。
茶几橱柜奶食架，
红边绿框真漂亮。
毛主席像墙上挂，
半导体收音机桌上放。
穿的是袍子蓝腰带黄，
金色的绸料把边镶。
前进帽子头上戴，
牛皮靴子闪亮光。
吃的是黄油酪蛋和奶茶，
炒米馓子撒白糖。
马奶酒，手扒羊，
大米白面是家常。
牧民个个心欢喜，
齐声歌唱共产党。
歌唱党的领导好，
民族政策放光芒，
各族人民团结紧，
建设祖国好边疆。

无 题

李全喜

乌不口外乌拉川，
万顷碧涛望不断。
都说今年雨水好，
山青草秀百花鲜。
日暮海镇借一宿，
明月清风最好眠。
忽闻琴弦绞梦醒，
疑是山羊闹巉岩。

有感于先贤巴云英将军

毕可夫

抗日女王巴云英，
虎啸龙吟盖世雄。
夫丧子幼迷北斗，
国难家愁路难行。
朔漠福晋拍案起，
奋举义旗立边城。
大节岂容国蒙耻，
郊原血战集神兵。
救民水火裂肝胆，
御侮捍患铸威灵。
巾帼豪杰成宿将，
百战不殆建奇功。
最是塞上钟秀地，
长存浩然正气风。
金瓯已著生前绩，
青史永垂身后名。

巴彦淖尔赋

——献给撤盟设市大典

杨介中

巴彦淖尔，漠北胜地。簇拥山川之秀，独辟风水之祥。总揽神奇，雄踞北疆。恐龙故居，秦垣旧墙。身居穹庐之下，形在逸懿之上。古原天赋，瑞草繁盛；国防峻伟，横扼边关，坚如磐石，固若金汤；甘其毛都，口岸通商；牛羊成群，风冠其首；二狼山绒，举世闻名；希热古泉，益寿延年。阴山岩画，民族图腾，历经沧桑，鬼斧神工。悬壁筑坝，蓄水拦洪。老愉挺骨，怪石成林。油煤争妍，沙石通灵。惊夺塞外奇观，巧布国脊彩虹。河套隽秀，渠系纵横；田园阔坦，百禾精生；小麦葵花为伍，鲜菜卉葩毗邻。黄河引颈、四百余里，随愿进退，长啸东海。阴山柱立，二千多米。绵延东西，直扑云天。三盛公桥，飞架南北，启闭之间，枢涛逐浪。乌梁素海，塞外明珠，苇蒲蔽日，鸟鱼争翔。乌兰布和，沙族故乡，纵林表草，定风固壤。冬凝千里冰封，春发万枝绿茵。瓜果桃梨，香飘天外；金银铜铁，连接五洲。河王美酒，醇香可口。金川名啤，保肝护胃；雪花面粉，质优品纯；黑色瓜籽，锻齿润肠。厚土千寻瑰丽，芳园万物销魂。资源浩荡，民风淳朴；厚德重情，健康文明。蒙汉兄弟，唇齿相依。文华奇射，学仕如林。龙吟虎啸，风翥鸾飞；花鸟如锦，人杰地灵；黄河之大，唯富一套。莽原既阔，雄镇一边；天苍苍，野茫茫，何其壮哉！沃土六万四千余平方千米。人民一百七十四万之众。战国设郡，府号九原。青史浩繁，辈出英贤；彪熊剪尾，豹舞猿啼。文治武功，烽火狼烟。无数豪强更迭，多少遗骨飘零。铁血悲歌，千古遗恨。惊世绝版，五原抗战。救亡图存，荷戈效命，军民同力，逐寇卫国。敌酋毙命，江山增颜。风骨留传万代，碧血光耀汉青。共产党人，竖旗河套；艰苦卓绝，争死向前；中华之魂，千年凝锦。融通马列，壮夺昆仑。事业与青山同在，精神与日月同辉。建国兴邦，丙申立盟，辖制七县，国步龙腾；辅弼黎庶，沥血呕心。工商农牧兴旺，电路林田发达。改革开放，疏凿有序；吐纳英华，鉴照日月；摧颓踸折，慷慨激烈。率先翻番，强国富民。奋惊九域，浪涌三春。谋求发展，优化环境；开发资源，启用贤能。史接千载，视通万里；根连地秀，顶接天齐。吐纳珠玉之声，卷舒风云之色。撤盟设市，跻月乘云。上顺天意，下应民心。御长风而破巨浪，跨雄级而迎曙光。满腔诗情画意，一路披荆斩棘。泱泱八百里水乡，浩浩四万里草场。约雨邀云，长歌当颂，来日试剑，欣然夺冠。伟哉！巴彦淖尔；壮哉！巴彦淖尔；巍巍哉！河套平原，乌拉特草原。气象非凡，名震寰宇！

乌拉特赋（中旗篇）

杨介中

瀚瀚莽原，浩浩罡风。云流碧宇，山蜒疆柄。控漠一关，威镇国门。中华北斗，气象殊雄。牧草茫茫，尔来一万八千岁。牛羊布野，膏壤植谷，承载辟地开天，几多繁荣。长天苍苍，侬去无尽亿兆年。阙载浩荡，嵯峨浮沉，变幻沧海桑田，震世风云。纵书千年，横陈百幕，风流列世，人民炽盛。能助歇月储存余晖，可为落日收揽散红。曾有女娲补天，遗石烁地，引来彩凤飞鸣。壮丽河山，如此多娇，乌拉特是也！相传古猿取火，烧燃狼山，激起玉龙腾空。雄浑沃野，纷繁多姿，大草原然也！凿壁画山，揉木结绳，耕耘五谷，网捕鱼禽。服牛驯马，携风雨而沐惊雷，斩棘披荆。创文立字，惊天地而泣鬼神，智慧传承。共镶华夏九五尊之天涯芳草，同创神州五千年之灿烂文明。交趾远居，神奇广阔，裳俗汇集，忠义昆戎。蓝天映衬绿草，小溪眺望白云。人民渠烟波，弥漫丝路驼铃。希热庙夕照，印刻胡汉争锋。受降城留记，浩帙长史。关塞危坐，赵秦长城。勒勒车摇曳百代风雅。伏脉顿失，啸天恐龙。巍峨阴山，屏分南北。黄河故道，横贯西东。北毗蒙古疆域一百八十四四千米。边邻七县面积二万二千平方千米。拥黄河水系四十五条渠道。承内陆河流一十二脉壕沟。神克补洞水势漫漫，牧羊海子湖波淙淙。三十八万耕地，盛产麦黍油糖。三千余万草场，萋旺针茅柠条。九座水库，广纳博采，涝蓄旱溉，秋水长吟。八方宝藏，群曜熣灿，依金偎玉，招鸾引凤。山野簇聚，蒙古野驴，乌拉特狼豹，雕、鹰、猞、猁。丘坡盛长，叉枝圆柏，大草原梭梭，松、榆、柳、柠。西甘铁路，北通蒙古，吞吐煤铜。南下黄河，吮吸甘醇。固察干道，东进包头，连接京津。西出酒泉，拱卫神星。北依边防公路蜿蜒横亘。南界总排干沟驰骋偬倥。二狼山、乌梁素太山、高山挂日，英武天纵。索伦山、查石斯太山，重岩叠翠，金紫含春。一十四万各族人民，尽书壮烈之威武英豪，激荡今古，淬砺耕耘。三百余万马驼牛羊飞载历史之荣辱兴衰，承平盛世，旺牧兴工。山形虎踞，丽水清容。地势龙旋，迤川跨陵。漫漫岁月，灌溉古今。先人英武，搏击奋挣。倚山筑居，傍水寻生。虽渺三皇五帝，犹证尧天舜日。夏为荤粥，商属土方，曾隶鬼方，周为猃狁。春秋战国，匈奴游牧。秦入九原，汉并朔方。北魏沃野，隋成丰州。唐隶关内道，辽为西夏地。元归德宁路，明辖布政司。前清顺治（1648 年）朝廷册封。巴克巴海，叙从征功。袭掌中旗，归统乌盟（现乌兰察布市）。民国初建，周沿清制。绥远为省，疆域一统。己丑仲秋，敕勒霞蒸。剑气豪歌，红日东升。国运大昌，祥瑞纷呈。人民政府，应运诞生。驻地巴台庙，移迁海流图。百鸟朝贺，百卉吐芬。民族自治，社稷温馨。鲲鹏展翅，志在九霄，竟教荒野边关，人杰叠贤聚英。麒麟飞蹄，意图远山。能步青云丹愫，大业踏歌攀峰。

山野之上，长城逶迤，牧童拾得，蒙恬雕弓。风尘漠漠，金戈铁马，呼啸走来，射雕英雄。受降遗址，毡包马辔，胡风汉色，曾住昭君。沃野聚义，风起云涌，英豪壮烈，席卷六镇。康熙西征，遗鞭河套。龙驹腾飞，蹬烙蹄痕。东镶神克卜尔洞，西嵌黑水卜尔洞。九座古城，诉说“将军白发征夫泪”之凄情。四处古葬，收留“燕然未勒归无计”之阴魂。三千二百幅岩刻，镌留狗羊牛鹿之图腾。后契陶勒盖遗址，撒落石器时代之陶铜。千载辉煌，皆赖英雄之肝胆。万世功业，全凭豪杰之奋争。抗日女王，巴氏云英。出生入死，巾帼将军。险难时刻，大义挺身。毕生奋斗，永志光明。扎兰章京[1]，吴氏庆山（唐德吉尔格拉）。幼时孤苦，少壮勤奋。卧底日伪，屡建大功。布衣素食，两袖清风。班弟喇嘛，根顿旦巴[2]，秘播星火，众志革命。受挫被捕，凌迟不屈。血染家山，虽死犹荣。中公台吉[3]，林沁僧格。曾效敌伪，敦义反正。力挽纲维，捐身花明。诚悦国是，领受长缨。中公协理，明安满达，临危晓义，追随革命。首莅旗长，爱国恤民。“文革”受害，执着坚真。人民代表，巴图（毕力格）信诚。追求真理，向往光明。息兵抚地，联络中共。鼎维新局，担当重任。津人自拔[4]，少年英武，忧患天下，壮怀革命。奉党指示，汗血健行。慷慨赴死，正气烁金。革命学者，陈良壁君，卷览春秋，恣宣马列。少时入党，敢对死生。历经烽火，屡著大功。学论高谈，力作精深。郁郁青山，久负盛名。辛巳初春，日寇来犯。抗日将士，浴血乌镇。三天三夜，奋勇激战。乌不浪口，夺命追魂。八十英烈，为国捐身。血郧九土，浩气长存。江山秀丽，休忘记多少开疆统宇之英灵。河川风流，永相怀无数立国兴邦之忠魂。历史长河，滚滚何雄！千年梦想，百年奋争。巨手拯救寒枯，九域草木迎春。霞光紫气，黎元欢欣。工农做主，民族振兴。共镶锦绣之园，同秉国家大政。五十五年，辉灿寰瀛。中国道路，焰比初晨。改革开放，奋挥长缨，指点江山，麒讴鹤鸣。壮志弥洒二万里大地，宏图激励十四万人民。壮美草原，人杰地灵。二狼山绒，纤维“宝石”，九道弯弯，柔软可人。大尾羔羊，倾城一香。肉鲜质嫩，远销京津。双峰骆驼，边塞稀珍。蒙古骏马，宜挽宜乘。石哈河谷，有机尚品。莜、荞、麻、薯，北国驰名。杨二嫂红腌菜，色味纯正。边一香手扒肉，沁脾抒心。奶茶飘香，炒米酥馨。马头琴声，摄魄勾魂。蒙古长调，天籁回声。希日矿泉，人间神饮。焕颜润发，健胃提神。牛引泰沟，盛产白银。太平黄金，年举万两。戈壁奇石，幻虎腾龙。白音查干，石油滚滚。京能风电，霞光紫气。国华风能，波滟弥虹。温更褐煤，出画入神。

1．扎兰章京：旧时王爷府下设苏木（乡）的负责人。

2．根顿旦巴：乌拉特中旗巴音山岱庙班弟喇嘛。由于发起“独贵龙”运动，组织牧民进行反压迫、反剥削的革命活动，被衙门处死。

3．中公台吉：即乌拉特中公旗王府官员。台吉，官职名称。（编者注：蒙古贵族爵位）

4．津人自拔：即吕自拔，天津人。1937年因赴内蒙古考察，随后留下参加中共领导的“中华民族解放先锋队”，在进行革命活动时，不幸被捕，坚守秘密，坚贞不屈。牺牲时只有23岁。

“三区一线”[5]，商贸繁荣。华发物流，四海联通。金海市场，商贾如云。那达慕会，万马奔腾。欢歌笑语，奏捷小康路。诗文典藏，重塑新碑程。珍珠节，祭敖包，鸿雁传书。秦长城，汉边墙，恐龙留步。千年古榆，国门界碑。甘其毛都，联结欧亚。吞吐货物，输纳游人。三山挥瀚，五陵抒文。书聚李杜，笔揽苏辛。远古尝有文曲星魁坠地，谓之罗布生丹毕佳拉森[6]。少为转世灵童，继而登坛坐床。通览医史法哲，善工佛颂艺文。著述“二十余部”，译文三十多卷。《阴山本草》，妙方传世。《黄金史要》，尽揽风云。跳鬼颂词，由文及乐。诗词民歌，博学多门。金巴道尔吉[7]，编撰《水晶鉴》，集汇帝王族谱，研论须弥成因。民族史诗，宗教奇文。查格达尔苏荣，获誉《两个单木凳》。剧歌理想，文承使命。布仁特古斯君，润笔《双峰山纪事》，“萨日纳奖”，双手回捧。巴旺吉拉，倾心《古蒙文典》。赵生久卿，戏唱《戈壁清泉》。布仁夫导《相女婿》《傍晚敲门》。王永清跳《马铃舞》《草原欢腾》。冯树安勤抚育《玫瑰花瓣》。兰建忠苦编修《中旗志》铭。白春霖，放鸿雁，长篇问世。陈跃国恋诗词步月登云。特古斯驾长车《黑骏马》鸣。吴德泉又射出《铁血神弓》。挥泪《离任》，赤胆双雄。人民旌表，河山嘉忠，诗啼碧血，情溢五衷。乌兰牧骑，《北疆红哨》，八次调演，八获殊荣。《乌拉特婚礼》，演绎民族风情。《欢腾的草原》，讴歌盛世新风。遥感乌拉特，尽若如诗。近觑大草原，满地皆歌。造繁荣于“中国脊背”之上，修强盛于异域风情之外。大千世界，任我驰骋。直令游人商贾，心驰神往。多少神奇奥秘，多少变幻莫测。曾为大荒野山，浮现祖先神话。雄哉！乌拉特，历经数千年，铸造民族之精神。壮哉！乌拉特，搏击惊涛骇浪，放飞时代之梦想。文华四射，旌表毓秀钟灵。英雄辈出，装点关山风流。河套之兴，厥维乌拉特。河套之盛，厥维大草原。中旗之谓，中坚之旗，中旗之称，中兴之旗。锤镰旌帜，辉耀红星。大道无壅塞，壮行天地间。风生水起，穿越时空。民心鼎沸，时韵流春。西北一柱，黄水一龙。呼霞吐霓，啸剑长空。施改革开放之大计，现科学发展之繁荣。点燃精神火炬，实现中国梦。托起历史担当，鼎峙民族魂。领任于复兴，受命于民生。道平山原阔，风正一马先。大梦谁先觉，平生我自撷。君不见，嫦娥纵兔巡广寒，霄宇痡绽中国红。日月同表，山水共鉴！千军万马，正登高峰！

5．三区一线：是指金泉园区、甘其毛都口岸区、海流图城区以及乌不浪至海关一线。

6．罗布生丹毕佳拉森：即梅力更召三世活佛梅力更巴特尔。出生于乌拉特中旗普通牧民家庭。他经过多年刻苦学习，在蒙古族文学、语言学、历史学、医学、易学、工艺美术学、历法、哲学、翻译学、音乐、舞蹈等方面做出不可磨灭的贡献。

7．金巴道尔吉：乌拉特中旗人。著名的蒙古族史学家，编著历史名著《水晶鉴》，内容涉及五洲四海的起源、存在，汉藏地区的地理概貌，帝王族谱，王公宗教谱系，佛教神话，宗教历史等。

守望相助 靓丽北疆

HUASHUONEIMENGGUwulatezhongqi

守望相助 靓丽北疆

SHOUWANGXIANGZHULIANGLIBEIJIANG

深情鸿雁故乡，神秘边塞草场，魅力边贸重镇——乌拉特中旗，中国蒙古族民歌之乡，《鸿雁》起飞的地方，位于古今南北开放的资源大通道上，展望未来，草原前景灿烂辉煌。

自治区成立70周年以来，特别是改革开放以来，在乌拉特中旗党委、政府的正确领导下，全旗经济快速发展，社会全面进步，人民安居乐业。在祖国北疆边陲小镇——乌拉特中旗，正展现一道亮丽的经济发展风景线。

资源优势

乌拉特中旗地处内蒙古自治区西北部，是内蒙古自治区33个牧业旗、19个边境旗市之一。地处东经107°16′～109°42′，北纬41°07′～41°28′，北与蒙古国南戈壁省交界，有国界线184.4千米，东与包头市达尔罕茂明安联合旗、固阳县为邻，南与乌拉特前旗、五原县、临河区、杭锦后旗相依，西连乌拉特后旗。旗境东西长203千米，南北宽148千米，呈不规则四边形，阴山山脉呈东西走向由旗境中部穿过，山前是黄河灌溉农业区，山北是广阔的牧区，东为

乌拉特中旗党政综合办公大楼

半农半牧山旱区，全旗总面积2.3万平方千米，旗政府所在地海流图镇是全旗经济、政治、文化、交通中心，2014年被住建部列为全国重点镇，距巴彦淖尔市政府所在地临河区161千米，距包头市219千米，距内蒙古自治区首府呼和浩特市391千米，距其毛都口岸130千米。全旗辖10个苏木（镇）、1个种畜场、1个牧场，93个嘎查村（分场），总人口14.68万人，其中蒙古族2.79万人，占全旗总人口的19%，是一个以蒙古族为主体，汉族居多数，多民族聚居的少数民族边境旗。按照地理位置和自然条件划分为灌区、牧区、半农半牧山旱区和城镇区。

矿产和能源资源富集

境内探明矿产68种，其中探明煤储量91亿吨，主要分布在白彦花煤田、白音查干煤田、巴音霍都格煤田；铁矿总储量1.78亿吨，主要分布在东南部和西北部；石油储量1.5亿吨，主要分布在巴音杭盖地区；黄金储量200吨以上。品种繁多的非金属矿藏具有广阔的开发前景，菱镁矿储量600万吨、花岗岩储量7.3亿立方米、铬英玉储量8.8万立方米。潜在开采价值达4000亿元以上。特别是黄金和石墨资源，黄金产量连续五年进入全国黄金十强县行列，石墨资源储量达4200多万吨，占全国晶质石墨保有资源储量的13.6%，这是继稀土之后又一稀缺战略性资源。久

2008年，巴音杭盖牧场上正在运行的风力发电机群

京能乌兰伊力更风光同场光伏项目（10MWP）

负盛名的希热矿泉日涌水量达200吨以上，属含锶偏酸、重碳酸钙型，为国内优质矿泉水。风能资源占全国有效风能资源总量的1/12，占内蒙古有效风能资源的四分之一强，是自治区风能最佳区，被列为自治区3个百万千瓦风力发电基地之一，可开发面积1.5万平方千米，理论可开发3000万千瓦以上风电项目，现已有20多家国内外知名企业入驻进行风能资源开发或开展前期工作。

农牧业资源丰富

阴山北麓是乌拉特草原腹地，有广袤的天然牧场3223万亩，可利用草场2963万亩，牧草种类

灌区建成的现代农牧业肉羊养殖园区

川井苏木阿木斯尔的马群

400余种。优质二狼山白山羊绒是全国的名优产品，曾获意大利“柴格纳”银奖。被誉为“天下第一羊”的草原羊肉，得益于当地特有的优质牧草，以其肉质鲜美、味道纯香而闻名全国。山前灌区属河套平原北沿，有耕地110多万亩，具有井灌、黄河自流灌和水库灌溉的得天独厚的便利条件，是全市重要的粮食生产基地之一。东部山旱区是雨养半农半牧区，盛产的旱地小麦、莜荞麦是极佳的有机食品，也是高塔梁有机食品的主产区。全旗牲畜饲养总量达324万头（只），年产山羊绒30多万千克，绵羊毛160多万千克，鲜肉近1700万千克，是我国鄂尔多斯、蒙羊等名牌绒毛、皮革、肉食品加工企业的重要原料基地。2016年粮食总产量达到7.82亿斤，主要作物有小麦、玉米、葵花、籽瓜等，是国家重要的商品粮和绿色食品生产基地之一。

区位优势明显

乌拉特中旗北与蒙古国交界，有自治区最大的公路口岸和仅次于

蒙古国铜精粉入境后的仓储区

满洲里的综合口岸——甘其毛都口岸。口岸位于中蒙703号界碑附近，1989年12月20日甘其毛都口岸被自治区人民政府批准为对蒙边境贸易临时过货点，1992年正式辟为国家一类季节性双边口岸，并于1992年7月正式进行首次季节性开关。2004年在非开放期间临时开放，实施煤炭进口。2007年9月12日，国务院批复甘其毛都口岸为中蒙双边常年开放的边境公路口岸。2009年6月3日通过国家常年开放验收，并于同年9月实现正式常年开放。口岸经过20多年的发展，取得了令人瞩目的成就。特别是2011年以来，进出口贸易量和原煤进口量均突破1000万吨。2013年，蒙古国铜精粉正式入境，多元贸易体系基本成型。同时，为了承接蒙古国进口资源的落地加工，经自治区批准，2003年开始建设甘其毛都口岸加工园区。该园区距甘其毛都口岸160千米，2010年被自治区列为“沿黄沿线经济带重点工业园区”，2011年成为“双百亿”工程重点工业园区，同年升级为自治区级工业园区，2012年被自治区列为第六批工业循环经济试点示范园区，同年底被自治区商务厅认定为自治区第一批进口煤炭落地加工基地。园区规划总面积50平方千米，近期建设20平方千米，具有丰富的境内外资源、充沛的农业中水、便捷的交通枢纽、完备的电力网架优势，具备了承载大型重化工业的基础条件。目前，园区已入驻企业55家，建成并投产34家，已成为拉动乌拉特中旗经济增长的重要引擎和巴彦淖尔市向北开放的重要支点。

基础设施逐步完善

乌拉特中旗公路总里程达5011.2千米，其中国道498.2千米，省道398.6千米，县道771.1千米，乡道724.4千米，村道2535.9千米，农林牧场专道83千米，全旗公路密度达到21.8千米/百平方千米，形成了“三纵五横”公路网络主框架。甘泉、西金两条铁路线与包神、包兰线实现了互联互通，通用机场建成运行，开通了5条短途运输航线和低空飞行体验旅游光观业务，乌拉特中旗的立体交通网更加健全，成为全市首个拥有立体化物流交通网络的旗县。电力网架结构逐步完善，境内现有500千伏变电站1座、220千伏变电站2座、220千伏开闭站2座、110千伏变电站8座、35千伏变电站15座，110千伏线路209千米、35千伏线路580千米。现有中小型水库19座，地表水3亿立方米，地下水2.9亿立方米，每年河套总排干流经水量2～3亿立方米以上。

历史文化底蕴深厚

乌拉特中旗历史上曾经有匈奴、鲜卑、回纥、契丹、蒙古诸多北方游牧民族在此生息繁衍。这里也曾是中原民族与北方民族争夺驻军的边关要塞，同时也是农耕文化与草原文化、农业文明与游牧文明碰撞交汇和融合发展的地区。境内有遗存万年的阴山岩画，分布面积广，数量众多，有延绵560多千米的秦汉长城和千年神秘古城以及大量古墓葬、高阙塞、石筑城等；有别具一格的民族建筑，五彩缤纷的民族服饰，风韵独特的祝词、赞歌，曲调悠扬的民族歌谣，刚柔并济的民族舞蹈；有国家AAA级景区温根塔拉草原旅游区、国家级水利风景区德岭山水库与狼山水库，辽阔的草原、罕见的梭梭林和叉枝圆柏、秀美的森林地质公园、一望无际的油菜花海等旅游景点。境内遗存的长城，其长度和跨越的历史年代，居全区之首；阴山岩画也因其数量大、艺术价值高在全区乃至全国颇负盛名。同时，独特的民族结构、生产生活方式和地理位置及自然生态，造就了极具民族与地域特色的习俗与风情，形成了特殊的文化优势。在民俗文化方面，重点有蒙古族的牧业习俗、狩猎习俗、家居、服饰、餐饮文化、交通及商贸习俗，以及人生礼俗、岁时节庆、人际交往、民间曲艺、民间歌舞、游戏竞技、祭祀礼仪等。特别是蒙古族医药、马文化、手工艺品及生活用具等非常具有民族特色。举办那达慕、祭敖包、唱长调民歌、拉马头琴、跳蒙古族民间舞蹈、蒙古语说书、骑马、射箭、摔跤等都是乌拉特中旗典型的民族文化习俗。

经济社会发展情况

近年来，在巴彦淖尔市党委、政府的坚强领导下，乌拉特中旗旗委、政府认真贯彻“五位一体”总体布局、“四个全面”战略布局和五大发展理念，深入落实自治区党委、政府和巴彦淖尔市党委、政府的各项决策部署，守望相助、团结奋斗，集中力量做精农牧、做大工业、做强三产、做活口岸、做美城乡、做优环境、做实民生，经济社会保持了平稳健康发展，实现了“十二五”胜利收官和“十三五”顺利开局。地区生产总值由2010年的67.4亿元增加到2015年的99.56亿元，规模以上工业增加值由39.3亿元增加到49.35亿元，全社会固定资产投资由86.03亿元增加到136.42亿元，公共财政预算收入由3.34亿元增加到8.78亿元，社会消费品零售总额由7.87亿元增加到14.6亿元，城镇常住居民人均可支配收入由14830元增加到24943元，农牧区常住居民人均可支配收入由7078元增加到13042元，综合实力迈进巴彦淖尔市第一方阵。2016年，地区生产总值101.76亿元，同比增长6.5%，其中第一产业生产总值15.32亿元，第二产业生产总值73.83亿元，工业生产总值61.33亿元，建筑业生产总值12.51亿元，第三产业生产总值12.61亿元。规模以上工业增加值完为46.01亿元，同比增长7.0%；规模以上工业产品产量：焦炭56.83万吨，天然原油12.70万吨，洗煤635.02万吨，发电量398065万千瓦时，铁精矿15.75万吨，鲜、冷藏肉6932吨，白酒1418千升，铁合金4.85万吨，黄金6610千克；产品销售率87.4%，同比降幅2.5%。全社会固定资产投资完成150.19亿元，同比增长10.09%；公共财政预算收入完成8.80亿元，同比增长0.32%；社会消费品零售总额达到16.0亿元，同比增长9.6%；城镇和农村牧区常住居民人均可支配收入分别达到26938元和14059元，分别同比增长8.0%和7.8%。

现代农牧业扎实推进

近年来，乌拉特中旗坚持走绿色农业、生态牧业的路子，实施了高效节水灌溉、灌排系统改造等一批重点农田水利工程，建成高标准农田63万亩。成功注册“乌拉特羊肉”地理商标，培育了草原恒通、高塔梁等一批“农字号”龙头企业和知名品牌。粮食总产量实现十三连增，年度牲畜出栏量稳定在100万头（只）以上，绿色农畜产品生产加工输出基地建设迈出坚实步伐。

工业经济稳中向好

近年来，乌拉特中旗坚持传统产业新型化、新兴产业规模化、支柱产业多元化的产业发展思路，依托自身资源禀赋和比较优势，大力推进新型工业化，初步形成了以新型煤化工、贵金属和有色黑色金属采选冶炼加工、清洁能源生产输出、绿色农畜产品生产加工输出为主，多极支撑、循环发展的工业产业体系，全旗规模以上工业企业达到36家，风电和光伏发电装机并网容量分别达到200万千瓦、26万千瓦，形成2370万吨洗煤、120万吨焦化、12万吨甲醇、10万吨原油、8吨黄金、10万吨金属冶炼、60万吨铅锌采选和150万吨铁精粉的生产能力，贵金属黄金产量进入全国十强县行列。

金钻商场

现代服务业蓬勃发展

近年来，乌拉特中旗坚持传统服务业和新兴服务业并重，生产性服务业和生活性服务业并举的思路，大力完善现代服务业体系，212省道一级公路海五段建成通车，甘泉、西金铁路稳定运行，通用机场建成通航，口岸现代物流园区被认定为自治区级服务业集聚区。低空观光飞行体验正式开启，草原生态、民俗风情、边境跨国等旅游业态蓬勃发展。认真落实“互联网+”行动计划，工商注册电子商务企业达到51户。

向北开放稳步扩大

近年来，乌拉特中旗坚持把口岸和加工园区作为富民强旗的重要引擎，立足两个市场，利用两种资源，全力推进口岸、园区一体化建设，口岸实现铜精粉、铅精粉、熟肉制品正式入境，多元贸易体系基本成型。2011—2015年完成进出口货运量6292.37万吨，实现进出口贸易总值617.27亿元，跃居呼和浩特关区之首。截至2016年底，全年进口煤炭1287.03万吨、铜精粉90.23万吨。积极推进加工园区布局调整完善，初步形成了“一主两翼”园区框架，即以煤化工、

海流图镇生态园村貌

有色金属产业为核心的“主干”加工园区，以蒙羊牧业为龙头的“右翼”现代食品加工园区，以神华甘泉铁路、国铁金泉南站为载体的“左翼”现代物流园区。园区 2011—2015 年实现产值 506.23 亿元。

城乡面貌大幅改观

近年来，乌拉特中旗坚持以“五城同创”为统领，统筹推进城乡基础设施建设，2011—2015 年完成城乡建设投资近 40 亿元，常住人口城镇化率达到 54%。海流图镇新区建设和旧区改造齐头并进，天然气启动“入驻”，城镇公交正式开通，防洪排涝体系高效运行，宜居水平显著提升，被列为国家重点镇。坚持以“精准扶贫”工程引领特色集镇、美丽乡村建设，建成巴彦高勒、乌镇、西格日楚鲁等一大批各具特色的宜居村庄，农牧区面貌发生翻天覆地的变化。

生态环境持续好转

近年来，乌拉特中旗坚持节约优先、保护优先、自然恢复为主的原则，加大生态环境保护和修复力度，落实草原生态保护补奖面积 2963 万亩，实施林业重点工程 44.6 万亩，草原植被覆盖度、森林覆盖率分别较“十一五”末提高 3 个百分点和 4.66 个百分点，生态恶化趋势得到有效遏制，实现总体好转。扎实推进环境治理和节能减排工作，单位 GDP 能耗持续下降，化学需氧量、氨氮、二氧化硫减排任务圆满完成。率先在全区实现城镇生活污水处理后零排放，成功利用中水建成水系景观。

民生和社会事业全面进步

近年来，乌拉特中旗坚持把改善民生作为最大的政治任务，不断加大民生领域投入力度，2011—2015 年用于民生的资金投入达到 83.21 亿元。全面实施“精准扶贫”工程，完成 578 个村组

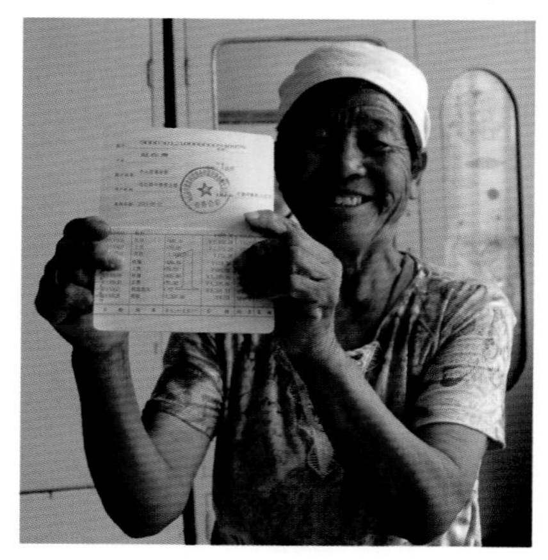

农牧民实现应保尽保

丽景新苑小区一角

的建设整治任务。不断完善社会保障体系，养老、医疗保险实现制度全覆盖，城乡低保应保尽保。扎实推进“大众创业、万众创新”，完成农牧民转移就业7.05万人次，新增城镇就业5311人，城镇登记失业率稳定在4%以内。大力推进脱贫攻坚工程，17681名贫困人口稳定脱贫。深入实施安居工程。近年来，乌拉特中旗积极争取上级项目资金，加大力度推进保障性住房建设，极大地改善了广大城乡居民的居住条件。2009—2016年，全旗共投入9.21亿元改造农村牧区危房17187户，改造总建筑面积103万平方米，争取四级政府配套补助资金1.62亿元。2012年实施城市棚户区改造以来，海流图镇共投资9.01亿元完成拆迁改造2692户，改造面积33.91万平方米，争取上级各类资金9950万元，结合棚改货币化安置，共消化房屋1874套、14.36万平方米。2006—2015年，全旗共投入1.83亿元建设廉租住房2086套、10.1万平方米，争取中央、自治区配套资金8586.7万元，保障7108户、18650人，发放补贴2499.33万元，实物分配1441套6.9万平方米。2012—2016年，全旗共投入2.6亿元，建设公共租赁住房2114套、11.09万平方米，争取中央、自治区配套资金1.43亿元，分配676套、3.7万平方米。福乐康、康乐源老年公寓、中心敬老院和一批幸福互

海流图镇新区一角

牧民的小药箱

农业政策保险现场理赔情形

助院建成启用，老年体协、老年大学挂牌成立。认真落实“全民兴教”战略，民族高中教育、汉授高中教育屡创佳绩，本科上线率分别达到93.5%和42.7%。加快发展医疗卫生事业，乌拉特中旗人民医院搬迁新址，口岸国际医院建成投入用，“健康保障小药箱+流动医院巡诊”进牧户实现全覆盖。扎实推进社会管理创新，统筹加强安全生产、食品药品安全、网络信息安全监管和社会治安工作，加强国防后备力量建设和双拥共建，持续巩固了社会稳定、边疆安宁的良好局面。

后　记

《话说内蒙古·乌拉特中旗》与读者见面了。作为本书的编者，倍感欣慰之余，更多的是一种念念不忘的责任和一种意犹未尽的难舍。乌拉特中旗，有着数千年人类的文明，几百年的民族奋斗壮举，特别是改革开放以来，草原儿女在党的领导下，各行各业发生了巨大变化，取得了骄人成绩，然而这些我们能否向读者讲述清楚或者出现挂一漏万的情形？这是我们迄今为止寝食难安的主要原因。

从接到任务到着手工作，旗文联主要负责同志倾注了大量精力。乌拉特中旗党委常委、宣传部部长、政府副旗长张文彪同志更是关心备至，对本书的编写、纲目的拟定、篇章的结构、稿件的审阅等都一一过问，尤其是在撰稿人员缺乏，单位留存资料不完整的情况下，指导、协调各个部门为本书的编纂出版提供支持帮助。本书成书之初，我们还征求了旗人大、政协的领导及社会各界知名人士的意见，特别是巴彦淖尔市政协原副主席、巡视员苏木雅同志提出不少宝贵意见和建议，在此，我们表示由衷的感谢！

《话说内蒙古·乌拉特中旗》分 11 个篇章，我们力求做到通俗易懂、图文并茂，但由于撰写人员水平有限，失误或不合理之处在所难免，诚请读者多多批评指正！

特别对提供参考资料的单位和工作人员以及参与编写的人员表示感谢，并将编写文章名录列于文后。

刘斌：

沧桑草原

兰建忠：

乌拉特西迁 300 年 走向新纪元

兰建忠、纳·苏力德、甄生联：

草原风云人物录

刘斌、宝迪：

乌拉特蒙古族民俗文化

李欣蓉、刘俞、刘晓平、梁震英、周旭明：

鸿雁起飞的地方欢迎你畅游

赵俊、李海兵、刘广星、兰建忠、侯双清、纳·苏力德：

“鸿雁故乡”乌拉特文化

刘广星、兰建忠、皇甫义、邢满宽：

乌拉特传统美食

艾力布、宝迪、照日格巴特尔、任德全、张计发：

乌拉特民间故事

王建军：

当代风采·牧业牧区改革发展变迁记 农业农村改革发展变迁记

张智俊、张艳伟：

当代风采·林业生态建设推进绿色崛起

窦茂林、赵敏：

当代风采·强基固本的水利建设成就斐然

刘世英、张秀勇、刘超：

当代风采·工业挺起乌拉特中旗经济脊梁 构筑北疆内外互联交通动脉

渠嘉凝：

当代风采·教育在筑梦路上高歌奋进

常玉红：

当代风采·蓬勃发展的医疗卫生事业

兰建忠：

古今乌拉特诗词选录

岳耀、付宝清：

守望相助 靓丽北疆